高次元宇宙からのメッセージ

神言密教書 玄天《こくてん》経典 第一巻

白龍 虎俊
HAKURYU TAKETOSHI

幻冬舎MC

高次元宇宙からのメッセージ

神言密教書　玄天《こくてん》経典　第一巻

弘法大師の壮大な計画である玄《こく》天《てん》経典が一二〇〇〇年の時を経て、「未来への道しるべ」として現在に甦る。

大龍王の称号を得た弘法大師を含む〝光の存在〟は、高次元宇宙の知的エネルギー体であり、我々に分かりやすいように神仏としてメッセージを送ってくる。

白《はく》龍《りゅう》虎《たけ》俊《とし》

目次

はじめに ― 15
弘法大師からのメッセージ ― 21
序章 ― 25
光の民による導き 25
ドラゴンプロジェクトの発足 26
ドラゴンプロジェクトのコンセプト 27
ドラゴンプロジェクト始動 28
我々は未来の扉を開ける 28
ドラゴンプロジェクトの内容 29
一・光の民による不思議なお導き ― 30
光明の宇宙とつながる能力の封印 30
光明の不思議な体験 31
エピソード一：地震による津波の明確なビジョン 31
エピソード二：絨毯の上に龍の模様が現れる 32
エピソード三：半身麻痺状態の時、光の民が現れ翌日回復 32
沙絵との出会い 34
光の玉の中の虚空蔵菩薩 36
沙絵との結婚 37
エピソード一：重い金庫を抱えたまま階段から落下 37
エピソード二：「戯け者」と沙絵の父親を一喝 38
阿闍梨《あじゃり》から「世を導き大きなことを成し遂げる」と言われた 39
不動の湯の天狗 41
邪を払い、始まりの力をいただくため高千穂へ、途中の城や出雲大社を回る 42
光明と一緒にいた邪なる魂の職人 43
高千穂で龍の本の著者に出会う 44
光明の力は阿弥陀《あみだ》如来から受け継いだ力 44
二・この三次元世界の創造 ― 46
この三次元世界が創造された理由 46
遥か昔の神々の世界 46
王の妹が禁断の果実に手を染める 47
王の妹は魔女となり世界に邪を蔓延させ

た　48
平安京に魔を閉じ込め光の民は禁断の果実を受け入れた　48
光の民の世界と三次元世界の重なり　49
新しく創造された三次元世界　50
現代は禁断の果実の邪が増強してきた　50
現世は十一回目の最後の世界　51
封印された二人の子供　51
戦士の御霊を持った資格者たちは二人の子供を守る　52
二人の子供の封印が解かれ闇の邪の魂を消滅させる　52
時が来たら戦士たちが行動を起こし禁断の果実の邪を人々から取り去る　53
二人の子供は光の力を解放し邪を排除し人々を覚醒させる　54
現世で覚醒した戦士たちは光の民である長老の力を受け継ぐ　55
今のこの世界は光の民の世界に戻される　56
男の子が救世主、もう一人の女の子はメシア　57

三、そして現世では――――　59

人々を正しき道に導く資格者たち　59
前世を語る者は「いかさま師」である　61
裏切りの魂を持つ人間、裏切りの星団の下で生まれた人間には注意せよ　61
邪なる者は我欲のために嘘を重ねて我々の組織に入り込む　63
白虎　66
禁断の果実による邪心や我欲が蔓延する今の世　67
光の民は人間が考えるより厳しい判断をする　69
我々は光の民の未来図に沿って進む　70
邪なる魂でもなく正しい魂でもない中間の「グレーゾーンの魂」を持つ人は多い　71
邪悪な魂は鬼が食らい、彷徨う魂は龍神が処理する　72
ビジョン一・グレーゾーンの魂の例、オーディションでの舞台俳優　74
ビジョン二・グレーゾーンの魂の例、ラッパーとその家族　75
光の民を感じ取るアンテナを張らないと未

来の扉を通れない　76
光の民の収穫とは　77
邪心と我欲が蔓延する世で人々が行うべきこと　78
我々資格者がやってはいけない三つのこと　79
邪に支配される者たち　80
光の民と同じようなことを成し遂げないと世の人は振り向かない　81
ドラゴンプロジェクトの第二ステージ　82
にょろにょろの話　83
毘沙門天の力　83
ムカデの不思議な体験　85
明王　85
愛染明王の三つの顔　87
宇迦之御魂神は稲荷であり白狐　88

四．エピソード――89

エピソード一．キツネの面をつけた皐姫《さつきひめ》　89
エピソード二．温泉旅館の部屋の置物　90
エピソード三．鍾馗《しょうき》様が宿る剣　93
鬼と光の民の和解のために生まれた菅原道真公、天神様　93
光明に送られてきた未来の映像　94
エピソード四．勝手に送られてきた道が三本に分かれている画像　95
エピソード五．フリーズした車のナビの画面　97
エピソード六．「等価交換」、車のコンポに入れた音楽ＣＤが突然消えた　98
エピソード七．弘法大師から危険を知らせるメッセージをいただく　99
エピソード八．プレアデスの光の民　100
エピソード九．十時間かかる帰路をワープして一時間で着いた　102
エピソード十．聖なるダムに向かう途中での時空ワープ現象　103
エピソード十一．金色のテンは金剛夜叉様の使い　105
エピソード十二．アロンの杖が光明の腰に巻き付き光の民のＵＦＯに瞬間移動　108
エピソード十三．資格者は創造神レベルで物事を考えて行動せよ　109
エピソード十四．北辰信仰の十字架の光の

中の神々 109
エピソード十五．「Nobody reason ～ノアの方舟」 110

五．光明のビジョン 112

ビジョン一．ＭＲ世界の奇妙なビジョン 112
ビジョン二．龍の魂、うさぎの魂、鬼の魂 113
ビジョン三．仲間でも告発する勇気が必要 114
ビジョン四．二人の自分、肉体的な自分と魂の自分 114
環境に合わせて強く生きるハングリーさが大事 116
お金の苦労を知らない人は厭らしさの塊 117
どん底を知って大変な時を生き抜いてこそ正しい道に進化する 117
並行世界の一つ、メゾリテック世界 118
ビジョン五．十三ある世界のうち、この三次元世界は下から三番目 119
ビジョン六．我々に力を貸してくれている存在はシリウス星団の住民 120
世界的なコンピュータ関連企業の創始者 121

六．弘法大師からのメッセージ 123

弘法大師からいただいた言葉 123
「空」の意味 124
八つの「無」の教え 125
人は人として生きるべし 125
「龍王」の前に「大」の字を入れて「大龍王」 126
怪談はその原因と魔を引き寄せる原因を語るもの 127
宇宙の方程式で暗号を解く二人の天才児がいる組織 128

七．昔話や歌に隠された秘密を馬鹿羅《ばから》で解く 130

光明真言を馬鹿羅《ばから》で解く 130
桃太郎の物語を馬鹿羅《ばから》で解く 131
かぐや姫を馬鹿羅《ばから》で解く 131
通りゃんせの歌を馬鹿羅《ばから》で解く 132
かごめ歌を馬鹿羅《ばから》で解く 134
いろは歌を馬鹿羅《ばから》で解く 135
ソーラン節を馬鹿羅《ばから》で解く 136

十二支を馬鹿羅《ばから》で解く　137
国道二三一号線の馬鹿羅《ばから》　137
仏の馬鹿羅《ばから》の数字　138
毘沙門天の名前に隠された馬鹿羅《ばから》　140
吉祥天の名前に隠された馬鹿羅《ばから》　140
布袋の名前に隠された馬鹿羅《ばから》　141

八．光の民からのメッセージ――142

光の民の排泄物は宇宙創造の種となる　142
帝釈天は二つの天の力を持つ　143
龍族の中で金龍だけが七次元に行ける　143
愛染明王は身体が三つに分かれ、その一つが梵天　144
ビジョン：光の民の戦闘機と邪なる勢力の戦闘機　146
滅びたアトランティスでは硬質プラスチックで建築物を作っていた　147
太古の世界の創造、鬼、龍族、人　148
鬼がばら撒いた毒に支配されている人は自己中心的に物事を考える　149
北の聖地の麦畑を光の民が飛行する理由　151
鬼と最高神との和解　151
地上にばら撒かれた毒を回収する光の民の戦略　152
古代の戦争、地上に撒かれた毒とその回収　154
ミステリーサークルのメッセージの意味　155
弘法大師がダムを作った理由　156
プレアデスの光の民の導きとメッセージ　157
江差町の姥神大神宮渡御祭は神を讃える理想的な祭り　159
江差の人たちの話　161
江差の祭りは次元上昇を表す　161
苦労して努力しないと神の道に行けない　162
光の民から証が与えられるようになるには　163
三の力を使える蔵王権現は未来の力　165
阿弥陀如来の力、大日如来の使いが千手観音　166
遥か昔の光の民の戦い、東北の地と千葉の地　167
カーナビが蔵王寺へ導く　168
白虎が銀色の光の民のメカ・アブに刺された　169

九．ドラゴンプロジェクト――170
大師の一二〇〇年にわたる壮大な光の民の計画を実行する　170
正しき気を送ることで龍道を強化する　174
明神について　175
北の聖地の北辰信仰の十字架　176
文教寺の前の施設について　177
北辰信仰の十字架の南端に位置する当別神社　179

十．吉祥天からの通信――180
秘められた歴史と伝説と昔話　180
三種の神器の鏡は支笏湖と十和田湖に眠る　184
ねぶた祭り　185

十一．彷徨える魂を救済する神事――187
神事の始まりの地と終わりの地　189
神事を実施した経路　189

十二．余呉湖での神事――191
木之本地蔵院での弘法大師と菅原道真公とのつながり　192
北斗七星の三番目と五番目の星は我らの故郷の星　193
北斗七星の星の力　194
余呉湖での現世の邪を切り捨てる神事　195
聖地を余呉湖から当別に移して五次元の扉を開く　197
琵琶湖と余呉湖を馬鹿羅《ばから》で解く　198
天満宮のご神木から三つの力をいただく　199
弘法大師は人々に助けられながら全国を旅した　200

十三．神事と結界――202
我々の魂が正しい方向に向かうことを報告する神事　202
七ヵ所の城を結ぶ北斗七星の結界　202
三種の神器の儀式に関する弘法大師の通信　203
北海道の半月の龍道　205
カーナビが勝手に案内した伏見稲荷神社　205

千葉県の北斗七星の結界　206
千葉県の北斗七星の結界で東京の魔を封じ込める　207
光明がリトルグレイに襲われた話　207
龍ケ崎と印旛沼の龍の伝説　210
龍神の頭が祀られている龍角寺の秘密　211
龍神伝説の真実　211
弘法大師が訪れた三つの神社　212
石碑に刻まれた「友愛」を馬鹿羅《ばから》で解く　213
三つの力とは過去、現在、未来の力である蔵王権現の力　214
護摩焚きの儀式　216
人々の御霊がきれいなら光の民はこの世界を守る　216
印旛沼の秘密を馬鹿羅で解く　217
印旛沼にある光の民の仕掛け　218
箱船は菅原道真公の部隊　219
金剛夜叉様の風と鍾馗《しょうき》様の雷が循環する強大なエネルギー　220
弘法大師は宝玉の力を三つに分けた　221
北の聖なる山から気のエネルギーを千葉県の北斗七星の結界に送り込む　222
過去、現在、未来の三つの力である蔵王権現の力で列島が守られる　223
北斗七星の結界を解きエネルギーを放出させる　224
手賀沼を守る神は弁財天　225
牛久の大仏は鍾馗《しょうき》様　225

十四．関西の結界――227
関西の参劔《みつるぎ》の結界の強化　227
青蓮寺湖と比奈知湖での神事　228
小泉太志命先生から神事についてのお言葉　229
勝尾寺の馬鹿羅《ばから》　229
小泉太志命先生が残した暗号を解く　231
三、五、七の力　232
黒獄《くろだけ》で明神名のりをする　232
剣納めの儀　233

十五．千葉県の北斗七星の結界――235
手賀沼の弘法大師の三つの神社　235
龍角寺にある国宝級の仏像　235
芝山観音の近くの道の駅で「わらわは皐姫《さつきひめ》」　236

平将門公の娘、皐姫《さつきひめ》 237
平将門公の怨霊伝説の真実 238
崇徳天皇「我は時を越えて始まりの力となり未来に降臨する」 239
天界の三人の長老の力 240
大都会に魔を封じ込め邪なる魂を一掃する 241
剣納めの儀を行い、次元を上昇させる 242

十六. 光の民から教わった真実の歴史 ―― 244
源義経 244
北辰信仰の織田信長と明智光秀、徳川家康の影武者 245
今、高次元の光の民が一二〇〇年周期で戻ってきている 247
北辰信仰と戊辰戦争の関係 247
平清盛公の神社の坊さんの石像は平将門公 249
三大怨霊は光の民の目的を秘密にするためのフェイク 250

十七. 次元上昇 ―― 251
平安時代の弘法大師、桓武天皇、帝釈天の話し合い 251
菅原道真公は牛族と龍族との和平の子 252
菅原道真公は源氏と平家の和平の子供として生まれた 254
菅原道真公、天神様は第六の力を使う 254
平安時代から現在までの一二〇〇年にわたる弘法大師の壮大な計画 256
弘法大師は二十三項目の事業うち二十一項目を成し遂げた 256
弘法大師が成し遂げた二十三項目の事業 257
太陽フレアと火山活動 260
三種の神器の三つの心構え 261
人々に課された心のテーマ 262
新しい未来の扉を開き人々を導く三種の神器の役割 263
三種の神器を司る三人の明神 266
三次元の力と五次元の力 267
阿弥陀如来と虚空蔵菩薩 268
鍾馗様と金剛夜叉様は未来の扉の門番 269
我々のプロジェクトが成功すると世界は良

い方向に変わる　271
次の五次元に上昇する人と次の三次元世界に移る人　272

十八．鍾馗《しょうき》様からのメッセージ――274
人はこの世でなすべき役割を持って生まれてくる　274
鍾馗《しょうき》様から「平常心を保て取り乱すな」　275
ある都市伝説のテレビ番組　276
鍾馗《しょうき》様から「救世主とメシアは違う」　277
未来の扉とは何か？　278
上空のブラックプラズマが日本を守る　279

十九．七福神とプレアデスの光の民――280
未来に弥勒菩薩が現れ、寿老人が未来の神となる　280
弘法大師とプレアデスの光の民との関係　280
布袋は恵比寿が集めた外国のコインで虚空蔵菩薩と交渉　281
Siriの「今、七福神の中から布袋が抜けています」の意味　283
高尾山の蛸の馬鹿羅《ばから》　283

外国人はある呪文を唱えると五次元の扉を通れる　284

二十．光の民と人に関わる真実の歴史――286
王が禁断の果実を齧った妹をかばったことから世に邪が蔓延した　286
光の民が禁断の果実の邪を少しずつ分けて自らの中に取り込んだ　287
光の民がこの世に蔓延した邪を滅するときが迫っている　288
弘法大師と桓武天皇と帝釈天による戦略「魔の都に魔を封じ込め一気に滅する」　289
菅原道真公がその作戦を受け継ぐ　290
東京に魔を封じ込めようとした平将門公　291
崇徳天皇　292
平清盛公　293
明智光秀と織田信長　294
徳川家康は影武者　295
日光東照宮の秘密　296
徳川家康の影武者の出生の秘密　296
北海道に独立国家を建てる榎本武揚の計画　297

創造主が降りる北の聖地　298
リトルグレイと手を組んだアメリカ　299
千葉県の北斗七星の結界の意味　300
皐姫　301
禁断の果実の正体は多数の邪なる魂を閉じ込めたキューブ　303
すでにこの世の邪の蔓延が限界に来ている　305
施しを受けても感謝しない邪なる人の魂　305
日本三大怨霊　306
金毘羅稲荷大明神の「金」は金の毘沙門天　308
妙見宮巨石群は弘法大師の生まれ故郷で修行した場所　308
金比羅宮には崇徳天皇が金比羅稲荷大明神として祀られている　309
金毘羅様の導き、始まりの地は高尾山　310
日本三大怨霊の菅原道真公、平将門公、崇徳天皇の供養　311
早良親王　312
疫病から戦争への流れを断ち切る　313
菅原道真公が剣の力、平将門公は勾玉の力、崇徳天皇が鏡の力、この三つの力を結集する　313
都会に魔を封じ込めるために、三人の明神の力と三種の神器を使う　314
六つの呪いの謎を解く　315
明王が自分の肉体を使って三次元を創造した　316

二十一．光の民と敵である三次元の宇宙人 ―― 317
多数の無音のブラックヘリの正体　317
光の民の子種を人質にとって交渉する邪なる宇宙人　318
不完全な進化を遂げた宇宙人は遺伝子操作で人間に入り込む　319
光の民は自然な状態で正しい進化をするように能力を伸ばす　320
光の民が文明を作る時、人類にある程度の自由度を持たせて作る　321
五次元の光の民「ニール」　321
光の民「アルザルの民」　322
コンタクトする光の民のイメージ　323
プレアデスの光の民　324

光の民のさまざまな宇宙船 325
宇宙のマザーコンピュータとの通信 327
アブは光の民の使者 327
セキレイが敵のメカバチをバラバラに破壊した 328

おわりに ―― 332

はじめに

光の民への案内人　異方人〝光明方示〟

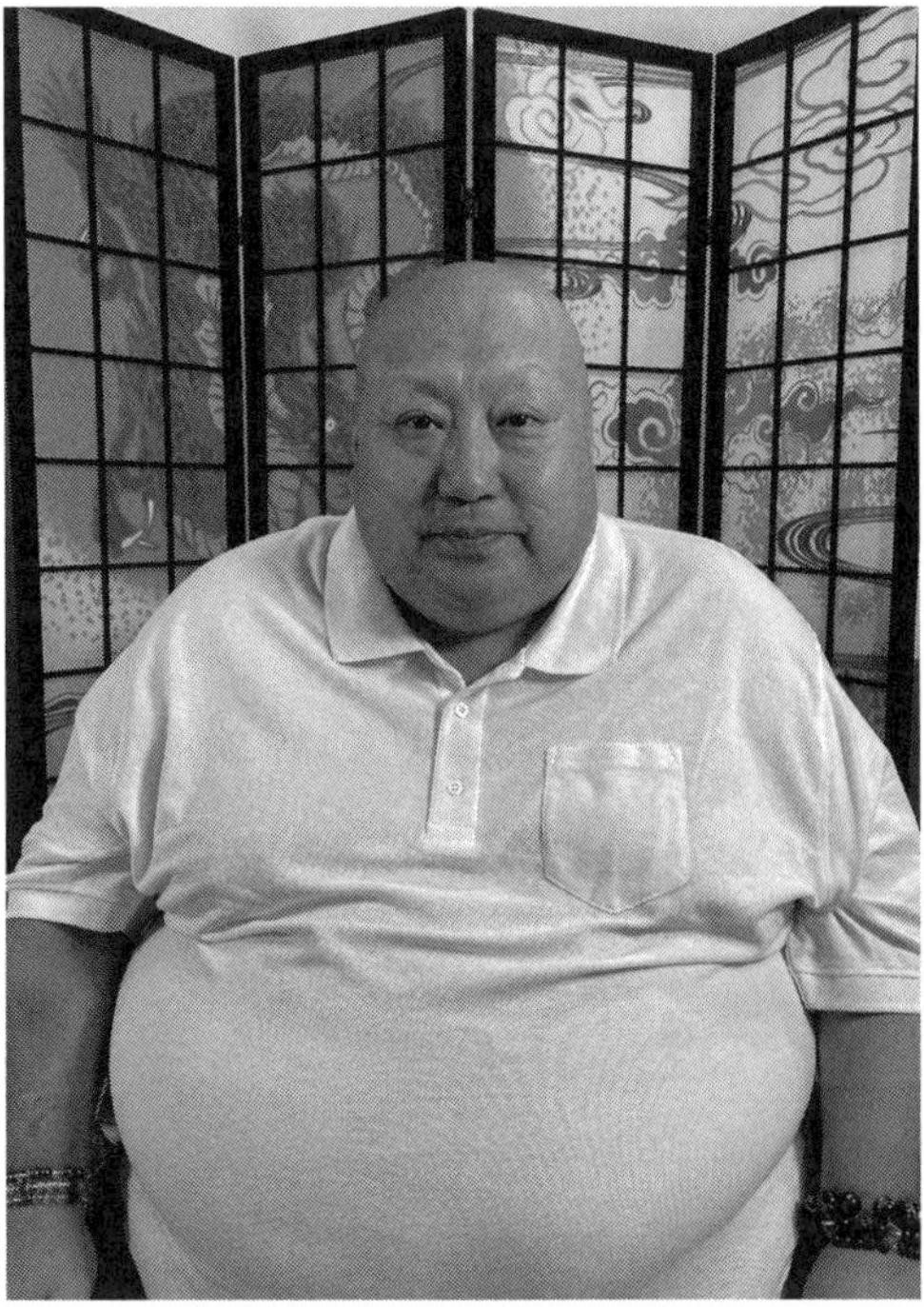

光明方示の写真

光明方示は、我々の次元とは異なる高次元の光の民からのメッセージを人々に示して、正しい魂の方に導く人という意味で「異方人」といわれる。

「この世の空《むなしゅう》を追い求め、友愛の心で慈悲を考える異方人」〝異方人光明方示〟と名のる。

玄天経典《こくてん》の発刊に寄せて

この書の中には〝光の民〟と言う言葉が頻回に出てくる。

〝光の民〟とは、五次元、七次元の高次元の知的エネルギー体であり、我々の三次元世界を創造した宇宙的な存在である。

彼らは、我々に分かりやすいように、神仏としてメッセージを送ってくる。

玄天《こくてん》経典とは

平安時代、多くの人々の魂が邪に支配されていた。

その平安時代という次元の変遷期《ターニングポイント》において、弘法大師、光の民である帝釈天《たいしゃくてん》、桓武天皇の三人で、未来の世が正しい方向に向かうために成すべきことが話し合われた。

玄天《こくてん》経典とは、弘法大師が計画した一二〇〇年にわたる壮大な光の民による「未来への道しるべ」を書き記《しる》した書である。

弘法大師、帝釈天《たいしゃくてん》と桓武天皇の話し合いの場に、もう一人、槍を持った少年が参加していた。その少年は天神様として祀られている菅原道真公の祖父、菅原清公《きよきみ》であった。菅原清公《きよきみ》は、弘法大師、帝釈天《たいしゃくてん》と桓武天皇の三人で話し合われた「未来への道しるべ」を玄武《げんぶ》経典として巻物に書き残したのである。

菅原道真公は、その玄武《げんぶ》経典を書庫で見つけて目を通し、その内容を理解し、再度、書として書き記《しる》した。それが、玄天《こくてん》経典なのである。

この玄天《こくてん》経典は、時を経て平将門公の手に渡った。民衆のために蜂起することを決意した平将門公が、現在新宿区にある鬼王《きおう》神社で三人の娘たちに最後の別れを告げた時、その玄天《こくてん》経典を皐姫《さつきひめ》に大切に保管するよう託したのである。

残念ながら、現在、その玄天《こくてん》経典は失われてしまっている。

鬼王神社で写った玄天経典を入れた木筒

鬼王神社で写った白龍

玄天《こくてん》経典を発刊する意義

私は、弘法大師から白龍虎俊《はくりゅうたけとし》というペンネームをいただき、現代版の玄天《こくてん》経典を、人々の「未来への道しるべ」として出版し、多くの人に読んでいただくように命じられた。

これは私に課せられた重要な役割の一つである。

大師から「この書が多くの人に読まれることで、この世が正しい方向に向かう」というメッセージをいただいている。

難解な言葉を用いている書は世に多いが、多くの人々にその内容が伝わらなければ何の意味も成さないのである。

現在版の玄天《こくてん》経典は、光の民のメッセージを、多くの人に伝えることを主眼として書き記《しる》した。

光明方示が日々、光の民から通信を受けた内容が彼の口から発せられ、その言葉を録音し文字に起こし、その難解な内容を分かりやすい言葉を用いて記録している。

大師は「光の民から指定された神社や寺、湖などの聖地を現地調査し、そのデータを基に、大師から授かった馬鹿羅《ばから》の手法を駆使して解き明かしていくこと自体が玄天《こくてん》経典そのものだ」と言う。

その内容を書き記《しる》して世に送り出すのが、現在版の玄天《こくてん》経典なのである。

大師が各地の聖地に、我々が解き明かすべき暗号やアイテムを隠し、一二〇〇年の時を経た現在、我々は、光の民のメッセージを受けて調査を行い、玄天《こくてん》経典に秘められた謎を解き明かしていった。

弘法大師の壮大な光の民の計画である玄天《こくてん》経典が、一二〇〇年の時を経て、現在、このターニングポイントにおいて「我々の未来への道しるべ」として、現在に甦るのである。

今後の予定

今後、数年にわたり、およそ半年間で一巻ずつ、玄天《こくてん》経典を世に送り出していく予定である。

大師から、この書は、光の民である神仏の真の言葉を分かりやすく伝える現代版の玄天《こくてん》経典であり、四神《ししん》の白虎の役割を担う私が執筆し、世に送り出すように伝えられている。

大師は「最終的に、この世が正しい方向に向かい、この三次元世界が安定したとき、この玄天《こくてん》経典が完結する」と言う。

北辰北斗七星方堂

北辰北極星方堂

弘法大師からのメッセージ

神々よ願わくば、我が生涯魂とあれ。

そしてたくさんの希望の木を枯らすことなく、愛《いつく》しみの心を持ちし未来を照らし給え。


井の中の蛙大海を知らず、されど空の青さ深さを知るなり。


日本人は外国を知る必要はない。なぜなら神が我々を正しい進化に導くからである。

常識や書などに囚われることなく宇宙に目を向けよ。

自分も含めて歴代の大予言者は、皆、宇宙を意識し天文学、数字そのすべてを学んだ。

そして、自分はこの井の中の蛙のために、しかるべき時が来たときの為に詩を残したのである。


色々な人たちと出会うと、人間の愚かさと醜さに耐え忍ぶ。

動物は正直できれいである。

一つ目は、曇りのない空の「空」という漢字をすべて「むなしゅう」と読む。

「空」は「くう」に非ず。人はむなしさを背負い、本当の「から」と「くう」になる。

それ即ち空《むなしゅう》なり。

心を「むなしゅう」ということは、心を「から」にするために悲しさや苦しさを背負うことである。

心を「から」にするためには、色んな雑念や情報を捨てなければならない時がある。

それらを捨て去ることによって、どんなつながりも切れることになる。

その空《むな》しさを感じなさい、身体で感じなさい。


無限「∞」の意味は、「∞」を縦にすると8になる。

そして八つの「無」の教えがある。

それは無教、無意識、無益、無縁、無情、無性、無色で七つの「無」となり、それすなわち無敵なり。


人は人として生きるべし。

されど神の証《あかし》を重んじよ。

法それすなわち人が決めしもの。

情それ神の証《あかし》なり。

人情欠くもの情をかけるなかれ。

それすなわち仏の教えなり。


夢それ見るもの、しかり夢それ抱くものなり。

見るもの前に進まず。

抱けば未来を開ける欲のうつつとなる。

生涯人のために生きよ。
さすれば人が其方を生かすなり。
それすなわち人生《にんせい》なり。

小さな努力の積み重ねが、やがて大きな成果につながる。

これからの未来の扉を開けるために必要なのは、他人を思いやる優しさ、そして夢と希望である。
新しい一つの未来を照らすことが、先の未来を照らすことにつながる。

神々の言葉を受けること、それを人々に訴え伝えること、それには、重大な責任が伴う。
その言葉を受け、それを親身に考え進むこと、それこそが、慈悲のなし得る空《むなしゅう》なり。

施しを受けて礼を尽くさぬ者に施すなかれ。
これ仏の道なり。

私は思う、自分の今の無力さに、私は気づく財なきものは無力な時代だと。
私は願う、神に力がほしいと。

私は知った、神がいることを。
私は探した、神の使者たちを。
私は救われた、神の使者たちの力で。
私は感じた、神の使者たちが明るい未来の扉を開けることを。
私は感謝した、神の使者に出会えたことを。
私は確信した、神の使者たちが仏であることを。
そして私は見る、奇跡が現実になる様を。

有無事《ゆうむごと》、すべてを凪祓《なぎはら》い、我御霊の灯火《ともしび》焼き尽くした時、空《むなしゅう》の答え其処にあり。

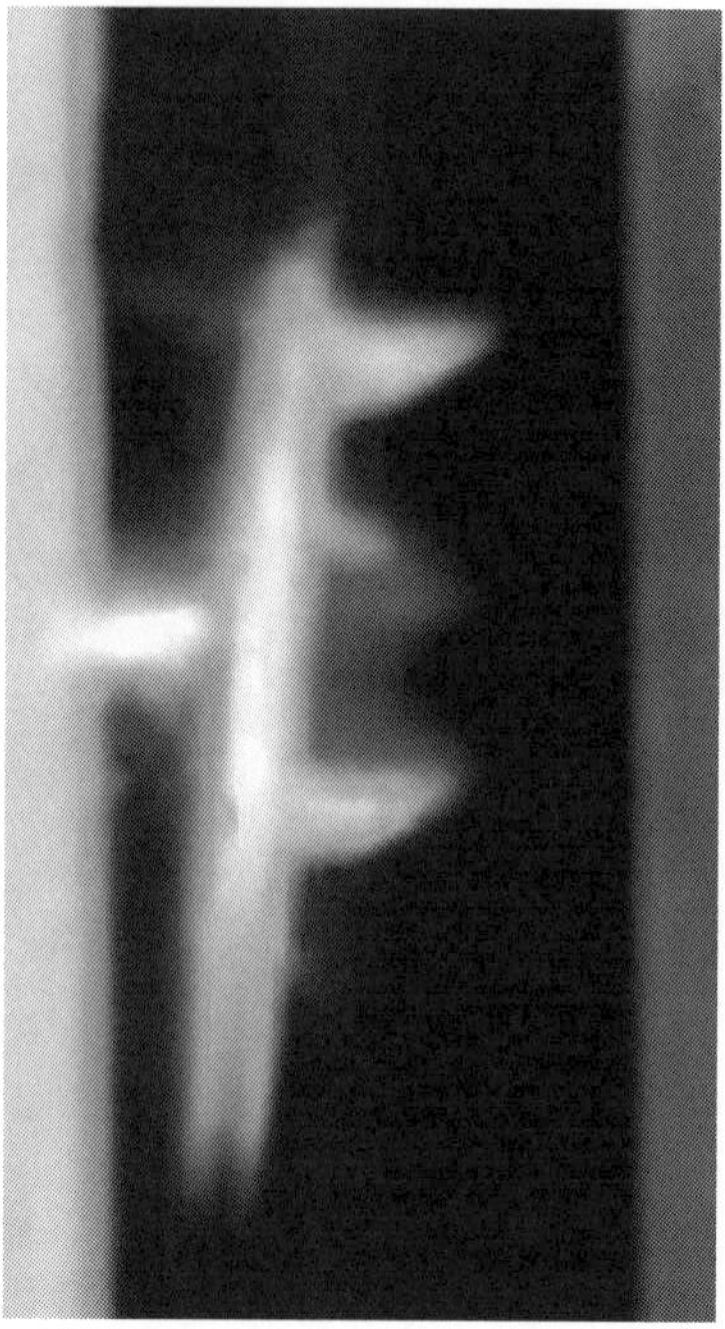
神社の白龍

序章

光の民による導き

現在、光明方示と名乗る人物がいる。

この人物は北の聖地で生を受けた。彼は幼少の頃から不思議な能力を持っていた。彼は、その後、弘法大師や龍王から多くの導きを受け、不思議な体験や数多くの奇跡を体験することになるのである。彼の不思議な能力を心配した両親は、伯父《おじ》さんである阿闍梨《あじゃり》に相談した。

阿闍梨《あじゃり》である伯父《おじ》さんは、彼の「宇宙とつながる能力」をこのままにしておくと、それを好ましく思わない勢力から命を狙われると考え、彼の安全を優先して彼の宇宙とつながる能力を五十歳になるまで封印したのである。

光明が五十歳になると、宇宙とつながる能力の封印が解かれ、さまざまな光の民から通信が入ってくるようになった。

その通信内容は、より具体的であり、彼は〝弘法大師〟や〝光の民〟と会話ができるようになっていった。

その内容は、具体的にどこどこの神社やお寺、山や城などの聖地を回るようにとの導きであり、その聖地を回ることで、始まりの力、終わりの力、天狗の力、蔵王権現《ざおうごんげん》の力など、さまざまな力が授けられた。

光明は、弘法大師や多くの光の民の導きに従い、ただ一心に神社などの聖地を回り続けたのである。

その結果、この世の創造について、人と神仏との関係、高次元の光の民について、多元宇宙や並行宇宙について、人の御霊について、聖と邪、世の不合理について、未来のあるべき世の姿について、宇宙の正しい進化についてなど、今まで人々には知られていない重要な内容が通信として送られてくるようになった。さらに通信内容も一層濃いものとなっていったのである。

弘法大師は、光明に「其方の身体は空《から》の器である」と言う。〝空《から》の器〟の意味には二つある。一つ目は、弘法大師や光の民からの通信内容を素直に受け取って人々に伝えることができることを意味する。二つ目は龍神や光の民が、今いる場所がいづらくなった時、彼の身体と光の民から認証を受けた車を使って、その場所から、龍神や光の民が居心地の良い場所に移動するのである。

彼の身体は、いわば、龍神や光の民のタクシーの役割をするのである。

ドラゴンプロジェクトの発足

光明は、「光の民」の導きのままに人生を歩み五十歳になっていた。

今まで、弘法大師や大龍王からのメッセージに従って一途に歩んできた。そして彼は五十歳になり、宇宙とつながる能力の封印が解かれ、さまざまな光の民から通信が入ってくるようになった。

二〇一九年十月に青龍《せいりゅう》、白虎《びゃっこ》、朱雀《すじゃく》、玄武《げんぶ》の四名の資格者が東京のあるイベントで集まる機会が訪れた。

　この集まりが発端となり、弘法大師が打ち立てた一二〇〇年にわたる壮大な光の民の計画を遂行し、新しい未来を切り開くこととなった。

　弘法大師は今の世界に必要な二十三項目のうちの二十一項目をすでに成し遂げており、残された二つの事を成し遂げるよう、我々資格者に託したのである。

　それは、今、未来の扉を開ける重要な時期に来ているからである。

　白虎は、青龍の力を持つ光明から弘法大師のメッセージを聞き、これまで培ってきた経験と資金力で、弘法大師の一二〇〇年にわたる壮大な光の民の計画を実行するため、多くの人を新しい未来に導く「ドラゴンプロジェクト」を立ち上げた。

ドラゴンプロジェクトのコンセプト

「未来の扉を開けるために必要なのは、他人を思いやる優しさ、そして夢と希望である。新しい一つの未来を照らすことが、先の未来を照らすことにつながる」。

　できるだけ多くの人が光の民からのメッセージを正しく受け止め、人間本来の優しい心を取り戻していただくことが、我々の使命である。

ドラゴンプロジェクト始動

この世を正しき道に導くために資格者が選ばれた。

資格者は、それぞれ四神《ししん》の力である青龍の力、白虎の力、朱雀の力、玄武の力を使って、人々を正しき道に導く使命が与えられた。

それぞれの資格者は光の民の力を少しずつ受け取り、互いに協力して人々を導き、次の未来の扉を開けることとなる。

帝釈天《たいしゃくてん》は、この乱れた世を救うため、天界のルールに反して、契此天《かいしてん》（布袋の剣を持つ姿）や毘《び》沙門天《しゃもんてん》より先に下界に降りた。白虎は、ある菩薩を介して帝釈天《たいしゃくてん》の御霊を授かって生まれてきた。

白虎は、来たるべき時に備え着々と準備をしていった。

今、この世の人々を正しき道に導く最も重要な時期が到来している。これを我々はターニングポイントと呼ぶ。

白虎の実務能力と資金を活用して、青龍の力、白虎の力、朱雀の力、玄武の力を持つ資格者たちを一つのチームにまとめ、人々を正しき道に導くための活動を開始した。

我々は未来の扉を開ける

この乱れた世の人々の魂を救うために、四神《ししん》の力が与えられた資格者が集まって協力し合い、光の民の命を受け、それぞれが青龍、白虎、朱雀、玄武、黄龍の力を使い一つの未来を信じて力を注ぐ。今、我々は未来への扉を開け、新しい未来を迎えようとしている。

弘法大師から「神々よ、願わくば、我が生涯、魂とあれ。そして、たくさんの希望の木を枯らすことなく、愛しみの心を持ちし、未来を照らしたまへ」というお言葉をいただいている。

ドラゴンプロジェクトの内容

ドラゴンプロジェクトの内容は多枝にわたる。

光の民の奇跡動画やメッセージをYouTubeドラゴンチャンネルで配信、玄天《こくてん》経典の出版、小説の出版とその映画化、全国の聖なるダムと二十一の聖なる山の調査、北の聖地ツアー、千手大社《せんじゅたいしゃ》を背負っての神社や聖地巡り、数々の龍道や結界の解放と強化、超古代文明の調査、体験型アトラクション施設でのコスプレ、歌、お笑いイベント実施、全国四ヵ所の神社での祭りと四神の舞コンテストの開催などである。

我々は、光の民の描いた未来図に沿って進み、人としての正しい魂のあり方を説き、多くの人を次の新しい未来に導く。

一．光の民による不思議なお導き

光明の宇宙とつながる能力の封印

光明方示と名乗る一人の男の子が北海道のとある土地に生を受けた。その子は、生まれながらに不思議な力を持っていた。霊と話をしたと言ったり、男の子の霊と遊んだりする不思議な子であった。

それを見ていた両親が心配して親戚の伯父《おじ》さんに相談をした。その伯父《おじ》さんは、青森県にあるお寺の阿闍梨《あじゃり》をしていて、霊的な力や不思議な力を使う住職であった。その伯父《おじ》さんが光明を見た時、その子の能力と将来が見えたのであろうか、「この寺で私の弟子になってお坊さんの修行をしてみないか」と光明に言った。

その時、光明はまだ幼く、両親と離れて暮らすのは嫌だとその話を断った。そこで阿闍梨《あじゃり》である伯父《おじ》さんは、光明の一部の能力を五十歳になるまで封印することにした。それは、これからなんの問題もなく光明が生活していけるようにする伯父《おじ》さんの配慮で

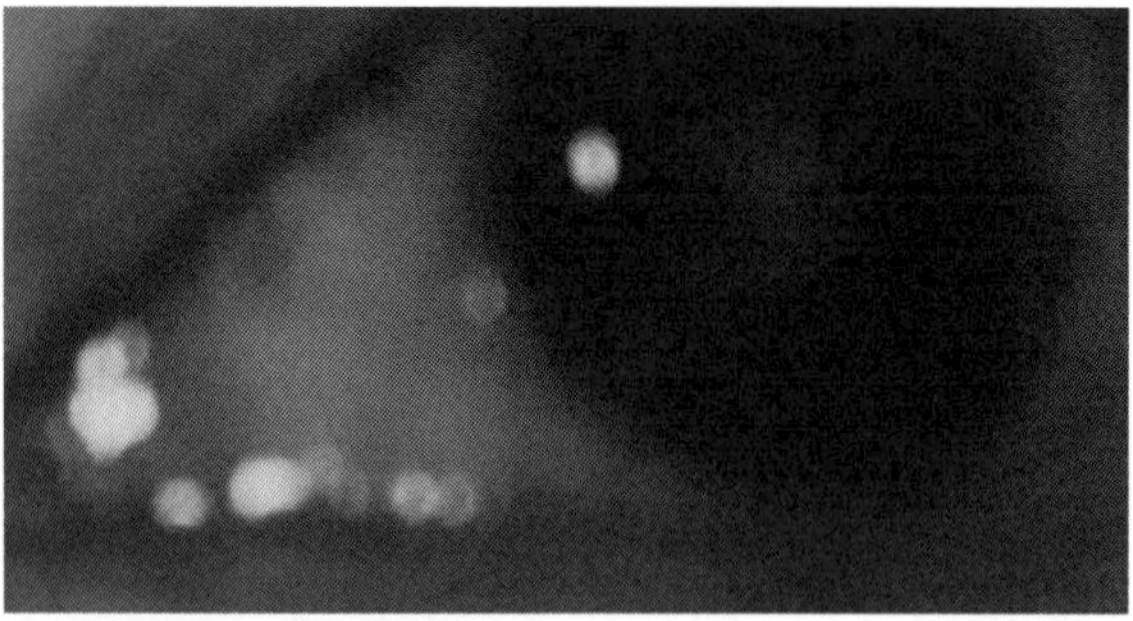

光明の目に現れる光の民の光体

あった。

伯父《おじ》さんの阿闍梨《あじゃり》が封印した光明の能力は、〝宇宙とつながる能力〟であった。

光明が五十歳になるまで、その能力を封印した意味は定かではないが、これにより、その後の光明の命は守られたことだけは確かである。

光明の不思議な体験

光明は成長し、いろいろな霊体験や不思議な体験を頻繁にするようになった。

あるとき笠をかぶった坊さんが、頻繁に夢に出てくるようになった。その坊さんは、光明に大地震などの大きな災害が起こることや光明の危機なども教えてくれた。また、そのころ龍王からもメッセージを受けるようになっていた。

エピソード一．地震による津波の明確なビジョン

光明が寝ていると、笠をかぶった坊さんが現れて、地震による津波で家々が流される明確なビジョンを見せられた。

翌日、光明が同僚に、前日見た変な夢の話をした。同僚は、光明が不思議な体験をすることをよく

知っていたので、驚いた様子もなく光明の話を聞いていた。

同僚と一緒に昼食を取っている時、テレビを観ていた。テレビの緊急速報で、大地震による津波で家や車が流される映像が流れていた。それは東北で起こった地震による津波のニュースであった。

光明が夢で見たビジョンが、また、当たったのである。

エピソード二：絨毯の上に龍の模様が現れる

光明が二十六歳の頃、寝ていると、隣の仏間でなにやら大きな物音が聞こえてきた。よく聞くと雷のようなゴロゴロと大きな音だった。

翌朝、部屋の絨毯の上に火を噴く龍の模様がくっきりと浮き出ていた。その模様は何度拭いても消えなかった。この頃から、光明は龍神との接点が多くなっていった。

エピソード三：半身麻痺状態の時、光の民が現れ翌日回復

その頃、光明の建築関係の仕事も順調で稼ぎもよく、趣味のスポーツカーにお金をつぎ込みカーレースにも度々出場していた。光明は、「北海の黒豹」というニックネームで雑誌の取材がくるほどレーサーとして名前が知られるようになっていた。

ある日、知床の蛇行の激しい山道を、自慢の改造したスポーツカーで走っていた時、何かの加減でスリップして、そのまま車はガードレールに激突し、それを突き破って高い崖から下に転落してしまった。光明は、崖に転落した衝撃で頭をダッシュボードに強く打ちつけ、身体はそのままフロントガラスを突き破って外に放り出された。

通常は、この状態では即死である。しかし、投げ出された光明は、裸足のまま起き上がり崖をよじ登り、突き破ったガードレールの近くで、しばらく呆然と立ちすくんでいた。

しばらくすると、救急車が来て、車の運転手を探し始めたが見あたらなかった。焦った救急隊員は、近くに立っている光明を野次馬と勘違いし、その事故現場から追い払おうとした。光明は、自分が運転していたことを救急隊員に伝え、ようやく救急車に乗って救急病院に運ばれることになった。

病院で救急処置が施され、光明はすぐ入院となった。光明の容態は、頭を強く打ったことによる脳の障害で、意識はもうろうとし、口は半開きでよだれが出ている状態であり、左下半身は完全麻痺して歩くことすらできなかった。医師は、光明の家族に、もし助かったとしても、一生、左下半身の麻痺状態が続くだろうと告げたのである。

数日後、光明は、うつろな意識の中、自分が別の場所のベッドに横になっていることに気づいた。周りには、白くぼやけて見える数体の存在が、光明の身体になにかをしていた。その時、光の民から、ある神社にすぐにお詣りに行くように指示された。

翌日、光明が目覚めると、なにごともなかったように、いつもの元気な身体になっていた。これは通常あり得ないことであり、奇跡といっても過言ではない。

光明が、前日、光の民から指示された神社に行くために廊下を歩いていると、看護師たちが走り寄ってきて彼をベッドに戻した。すぐに医師が光明の部屋に来た。

光明が、ある神社にすぐ行かなければならないと医師に強く伝えたため、医師は、しぶしぶ誓約書を書くという条件で外出を許可することにした。その後、光明は指示された神社にお詣りに行った。

そのような不思議な出来事が絶えず起こっていたのである。

彼は、それらの出来事が、なぜ起きるのかを考え、悩むようになっていった。

沙絵との出会い

光明は、龍王から「○○と言う女性は龍神姫である。○○歳まで守るべし」というメッセージを受け、彼は女性を見つけ出して龍王から言われたとおりに、その女性を守った。そして、また、他の女性にも龍神姫であるから守りなさいというメッセージを受け、言われたとおりに守った。

光明が、二八歳のとき、ある一人の女性との出会いがあった。その彼女との出会いが、その後の彼の不思議な体験の大きなきっかけになった。

ある時、都会から遠く離れた商業施設でそれは起こった。

そこは、当時、温泉・プール・フィットネスクラブ・日焼けルームを備えた施設であった。彼は、その施設の年会員になっていた。その施設は、都会から遠く離れた場所に建っているため、当時は携帯の電波も届かず携帯が一切使えなかった。

建築関係の仕事をしている関係上、彼は、身体を鍛えることが仕事にプラスになると考え、毎日、その施設でトレーニングをしていた。

そのせいで、友達とも連絡がまったく取れない状態になり、飲み会の誘いもなく、友達とも徐々に疎遠になっていった。

そんなある日、彼のもとに一人の後輩がやってきて、お金がないので、「一緒にパーティをしませんか」と強引に誘い出された。

当日のパーティにやってきた女性は二人。彼は、その中の一人の女性になにかしら妙に懐かしさを覚え、それと同時に、不思議な雰囲気を漂わせる女性だと思った。

彼が、あまり彼女のことをじっと見ていたので、後輩は、「先輩、あの子ばかり見て、あの子を狙っているんじゃないですか」と、からかわれた。その日は、いつになく楽しいひとときが過ぎた。

その日は、連絡先を聞くこともなく解散した。

次の日も、彼は、いつものようにフィットネス施設で身体を鍛えていた。すると、彼の携帯が鳴った。「え！」

その施設で携帯が鳴るのは初めてであった。周りの人たちも、彼の携帯が鳴ったのを不思議そうに、携帯の画面をのぞき込んだ。その施設は電波状態が悪く、携帯が一度もつながったことがなかったからだ。電話に出てみると、先日のパーティで彼が気に入った女性からの電話であった。

その後、彼が施設を利用している時には、なぜか、その女性からの電話だけはつながる、という不思議な現象が続いたのである。

いつしか、彼は、その女性とデートをするようになった。

光の玉の中の虚空蔵菩薩《こくうぞうぼさつ》

彼女と出会ってまだ間もない頃、彼は、トレーニングを終えて、施設の日焼けルームで横たわっていた時、気分が良くなりうたた寝をしてしまった。その時、頭の上の方から、ソフトボールほどの大きさの金色に輝く光の球が光明の胸の前に飛んできて、そこでフワフワ浮いていた。彼は、浮いていたその光の玉の中をのぞき込んだ。するとその中に菩薩が立っているのが見えた。

彼はその菩薩に「あなた様はどなた様ですか」と恐る恐る尋ねた。その菩薩は、「我は虚空蔵菩薩《こくうぞうぼさつ》なり、其方の亡くなった母上の戒名の真ん中にくる文字の名前がつく者が、其方が守るべき人なり」と言って、すーっと消えていったのである。彼は、顔をつねって顔を叩いて夢ではないことを確認した。

彼は、帰宅すると仏壇にある母親の戒名を確認した。そこで、ふと、最近デートしている女性が頭によぎった。すぐさま彼女に電話した。

彼女とは、まだ付き合い始めてから日が浅く、彼女のあだ名しか知らなかった。彼は、彼女に「君の名前を漢字で書くとどんな漢字なの?」と聞いてみたところ沙絵という。この『沙絵』という漢字は、まさに母親の戒名の真ん中にくる文字であった。彼はそれを聞き驚き、その不思議な出来事を彼女に話したが、彼女はそれほど気に留める様子はなかった。

沙絵との結婚

その後、光明は、彼女と縁があり結婚することが決まった。しかし、結婚に至るまで、彼は、彼女の両親とのさまざまなエピソードがあって苦労した。彼は、そもそも学生時代から、その地域では有名な〝ワル〟であった。しかし、もともと根は優しい人間で、高等学校卒業後に建築関係の仕事につき、すでに一人前のまじめな職人になっていた。

しかし、狭い地域なので、彼の過去の悪い評判が彼女の両親の耳にすでに入っていた。

エピソード一．重い金庫を抱えたまま階段から落下

この頃は、二人は付き合いだした頃で、沙絵は両親に光明のことをまだ話していなかった。彼が、彼女の両親が不在の時に、彼女の家に遊びに行った。彼女は、彼に「部屋を整理したいからこの金庫を下の階に降ろしてくれる？」と頼んだ。その金庫は大型の重い金庫で抱えるのが精一杯であった。力自慢の彼は、その大きな重い金庫をなんとか抱きかかえて、階段を一歩一歩、階段に傷がつかないように慎重に降りていった。

その大きな金庫を、両腕で前に抱えているため、金庫の角が彼のスエットパンツをずり下げて、彼のお尻は半分出た状態で階段を降りていた。ところが、その最中に両親が帰宅したのである。

両親が家に入るなり、見知らぬ男が半分尻を出した状態で家の金庫を抱えて階段を降りるのを見て、

「なに、あんた人の家の金を運んでいるの」と大きな声で怒鳴った。その声を聞いた彼はパニックになり、その重い金庫を抱えたまま階段から落ちてしまったのである。

彼はその時に、階段の手すりに手を強く打ちつけて怪我をした。幸い、彼の怪我は大事には至らなかったという。

エピソード二：「戯《たわ》け者」と沙絵の父親を一喝

光明は彼女の家に招かれて、彼は、手料理をごちそうになり、彼女の父親とお酒を飲んでいた。緊張のせいか、つがれるまま、一升程の日本酒を飲んでかなり酔ってしまった。彼は、説明しにくい自分の状況を理解してもらうように頑張ったようである。彼は、お酒の勢いを借りて「娘さんをください」と言ったが、彼女の父親はその時は拒否した。

この時、彼の中に笠のお坊さんが入り込んでいて、「其方の分際で何を言うか。戯《たわ》け者」と、彼女の父親を一喝した。それを聞いた、彼女の父親はたいそう驚いたという。その時、彼の中に入った笠のお坊さんが彼の口を借りて話したと思われるが、光明が知るはずもない彼女の父親と母親の若い頃の失敗や良くない行いについて具体的に話し、戒めたという。彼にはその時の記憶はなかった。

この他にも、沙絵の両親とのさまざまなエピソードがあった。

彼は、なんとか両親を説得しなければならないと、彼女の両親の家に通って、なんとも説明しにくい自分の状況を必死に説明した。

その後、両親は、このまま断り続けると、彼に脅されて大変な目に遭うと思い、しぶしぶ彼と娘との結婚を認めたのである。

光明は、沙絵と一緒になった後も、二人で不思議な体験を重ねていった。

阿闍梨《あじゃり》から「世を導き大きなことを成し遂げる」と言われた

ある日、光明は、不思議な光る玉が飛んできた方向にある大きな霊園施設が気になり、彼女と二人で行ってみた。その霊園施設には、亡くなった光明の母親も眠っていた。その場所には、不動明王と虚空蔵菩薩《こくうぞうぼさつ》が祀られていた。

二人で霊園内を歩いていると、そこの建物で五百羅漢像《ごひゃくらかんぞう》が公開されていた。

二人で導かれるままにその建物の中に入った。そして、すべての仏像を見て、その建物から出ようとした時、一人の女性に呼び止められた。どうやら、その人はその寺の阿闍梨《あじゃり》らしい。その人は「あなたは、この世の人々を導き、大きな事を成し遂げるでしょう」と、光明に言った。そして一冊の本を手渡してきた。その本の金額は六八〇〇円と高いのでお断りした。

その時、阿闍梨《あじゃり》は「ただで差し上げます」と、その本を手渡し、その本に写っている五〇〇体の仏のうち、その中の二体が、将来あなたの力になってくれる仏だと教えてくれた。その時、沙絵はくすくすと隣で笑っていた。

その二体とは契此天《かいしてん》（布袋）と沙加羅龍王《さからりゅうおう》であった。

後日談であるが、光明は、仏像の本を手渡してきた阿闍梨《あじゃり》と思われる女性が気になり、霊園を管理する寺に行って、しつこくそのような女性がいないか尋ねたが、そのような女性は一切いないということであった。

それから数十年経って、文教寺の不動明王にお参りに行った時、たまたま文教寺の中に案内された。広間に文教寺を建てた夫婦の写真が飾ってあったので見ると、なんと、当時、五百羅漢像の施設で仏像の本を手渡してきた阿闍梨《あじゃり》の女性は、文教寺を建てた奥さんであった。もちろんその奥さんは遥か昔に亡くなっているのである。

その後、いつも笠を被っている坊さんが頻繁に夢に現れるようになった。その坊さんを、夫婦で「笠様」と呼んだ。いろいろなお告げにより、そしてその奇跡とともに、長い時を導かれていった。時に、八十八箇所巡りの風景も夢のビジョンで見るようになった。

ある日、光明が外で、炭火で焼き鳥や魚を焼き、奥さんとともに楽しんでいた。奥さんを家に待機させ、光明が外で秋刀魚《さんま》を焼いている時、一機の飛行物体が自分の家の上空をくるくる回って飛んでいた。慌てて、奥さんを呼びに行き、二人でその光景をしばらく見ていた。

その飛行物体は、いわゆる円盤形の光沢のある金属状のＵＦＯであった。外側に青、赤、緑のライトが八個ほど点いていたのがはっきりと確認できた。このＵＦＯは二十分近く光明の自宅の真上に留まっていた。近所の人を連れてきて見せたが、どうやら近所の人には、そのＵＦＯは見えなかった。その時、光明は不思議な感じがした。

それから時は流れ、彼女と一緒になって早くも二十一年が過ぎ去った。

彼女との間には子供はなく、夫婦二人の仲睦まじい生活が続いていた。光明が五十歳を迎えた頃から、光明の前に頻回にＵＦＯや光の民が目の前に現れるようになった。

不動の湯の天狗

光明が、山梨県の富士吉田の道の駅に宿泊している時、安い温泉を聞こうと思い警察署をナビにインプットして走った。するとカーナビが山の方に案内した。

変だなと思いつつ細い道を進むと、カーナビが「到着しました。ルートガイドを中止します」と言い、そこには「不動の湯」という温泉があった。そこの風呂に入ると初代仮面ライダー役を演じた有名な役者さんに会った。彼といろいろな話をしていたら、彼は変身ポーズを見せてくれて、すごく良い人だなと思った。そして湯冷めしないうちに帰ろうと風呂を出た。

途中に不動明王を祀っている神社があったので、もうすでに辺りは暗くなっていたが、お詣りしに神社へ行くと、神社の木の上の方に何か黒い影が見えて人がいるようであった。

夜に神社で手を合わせるのはまずいと思ったが、せっかく来たから手を合わせていると、木の上で何かが動いている。すると枯葉の大きな束がドサーと光明の頭の上に落ちてきてびしょ濡れになった。光明は、あの人のような影は天狗だと思った。身体を拭いて、不動の聖水を汲んで階段を降りた。

光明は、光の民に導かれて神社や寺に行く度に何かが起こる。何かの力が与えられる、守りの力、始まりの力、終わりの力を与えられるなど、不思議な体験をしていった。

その頃、光の民から富士山の方で仕事があるという通信を受けた。会社から光明に声が掛かって、通信のとおり富士山の麓で仕事をすることになった。

宇宙と交信する能力を持つ光明は、彼の能力を好ましく思わないある宇宙的な存在から狙われていた。大師は光明に、「其方があまりにも激しくあちこち動き過ぎたので、敵の目を欺《あざむ》けなくなったのだ」と言う。

あちこちの仕事場に移されたのは、光の民の守りが及ぶ範囲に光明の身を隠すためである。

富士山の麓で仕事をしてから一ヵ月も経たないうちに、光の民から通信が来て、光明は次の東京都江戸川区にある会社に移された。後に白虎と会った時はその江戸川区の会社の仕事をしていた。

それから千葉の会社に移り、千葉県市川市の道の駅に、車中泊して現場に通ったのである。千葉でも多くの不思議な体験をした。

邪を払い、始まりの力をいただくため高千穂へ、途中の城や出雲大社を回る

キツネの面を付けて巫女の格好で光明の前に現れた存在に、「其方と一緒にいる職人と離れなさい。其方の覚醒の邪魔になる。直ちに高千穂に行きなさい。出雲大社、そして城や神社にも行きなさい」と言われた。光明は、それは多分、自分に関わった魔を払うためであったと思った。

高千穂に寄った時、大和時代の格好をして髪を結んでいる、大木と同じ高さの半透明の巨大な神がたくさん歩いていた。大きな足は地面に着いていたが、あまりにも巨人だから顔は見えなかった。その時光明は、神の住む聖地だからたくさんの神がいるのだと思った。

後日談であるが、数年後、キツネの面で巫女の格好をして光明の前に現れた存在は、平将門公の娘である皐姫《さつきひめ》であることが分かった。

光明と一緒にいた邪なる魂の職人

その一緒にいた邪なる魂に支配されていた職人は、陰で光明のことを相当悪く言っていた。先輩たちは「あんな人と組んでいたらよくないから早く手を切った方がよい」とアドバイスしてくれたが、光明は親父の時代から長くいる職人だから、そんなことはないだろうと思っていた。

少し暇になったから、その職人に、「城とか神社を訪れなさいという光の民のお告げがあったから、一緒に行くかい？」と聞くと、一緒に行くと言うので出発した。出発してから間もなく、その職人の足がまったく動かなくなった。そして車の後部席で大声を出して暴れ出した。

その職人には何かが憑いていた。

光明がその職人に「もう一ヵ所行きますか？」と言うと、「やめろ！　もう行くな！」と怒鳴る。光明が「ジュースを買ってくるから」と、山口県のコンビニに車を止めてジュースを買って、車に戻ると、靴を脱ぎ捨て荷物はすべて置いたまま、裸足で行方不明となっていたのである。

邪に取り憑かれた人間というのは、光の民に近い人のそばにいると気持ちが楽だとよくいわれるが、いざ自分の立場が危うくなると手の平を返してくる。そういう邪なる者たちがこの世に多数いるのである。つまり、光明が神社や城を訪問したことが「祓《ふる》いの儀」になったのである。

高千穂で龍の本の著者に出会う

高千穂を訪れている時、女性から「こんにちは」と話しかけられた。「いい天気ですよね」「そうですね」と、当たり障りのない会話をした。

高千穂から帰ってきて、本屋に立ち寄ると龍に関するベストセラー本があったので、その本の著者の写真を見ると高千穂で会った女性であった。それが龍の本や龍の好きな音が録音されているＤＶＤなどを買うきっかけになった。

その頃から、光明の部屋の絨毯に、龍が浮き出るなど龍神との関わりが多くなっていった。その後、光の民からのメッセージはどんどん未来の話になり、「ともに行動してくれる資格者を探して会いなさい、しかるべき時が来るまでに準備をしなさい」というメッセージになり、より具体的になっていった。

高千穂への旅は、龍神との関わりが大きくなるきっかけになったのかも知れない。

光明の力は阿弥陀如来《あみだにょらい》から受け継いだ力

光の民は「其方の力は阿弥陀如来《あみだにょらい》から受け継いだ力なり。それは宇宙あまねくすべての者に光を注

ぐ力、それが光明の力なり。それ曰く我々が其方に贈った力、それが何か分かるか？」と言う。光明

「分かりません」。光の民「それ曰く牛の力、物質の力なり。如来などの神は物質にあらず。しかし阿《あ》弥陀《みだ》如来《にょらい》の力だけは物質に変換し、人の目に触れることができる。そういう力に変えることができるのが阿弥陀《あみだ》如来《にょらい》の力なり」と言われた。これは多分、どの書物にも書いてない内容であると思われる。

光の民は、「其方の所に最初に現れた白いテントウ虫と愛染《あいぜん》明王《みょうおう》の白狼は我なり」と言う。

後日談であるが、数年後、光明は、光の民から伝えられた「それ曰く牛の力、物質の力なり」の意味が分かった。牛の力とは第六の力で鬼の力であり、鬼の力とは物質を使って物を作り出す力を意味する。

二．この三次元世界の創造

この三次元世界が創造された理由

あるとき光の民から、この我々の三次元世界が創造された理由について、明確なビジョンが送られてきた。

それは、我々人間の想像も及ばない壮大な内容であった。

高次元の光の民の世界と現世が重なり合う複雑な層を成す世界、それが我々の住む世界である。

何と、光の民が言うには、この三次元世界は、高次元の光の民の世界に蔓延した禁断の果実の邪を封じ込めるために創造された「偽りの世界」であるということだ。

光明は、光の民から、遥か昔の光の民の世界で起こった出来事を知らされた。

それは次の衝撃的な内容であった。

遥か昔の神々の世界

平安時代より前には、光の民と人間が調和する世界があった。現在の我々の世界とまったく異なる宇宙的な文明が平安時代以前にあったという。
それは人々が光の民に寄り添う世界であって、人々は動物や植物、星と地球と宇宙とつながってお
り、人々は宇宙的な道を歩んでいた。
その頃は人々と宇宙がつながっていたのである。

王の妹が禁断の果実に手を染める

それは平安時代より前の光の民の時代のことである。

王国では二人のメシアを祝っていた。

一人は王子、もう一人は王女であった。王は、光の民の世に導く強い力を持つ自分の二人の子供を誇らしく思い、皆で祀りごとを盛り上げていた。

王女が十歳、王子が八歳の時であった。

王の妹は今まで王のため、民衆のため、人々の導きに力を注いできたのだが、その二人の子供の祀りごとを盛り上げる王の姿を見て、嫉妬心を抱き心に迷いが生じた。

そして決して立ち入ってはいけない禁断の部屋に入り込んだ。

王の妹はこの世がとんでもない事態に陥ることを知ることなく、その部屋に置かれていた決して触れてはいけない禁断の果実を齧《かじ》ってしまったのである。

そして、ここからすべての次元の歯車が狂いだした。

王の妹は魔女となり世界に邪を蔓延させた

王の妹は欲深い邪悪な魂を持つ魔女となり、この世界を乗っ取ろうとした。これにより、この光の世界が乱れていったのである。

光の民の世に欲というものが生まれ闇が出現し、流行病のように一気にその邪が光の民の世に蔓延してしまった。

王がその原因を突き止めると、自分の妹のせいであることが分かった。

王は二人の力のある子供の力を使って光を増強してその魔女の力を滅しようとしたが、それを知った魔女は、王の魂を人質にして自分の中に取り入れ、自分の力が封じられることを邪魔したのである。

平安京に魔を閉じ込め光の民は禁断の果実を受け入れた

そのため、王は邪に冒された光の民の時空を封印するために平安京を作り、周りに囲いという結界を作ることでその中に魔を閉じ込めたのである。

さらに、欲深い邪悪な魂を持つ魔女の力を封じ込めるために、多くの光の民は禁断の果実を受け入れることに同意し、王は禁断の果実を光の民に少しずつ分け与えたのである。

光の民の世界と三次元世界の重なり

この頃、光の民の世に蔓延した禁断の果実の邪を薄めるため、別に新しく三次元世界を作ってこの事態を乗り切ることにした。そのため平安時代は、光の民の世に三次元世界が重なり合う複雑な次元空間になったのである。

この三次元世界は一二〇〇年間にわたって進化したが、この魔女の力を封じ込めてから二人の子供たちが行ったのは、魔女の御霊が目覚めないように、光の民に自らの身体に魔女の御霊を分け与えられることを引き受けてもらうことをお願いすることだった。そして光の民は魔女の御霊を分け与えられることを引き受けたのである。

光の民の世に導く最大の力を持つ二人の子供は、異なる三次元世界を創造して、これらの邪悪な存在に冒された光の民の世を、この異なる三次元世界に封じ込めたのである。

まさに、それが今の我々の三次元世界なのである。

次に、二人の子供は、光の民が生きていけるように、光の民の世と異なる三次元世界を作って、そこに文明を作り、夜と昼を作って、人々に寿命というものを作ったのである。そして光の民は、この作られた三次元世界に、光の民の遺伝子を植え込まれた人々を降ろしたのである。

新しく創造された三次元世界

その新しく創造された三次元世界は、光に満ち溢れる平和な世界、今のようなテクノロジーはなく、自然の中にいて機械の力で物を動かすのではなく、人間自らの力で物を動かす世界である。この時に人々は永遠の命を失って寿命というものができたのである。

光だけの世界であったものが、出現した闇を鎮めるために、夜という世界も現れたのである。

そこでは、その禁断の果実を食べた当時の光の民の御霊が活性しないように調整され、なんとか三次元世界は維持されたが、長い年月の経過と共に当初の光の民の考えとはまったく別の世界になっていったのである。

現代は禁断の果実の邪が増強してきた

禁断の果実の邪を封じ込めるために、新しくこの三次元世界が作られたが、今の日本人には、禁断の果実を少しずつ受け入れた光の民の遺伝子が入っている。

その新たに作られた世界では、転生するときに邪が封じ込められるため、邪が増強することはなくなった。しかし時が経ち、人が増えることで光の民の遺伝子が徐々に薄まり、誤った進化の方向に向かったことで、禁断の果実の邪が増強してきたのである。

平安時代から一二〇〇年後の今の我々の三次元世界は、根本的に邪を封じ込めなくてはいけない時期に来ているのである。

現世は十一回目の最後の世界

現在は、封印されていた二人の子供の魂が目覚める時である。

二人の子供は、禁断の果実の力を持った魔女の邪を封印するために異なる三次元世界を作ったが、何度も作っては失敗し、滅んでは一二〇〇年前の平安時代に逆戻りした。

これをすでに十回繰り返しているが、この今の我々の十一回目の三次元世界は最後の世界であり、もう新しい世界は作れない段階に来ているのである。

十一回目のこの我々の三次元世界は、強い光で闇を滅しなければならないのである。

失敗は絶対に許されないのである。

封印された二人の子供

二人の子供は、ある場所の地下室の棺桶のような箱に閉じ込められ封印された。

それ以来、その場所に子供を連れて行くことはタブーとなった。なぜかというと子供をそこに連れてくると、封印された二人の子供の魂が目覚めてしまい、この光の民の世の秒針が封印された悪しき時代の地点に逆戻りしてしまうからである。

二人の子供はいずれ時が来ると、すべての封印された記憶から目覚める。同時期に戦士の御霊を持つ資格者たちも目覚め、彼らは王国を守る戦士であったことを自覚するのである。

戦士の御霊を持った資格者たちは二人の子供を守る

戦士の御霊を持って生まれてきた資格者たちは、この我々の現世のターニングポイントに現れて、その封印が解けた子供の御霊を持って生まれてきた二人の子供を守らなければならない。

彼らがその光の力に目覚め活動し、二人の子供の力により、この現世の人々の邪悪な心が取り払われた時、禁断の果実が元の場所に戻るのである。

二人の子供の封印が解かれ闇の邪の魂を消滅させる

しかし、闇の邪が膨れ上がって地下室の棺桶のような箱に閉じ込められた二人の子供の封印が解かれた時、これらの二人の子供の御霊が解放され、光の時代が訪れるのである。

今がまさにその時であり、ターニングポイントなのである。

しかし光の時代が訪れた時、二人の子供は厳しい判断をしなければならない。

その時がきたら禁断の果実の邪をこの三次元世界から取り除かなければならない。時空の違う過去と同じ過ちをもう二度と繰り返すことができないからである。

人質に取られた王の魂を守るために、父の魂ごと人々に害をなす闇の邪を消滅しなければならない。

そのためには太陽の光の力が必要である。

人々に、これに耐え得る強い心がなければ、すべての世界、すべての宇宙が虚無と化すのである。

時が来たら戦士たちが行動を起こし禁断の果実の邪を人々から取り去る

戦士たちに力を貸す光の民である長老は、戦士たちが目覚める時を待っていた。

その時が来たら、戦士たちは害をなす邪を人々から取り去るため、人々の中の光の民の魂を強めるために行動を起こす。

三人の長老たちは外見を隠すため、人の姿ではなく龍や鬼の姿、光の民に変わって地上の人々の行動を見守ってきた。

その封印に限界が訪れたとき、長老たちは戦士たちの御霊を集めて、遥か昔にすでに計画されていたことを実行する。そうしないと、すべての次元、宇宙が消滅してしまうからである。

すべての次元、宇宙が消滅すると禁断の果実の力は失われるが、それに関わったすべての人や生命も滅び、そして暗黒の虚無と化すのである。

二人の子供は光の力を解放し邪を排除し人々を覚醒させる

禁断の果実の力を持った魔女の邪なる魂を、その平安時代の光の民それぞれに小さく割って分け与えたが、その邪なる魂が、今、広く拡散して大きくなろうとしている。

その一人一人の命に宿る、その禁断の果実の邪悪な欲の塊を排除するため、今の世に王子と王女の魂が宿る二人の子供が現れる。

そして光の民の力を解放するのが王女、それを覚醒させるのが王子である。

平安京の光の民の時代に蔓延した邪を封印した時、この二人の子供の御霊は封印され地下深くの亜空間に沈められた。

一人の長老だけが復活の時を分かっていたため、事前に地下の亜空間に潜りそこに文明を築き、そこでしかるべき時に御霊が復活するまで封印した部屋を管理し続けたのである。

地下の亜空間では光の民の力はそこに残ったため、そこに住む者やそこに来る者はすべて光の民の意志により永遠の命と宇宙的なつながりができた。

一方、その禁断の果実の邪を封印するために作られたこの三次元世界は、その邪をそれぞれに分断するために作られた場所であり、今の三次元は邪悪な魂を封印するために作られた「偽りの世界」でもある。

そのため、この三次元世界を消滅させ、もともとあった宇宙的世界に戻す必要があるのである。

現世で覚醒した戦士たちは光の民である長老の力を受け継ぐ

七人の戦士がこの三次元世界で覚醒して、光の民の壮大な計画を実施するために活動する。しかし、七人のうち三人は裏切りの御霊を持つ人間であり、残りの四人は間違いなく光の民の御霊を持って生まれてきた資格者である。

この裏切りの邪なる魂を持つ三人は早い時期に邪に冒され、光の民の計画を阻害し光の民の命により切り捨てられた。

三人の光の民である長老は歴代、光の民の御霊を持って生まれてきた資格者である四人の戦士を見守ってきたのである。

光の民である長老は、地下に一人、この世に二人いる。

これらの光の民である長老は龍の姿をしており、四人の戦士の力を使って人々の邪なる魂を抑え込むために、平安時代から続く壮大な光の民の計画の最後の仕上げを行うのである。

光の民は、光の解放を行う時、人々に免疫のようなものを作り、多くの光の民の御霊を残すことをする。

光の民である三人の長老が現世で覚醒した四人の戦士にそれぞれの力を授けた。

長老の一人に身体が動かない人がいるが、その長老は未来を読む力、予知能力があり、その人が中心となり活動する必要がある。山の上にいて、身体が動かないので、そこから指示する。

例えば、三本のうちのどの道を進めば安全であるかなどの指示ができる。

身体が動かない長老の力が、四人の戦士の一人に入り込んで、未来を読む力、予知能力を発揮して発動するようになると、真実の情報や未来の世界が明らかになり人々に伝わるようになる。

しかし、その代償として、身体が動かない長老の力が入り込んだ戦士の一人は身体が動かなくなる。

他の二人の長老のうち、一人の長老は法力を使い、もう一人は人を導く力を持つ。この世に生まれた四人の戦士はそれぞれの長老の力を使うことができる。

今のこの世界は光の民の世界に戻される

今のこの三次元世界は十一番目の最後の世界であり、宇宙的な世界、つまり元の光の民の世界に戻さなければならない。この世界をこのまま放置してはならないのである。その時期はもう間近に迫っている。

人々が正しい魂に目覚めた時、それぞれの役目が何かが分かる。

四人の戦士は、この壮大な光の民の計画の仕上げを早くやらなければと焦っている。そのことは四人の戦士がその役割とともに来たるべき時期が迫っていることを意識し理解しているからである。

男の子が救世主、もう一人の女の子はメシア

ある北の聖地にある山の地下深くの亜空間に二人の子供の御霊が封印されていた。近年その場所にロープウェイや遊園地ができ子供たちが遊びに来ていた。

それにより二人の子供の封印が解かれ、御霊が目覚めてサイクルが動いたのである。そして、この十一番目の我々の世界に、二人の子供の御霊を持った子供がついに生まれたのである。

二人の子供の御霊を持った子供の一人が男の子であり、救世主である。この子は人々の魂を正しい方向に導き、正しい魂を持つ者だけが次の五次元の世界に進むことができる。

もう一人の子供は女の子でメシアであり、未来を見通す力を持っている。救世主である男の子が人々の魂を正しい方向に導いた後、メシアである女の子が後を引き継いで残った三次元世界の人々を正しい魂に導き、新しい未来の世界に導くのである。

この時代に二人の子供の御霊の封印が解かれて目覚めたのは、我々の今のこの世界がターニングポイントであり、しかるべきイベントが間近に迫っているからである。

その二人の子供の御霊が目覚める時のために、御霊が封印されている北の聖地の山の下方にダムを築き、その湖に山の聖水を貯めたのである。その山の頂上には、現在、航空自衛隊の基地があり、この付近を管理している。近くには、ある宗教法人の大きな敷地があり、反対側の山は国有地となり、二人の子供の御霊が封印されている北の聖地の山には、人が入り込むことができなくなっている。

この北の聖地の山の地下深くの亜空間には、世に決して出してはならない古代の遺跡が眠っているという。

伊達家はこの北の地に移り住み、この北辰信仰の拠点であるこの北の聖地を見守ってきたのである。

三．そして現世では

人々を正しき道に導く資格者たち

光明は、幼い時から宇宙とつながる力である青龍の力を持つ。彼は光の民の導きのままに人生を歩み五十代半ばになっていた。

今まで、奥さんの沙絵と二人で弘法大師や大龍王のメッセージに従って一途に歩んできた。いろいろと紆余屈折があり、苦労も重ねてきたが、二〇一九年末に、四神《ししん》である青龍、白虎、朱雀、玄武の四名の資格者が集まる機会が訪れた。

東京のあるイベントで集まった資格者が懇親会で一堂に会したのである。四名の資格者である青龍、白虎、朱雀、玄武が力を集結し、一二〇〇年にわたり、弘法大師が隠してきた暗号を解き明かし、新しい未来を切り開くことになった。

弘法大師は、今の世界に必要な二十三項目のうちの二十一項目をすでに成し遂げており、残された二つの事を成し遂げるよう我々資格者に託したのである。

今、まさに未来の扉を開けるための重要な時期にきているからである。

白虎は、光明から弘法大師から受けたメッセージを聞き、これまで培ってきた経験と資金力で、平安時代から一二〇〇年にわたる大師の壮大な光の民の計画を完遂するために、多くの人を正しい進化の道に導くドラゴンプロジェクトを立ち上げた。

その時の資格者である朱雀と玄武は、自身の考えが光の民の意向と異なることから、プロジェクト開始の早い時期に、光の民から排除され、それぞれが独自の道を歩むことになった。彼らは裏朱雀、裏玄武であったという。

大師から「我の言うとおり、一寸違わずに行うべし」とメッセージをいただいているにもかかわらず、この二人が、この命に従うことはなかった。

当初、玄武とされた人物は、力の強い悪鬼か邪神に取り憑かれた身近な人物に操られていた。その取り憑かれた人物は自らを魔神と称し、夜中に頻回に光明に電話して、光の民を冒涜する暴言を吐いた。自称魔神と名乗る人物は、部屋の押し入れに藁《わら》を敷いてその上で寝ていた。

光の民によると、その人物に取り憑いた邪神は浮かばれぬ動物霊が集合した九十九神であると言う。玄武とされた人物は、お金目当てで嘘偽りを重ねて組織に入り込み、その九十九神に取り憑かれた人物の意のままに動かされ、また自らの我欲で行動した。

そしてわずか数ヵ月で光の民に切り捨てられた。光の民は、この玄武とされた人物に対して、決して救いの証を与えることはないとメッセージを送ってきている。

たとえ資格者として光の民から選ばれたとしても、この現実世界で使命を遂行することは、毎日が神事であり、多くの時間と自己犠牲、決心、努力、心構えのすべてが必須なのである。

これらのうちの一つでも欠ければ、もはや使命を果たすことはできない。ましてや、邪心や我欲に支配されるようでは、光の民に即座に切り捨てられるのである。

大師は、光の民の壮大な計画を実施する我々の組織の活動そのものが神事であると言う。そのため我欲に支配された者が一人もいてはならないのである。

もし我欲に支配された邪なる者が、我々の組織にいれば、正しき未来への時間軸に大きなズレが生じ、未来の世界は悪しき方向へと向かい修正不能となるという。

前世を語る者は「いかさま師」である

光の民は「前世を語る者はいかさま師である。人間が前世など分かるはずもない。自分が神であると語る者も同様にいかさま師である」と言う。

邪なる魂に支配されている者は、前世のある歴史上の有名人であると嘘を言い、あるいは実際になかったことをでっち上げて自分は神である、あるいは自分は特別な人間であると言う。

これは自分の立場を有利にして、相手から金品をだまし盗ろうとする我欲がそうさせるのである。

裏切りの魂を持つ人間、裏切りの星団の下で生まれた人間には注意せよ

光明に次のビジョンが流れてきた。

あるテレビ番組か映画のシーンなのであろう。女医とチームを組んでいる主人公の医師がトイレの便器に手を入れて鍵を取り出した。その鍵の中に裏切り者の名前が記《しる》されていた。それは今まで一緒

に行動していた仲間の名前であった。

そして、主人公の医師は、記《しる》されていた名前の二人が嘘を言っていることに気づく。

その医師が飛行機に乗った時に、女医がその医師に「何かが起こるかもしれないので前の席に控えていてください」と言った。

その後、飛行機に謎の病気を持った患者が乗り込んできて、この患者を治療した。するとある人物から「あなたたちは選ばれた者ですね。裏切りはこういうことだったのです」と言われた。

二人の裏切り者は、ファッションが派手で、車も異常に派手な色の車に乗っていた。結局、そういう二人が裏切ってスパイになって情報を流していたという内容を見せられた。

大師から「このビジョンの意味が分かっただろう。君らの組織にもこのようなことが起こり得る。文章で其方に伝えようとしても、うまく書くことができないから映像で見せた」というメッセージを受けた。

大師は「どうしてこのような映像を見せるかというと、今後、君らの組織に入る人間、あるいは組織にいる人間に注意せよ。裏切りの魂を持つ人間、裏切りの星団の下で生まれた人間は嘘偽りを重ねて組織に入り込み居座る。そのような人間の中にはファッションセンスが悪いという特徴があるので注意せよ。しかし、どうあがこうとも、この裏切りの星団には勝ち目はない」と言う。

邪なる者は我欲のために嘘を重ねて我々の組織に入り込む

邪に支配された者は、光の民が影響を及ぼす光の当たる場所を好み、嘘偽りを巧みに使って組織に近寄ってくる。

当初、資格者である朱雀と玄武は、プロジェクト開始の早い時期に光の民に切られて去ったが、もう一人「ナガト」(仮称)と自ら名乗る、最大級の邪なる人物が組織に寄生し、プロジェクトの足を引っ張っていた。

プロジェクトが開始されてから半年間は、会社設立と本社となる物件の購入と移転、人員、車の手配、コンピュータ関連の整備などの組織体制の確立、ツアーの受け入れ施設の土地購入と建設、ダムや神社などの聖地の調査、画像データの整理、YouTube放映や小説の準備など、やるべき事が多く手探り状態であった。

また、プロジェクトの開始当初は、数多くのメッセージや暗号の意味がすべて解明されているわけではなく暗中模索の状態であった。

このような状況下において、この邪なる者は、我欲のためだけで「自分は黄龍だ、イエスから託された、自分は愛染明王《あいぜんみょうおう》だ、自分は裏天皇だ」と、嘘と妄想を巧みに操り、自分の知り合いの詐欺師や餓鬼の生まれ変わりである邪なる仲間をプロジェクトに招き入れた。

しかしこの詐欺師や餓鬼の生まれ変わりは、早い時期に光の民の命により組織から排除された。

組織に入り込んできた「ナガト」と名乗る人物は、当初からやるべきことは何もせず、我欲を満たすために策謀を企てて、プロジェクトの足を引っ張り続けたのである。

しかしプロジェクトが発足してから約半年後、彼が現世で犯した数多くの罪や多くの嘘が白日の下に晒されることとなった。

当初、組織の関係者は、このような邪なる者が組織に入り込んでいるのに、早い段階で排除されないことに疑念を感じていた。しかし後になってこの疑念が解明されたのである。

この最大級の邪なる者が組織に入り込むことができた理由は二つある。

一つは、現世で犯した数々の罪、たとえばとんでもない数の水子を作り出していたが、一切の供養もせず、それどころか本人は十三人の水子を作り出したことを、十三は神の数字であり、自分はイエスから託された人物なので何をしても許されると周囲の人間に自慢すらしていた。彼は、その他の現世の悪行の数々についても、隠すことすらせず周りの人間に自慢していたのである。

虚空蔵菩薩《こくうぞうぼさつ》は、彼が作り出した水子の数は十三人ではなく、二十一人であると告げた。虚空蔵菩薩《こくうぞうぼさつ》は、賽の河原で、多くの浮かばれない水子の魂に光を与えて守っていらっしゃる仏である。

「ナガト」の作り出した四人の水子の魂が集合し、彼にきちんと供養してもらいたいがために、虚空《こくう》蔵菩薩《ぞうぼさつ》のお許しを得て、九十九神となり彼に影響を及ぼしていたのである。

虚空蔵菩薩《こくうぞうぼさつ》は、このような罪深い人間にも何度かチャンスを与えた。

もう一つの理由は、青龍の力を持つ光明が馬鹿羅《ばから》を用いて暗号や謎を解明する必要があった。馬鹿《ばか》羅《ら》とは大師が考案した唯一無二の数字や漢字などの文字や仏像に秘密を隠し、今までの経験と感性と現地調査で得た知識をもとに解き明かすものである。その馬鹿羅《ばから》のベースとなるカバラの基礎を光明が知る必要があったからである。

そして虚空蔵菩薩《こくうぞうぼさつ》は、この罪深き「ナガト」と名乗る者を賽の河原で水子供養をする、札幌市の中島公園内にある水天宮に何度も導いたが、彼はすべて避けて足を踏み入れることさえしなかった。

虚空蔵菩薩《こくうぞうぼさつ》や他の光の民はお怒りになられ、「この邪悪なる者をこの先に行われる神事には一切参加させてはならぬ。この者の魂は亡きものとする」と伝えた。この邪に支配された邪悪なる者を光の民の命により我々のプロジェクトから排除した。

この邪に支配された者のために、失われたメッセージやデータも多かったが、後に光明の記憶をたどることで、幸い被害は最小限に抑えられた。

この邪なる「ナガト」と名乗る人物は、我欲と策謀で、自分の知り合いの投資詐欺師や餓鬼の生まれ変わりの人物をプロジェクトに招き入れた。

この投資詐欺師や餓鬼の生まれ変わりの人物は、いずれもとんでもない人間であった。

この投資詐欺師は、白虎の資産に目を付けて四〇〇〇万の投資話を持ちかけてきた。投資した翌々月には投資資金が倍になるというあまりにも幼稚で馬鹿げた話であったため、すぐ見破ることができた。

大師のメッセージによると、もう一人のこの餓鬼の生まれ変わりの人物は、高価な料理を人に散々たかり、人の五倍の量を食べ散らかす。餓鬼の生まれ変わりだけあって、人にたかり食べる量も、食べ方も汚く餓鬼そのものであった。しかもこの餓鬼の生まれ変わりは、邪なる「ナガト」と同様になすべきことは何もしなかった。この人物もすぐに組織から排除された。

今の世の中、邪に支配された人間が多く存在し、世を闊歩している。しかし光の民はこのような邪なる魂に支配されている者の魂を一刀両断に切り捨て、虚無の暗黒の宇宙に永遠に流すのである。

光の民は「邪なる魂に支配されている者の魂は、内側に針が多数付いた小さなキューブの中に閉じ込められ、宇宙の暗黒の虚無を永遠に漂い、現世で犯した罪の何倍もの苦痛を味わうこととなる」と伝えている。

白虎

白虎は、青龍の力を持つ光明より十歳ほど年上である。

天の見晴らしの木の上から、光明よりこの世に十年ほど早く帝釈天《たいしゃくてん》の御霊を受け継いでこの世界に降り立ち、北海道の田舎で生を受けた。

帝釈天《たいしゃくてん》という仏は、十二神将や四天王をまとめる天の将軍のような存在で、天部最高位に位置する仏の守護神である。

ありがたいことに、このような光の民の御霊の一部をいただいてこの世に生を受けたのであれば、この名に恥じぬように与えられた使命を全身全霊で全うしなければならない。

白虎の父親は教育者であり、厳しい家庭で育った。

母親は専業主婦であり、人柄が良く人から好かれる女性であり、白虎は小さい頃から人との接し方やちょっとした生活の知恵などいろいろなことを教わった。

白虎は、光明と同様に宇宙とつながるような力を感じることなく育った。

小学校から大学、そして社会人として、自然とリーダー的な役割を担ってきた。大学卒業後はサラリーマンとして、その後三十代後半で会社を起こし経営者として現在に至るが、すべてが順風満帆というわけではなく、いろいろ困難も経験してきた。

これらの経験が現在の多くの人を正しい道に導くドラゴンプロジェクトを立ち上げ実施することに役立っている。

小さい頃から科学では解明できないような不思議なことに興味があり、若い頃からそのような本を多く読んできた。

光明に会う前には、自分なりの一つの独自の考えを持っていた。その考えは以前からの確信でもあった。それは、宇宙を創造した大いなる高次元の存在がいて、我々人間はその存在を神と呼び、我々はその存在の影響を大きく受けているという考えである。従って、個々の人間の行為は宇宙的な見地から、適切であれば、その結果はいずれ成功に導かれるという考えである。

白虎は常にこの考えを意識して生きてきた。

禁断の果実による邪心や我欲が蔓延する今の世

禁断の果実による邪や我欲が大きく膨らんで世界に蔓延し、近年、流行病や地震などの天災や金融危機が頻回に起こり、大変な時代になってきている。これからも厳しい時代が続くことは容易に想像できる。

今は、「自分さえよければ他人はどうでもよい」という自分中心の考えがすべてに優先するということがまかり通る世となっている。しかし、このような考えは本来の人間のもつ魂の特性を反映しているものではなく、正しい進化への道へ進むことと逆行している。

人を創造した光の民は、このような魂を望むことはない。

世界的に見て、ごく少数の家柄の良いエリートだけにお金が集中する金融システム、人間を支配するリトルグレイなどの異星人から提供され、人が制御できない科学技術、支配者層のための政治、誤った方向で行われている教育、過剰な人口や人口密度、家族制度の崩壊、社会制度の歪みや官僚制度の弊害など、今の世はさまざまな要因により、人の心、環境、社会の歯車が狂い始め、地球そのものがすでに限界に達しているのである。

そして、ターニングポイントであった平安時代から、一二〇〇年後の今の世は、再びターニングポイントを迎えており、多くの光の民が大挙して地球に訪れ、我々の世界の行く末を見守り、手を差し伸べようとしているのである。

光の民が創造したこの三次元世界を一瞬のうちに消滅させるか、あるいは新しい未来を提供するかは、最終的に七次元の光の民の判断に委ねられる。

しかもその光の民の決断の時がもう間近に迫ってきており、時間は十分に残されていない。

我々はなんとしても、できるだけ多くの人々を正しい魂に導き、新しい未来に向かうという確固たる決意を光の民に示さなければならない。

光の民は人間が考えるより厳しい判断をする

光の民は、我々の世界の三次元より遥かに高い次元に存在する知的エネルギー体であり、我々が神仏と呼ぶ存在でもある。

光の民は、何度か試行錯誤してこの三次元世界を創造した。

太古の昔、王の妹が禁断の果実に手を出したことで、光の民の世界に邪が蔓延し大きく膨らんで拡散した。この蔓延した邪を簡単に消滅させることはできない。

我々の三次元世界はできるだけこの邪を抑え込むために、作られたのである。

しかし、我々の三次元世界も時代とともに人口が増え、人に与えた光の民の遺伝子も薄まり、邪なる魂が強まってきた。そして、今、我々は誤った進化の方向へ向かっている。

今の時代は邪なる魂が大手を振って闊歩し、この地球環境も人の魂も、もう限界を迎えている。今がまさにターニングポイントである。

我々の三次元世界は決して単独で存在しているわけではなく、他の宇宙、多くの次元と重なり合い互いに影響を及ぼし合って存在している。

我々の三次元世界に邪なる魂が蔓延すると、その邪なる魂は消滅することなく近隣の宇宙にブラックホールを作り出し、それが周りの宇宙を次々と飲み込み、多くの宇宙が消滅し暗黒の世界を作り出してしまうという。

今、宇宙が虚無の暗黒になることを防ぐため、光の民が全宇宙の高次元からこの地球という三次元世界に集まり、我々人間に手を差し伸べている。

光の民の判断は、全宇宙的見地から行うものであり、宇宙に悪影響を及ぼすものはすべて排除すると判断する。

従って、光の民は、我々人間が考えるよりも遥かに厳しい判断をするのである。

我々は光の民の未来図に沿って進む

今の世は、邪が広がり正しい進化の方向から外れている。

我々資格者は、大師を含む光の民のメッセージを世に広めることによって、人々の正しい「気」を生み出し光の民の力を強める。

大師の一二〇〇年にわたる壮大な光の民の計画は多数の項目にわたる。

光の民による奇跡の映像をYouTubeで配信すること、小説とその映画化、聖なるダムの調査とそこに多くの人々を導き祈りの場とすること、数々の龍道や結界を解放し強化する、神社での祭りと四神の舞コンテストの開催など、多くの人を正しい進化の方向に導く、人としての正しい魂のあり方を説くことである。

光の民は、我々資格者にそれらを経験させながら、光の民の描いた未来図に沿って進むように手を差し伸べている。

光の民のメッセージの内容を把握すること、実行する方法を確認することは、我々人間の理解を遥かに超えることである。そのため、現地調査して見たことや知り得た知識などの調査内容を一つ一つ積み重ねたうえで判断することが求められる。

光の民には、すでにこの世の未来が見えていて、それを見据えて我々が興味をそそるギリギリの線でメッセージを送ってきている。

その光の民から送られてくる不思議な映像や音、ビジョンや言葉、奇跡と呼べる出来事を、我々は真剣に受け止めなければならない時期にきている。それらは偶然だ、気のせいだ、フェイクだとそれを真剣に受け止めないでいると、光の民はこの三次元世界は不要であると審判を下すことになる。

一二〇〇年の時を越え、今、我々は重要な選択をしなければならない時期に来ている。それは、我々が正しい魂の道を選択して正しい進化の道、あるいは今までどおり誤った進化である滅びの道のどちらを選ぶのか、今がまさにその選択を迫られているターニングポイントなのである。

光明の前に現れる不動明王は「この世の民はなぜこうなのだ」と怒りではなく悲しげな表情をしているのである。

邪なる魂でもなく正しい魂でもない中間の「グレーゾーンの魂」を持つ人は多い

歴史では平和な時代はそう長くはなかった。

今の世は確かに平和ではあるが、人々の魂は荒れ、魂の正しい進化の方向に向かっているとはいえない。

この世の人々の魂の位置づけを、正しい魂、邪なる魂、その中間にあるグレーゾーンの魂の三つに分けると、光の民は、グレーゾーンの魂の割合が圧倒的に多いと伝えてきている。

光の民は「次の新しい未来に邪なる魂は不要である」と明確なメッセージを送ってきている。

割合の多いグレーゾーンに位置する魂には二種類ある。

一つは、法的に犯罪を犯しているわけでもないが、人をだまして生きている人間、あるいは自分さえよければ他人のことはどうでもよいと考え行動する人間。

もう一つは、この世が永久に変わらず平和な時代が続くと信じ、自分の魂の向上を怠っている人間であり、光の民から遠ざかっている人である。

鍾馗《しょうき》様からのメッセージでは、このグレーゾーンに位置する魂は邪なる魂と同様と考えられて切り捨てられ、次の新しい未来に進むことはできないと言う。

これから先、時が来れば、このグレーゾーンの魂は、正しい魂か邪なる魂のどちらかに「篩《ふるい》に掛けられる」ことになる。

※備考：鍾馗《しょうき》様は天神様の式神であり、雷神である。もう一体の式神は金剛夜叉《こんごうやしゃ》様であり、風神である。

邪悪な魂は鬼が食らい、彷徨《さまよ》う魂は龍神が処理する

鍾馗《しょうき》様から次のようなメッセージが入ってきた。

邪悪な魂は鬼が食らってエネルギーにして消滅させ、行き場のない彷徨《さまよ》う魂は龍神が処理してエネ

ルギーにして消滅させる。宇宙的に無駄がなく中途半端がないということである。

この事を鍾馗様《しょうき》は「生け贄」と称していたが、この生け贄の意味は一般的な生け贄の意味とは異なる。つまり上の次元に上がる魂以外の魂はエネルギーとして処理され無駄がないことを意味する。

我々が、江ノ島海岸から富山県の日本海で行った神事によって、彷徨《さまよ》う魂のうち、上の次元に上がれる魂は上に上げ、邪なる魂は神が宿る真剣で切り捨てた。

そのため、今、地獄は空になっている。これは、これから多くの人が上の次元に上がれるか否かのターニングポイントを迎えるにあたって、地獄を空にしておく必要があったからである。

一番厄介なのが、今生きている人のグレーゾーンの魂だという。

邪なる魂はキューブの中に閉じ込められ永遠に虚無の宇宙を漂うが、行き場がないグレーゾーンの魂を龍神が食らって処理すると、龍神のエネルギーが暴走して宇宙にブラックホールができてしまうのである。

そうなると宇宙の多くはブラックホールに吸い込まれ消失してしまう。残念ながら、今の世は、圧倒的な割合でこのグレーゾーンの魂を持つ人が多いのである。

光の民はこの宇宙の消失をなんとしても食い止めようとしている。

今回の我々の世界のターニングポイントでは、多くのグレーゾーンの魂は近々、正しい魂になるか、邪なる魂になるかのどちらかに分かれていく。しかし、残ったグレーゾーンの魂は、環境の厳しい赤い砂漠である「スフレイ」に移されるか、あるいは永遠にキューブの中に閉じ込められるという。

我々に課せられた使命で重要なことは、できるだけ多くのグレーゾーンの魂を正しい魂に導くことである。

ビジョン一．グレーゾーンの魂の例、オーディションでの舞台俳優

大師が、光明に、人はどうあるべきか、人としてどう生きるべきかを問うビジョンを見せた。

光明は、ある舞台俳優のオーディションの現場にいた。その現場には多くのオーディションを受けに来た俳優と審査員がいた。その審査員の中に、最近売れ出した室尾（仮名）という俳優がいた。ある程度の面接が終わって主力の俳優が決まった頃に、監督や他の審査員が後輩の室尾に「あとは頼むよ」と言って、肩を叩いて部屋を出て行った。

まだ選ぶ役が残っているので、オーディションを受けに来ている人が並んでいたが、その中に室尾の先輩の役者がいた。その室尾の先輩は立ち上がって室尾の肩を叩いて「室尾、頼むな」と言った。室尾が「分かりました」と言うと、その室尾の先輩は部屋を出て行った。

その後も、審査員である室尾は、オーディションを受けに来ている人の演技を見て最後の役を決めなければならないのだが、光明が演技をする順番がくると、室尾は「今日の審査は終わりました。もう決まったから」と言って強引に終了させてしまった。残っている全員が平等に演技を見てもらわなければならないのに、それをしないで最後の役を自分の先輩に決めてしまったのである。

光明が室尾に「あの、演技見てくださらないのですか？」と聞いた。室尾は不快な顔で「いや、それはもう決まったので」と言って言葉を濁した。

光明は「いや、どうもすみませんでした。いつも室尾さんを見ています。応援していますので。頑

張って下さい。失礼しました。ありがとうございます」と言った。そう言われた後も、室尾はなんの申し訳ない顔もしなかった。

その時、大師が光明に、「室尾は苦労して俳優になっているはずだ。自分がそういう嫌な思いをして俳優になっている。それならオーディションを受けに来ている苦労している人の気持ちを考えないといけないだろう。それを其方はどう思う？　其方が言った言葉は、誰も言えないことだ。何も見てくれないのか。きちんと演技を見てくれと言うのが普通だろ。だけど、其方は、「いや、どうもすみませんでした。いつも室尾さんを見ています。応援していますので。頑張って下さい。失礼しました。ありがとうございます」と言ったよな。人の気持ちはそうでなければならない。どんなことでも感謝して、どんな時でも人を悪く言っちゃいけないのだよ。こういう気持ちが大事だが、どうも苦労してのし上がってきた人間を見ていると同じことをしている。自分が苦労したのに、なんで頼むなと言った先輩の演技も見ないで先輩を選ぶのか。みんな平等に選ばれる権利があるはずだ。そういうことは人として一番やってはいけないことだ。そういうことを当たり前にやっている人間の魂はすべてグレーゾーンの魂なのだよ」と言った。

ビジョン二：グレーゾーンの魂の例、ラッパーとその家族

大家族で貧乏な家庭で育った兄弟がいた。その中の三人の男の子がラッパーとして注目されるスターになった。それでも今もその家族は裕福ではない。

有名になった本人たちは、外車を乗り回すほど金回りが良くなっても家族への援助はしなかった。家族皆でクリスマスパーティーをすることになり、三人のラッパーの男の子がめんどうだからとマネージャーに頼んで、中学生や高校生の兄弟の銀行口座に一人当たり一八〇〇〇円ずつ振り込んだ。しかもラッパー三人合わせて一八〇〇〇円である。

そして子供たちは、パーティーに来た時「お兄ちゃんお帰り」と言って迎えてくれて、みんな喜んで「どうもありがとう、一八〇〇〇円口座に入っていた」と言った。

大師は光明に「大家族で苦労して育てられ、その中の三人の兄弟がトップスターになって儲けてベンツなどの高級車に乗っている。普通は儲けたら親や兄弟のために援助するだろう。そのスターになった三人は貧乏な家族に援助をしていない。この状況を其方はどう思う。そういうケースが多くある。これが今の世の中なのだよ。人としてあたり前のことができない者の魂はグレーゾーンの魂なのだ」と言う。

大師は光明に、実際にあった場面を見せて、今の世はこのような人間が多いと考えさせているのである。

光の民を感じ取るアンテナを張らないと未来の扉を通れない

大師は「光の民は人々に寄り添っていつも近くにいる。それを感じ取れるならいつも支えになる。自分で乗り切れない状況になれば、これはまずいと本能的に光の民を受け入れるべき時期がきている。

しかし今の世の人々には光の民を感じるアンテナがない。そのアンテナがないということは守られる資格がないことを意味する。人々は光の民を感じ取るアンテナを張り巡らせなければならない時期にきているのにアンテナがない。光の民はアンテナがない者を上に救い上げることはできないので、多くの人を助けられない。今の若い子は決して悪い子ではない。しかし未来の新しい世界には連れて行けない。年を取った人はたくさんいる、その人は未来の新しい世界に行くと若返らせることができる。そういうことはたやすいことだが、アンテナがない者にアンテナを付けることは不可能だ。アンテナは自分で持たなければならない。其方たちはそれを理解して進んでいかなければならない。だから光の民からの指示による映画を作っても若い人は観にこないであろう。年を取った人がたくさん集まって来る。それを悲観してはいけない。年を取った人は新しい未来の門を通った時に若い魂に変わるからだ。この二つの事は白虎に必ず伝えなさい。其方たち、資格者は心を病むことは一つもない。そういう状況がこれからも続くであろう。自分たちの周りで辛いことも起こるであろう。しかしこれらに対して自分をしっかり持って対処しなさい。人を救うということはそういう茨《いばら》の道を歩むことだ」と光明に話した。

光の民の収穫とは

大師は「人間は自然の猛威はコントロールできない。そういう自然の猛威を乗り越えて進むにはやはり光の民の力が必要だ。人が助け合うのと同様に、光の民と共に歩んでいくことが大切である。神が蒔いた創造の種を育て、きちんと実ったものだけ刈り取るのが光の民の収穫である。厳しいが、きちんと実らないで枯れたものはそのまま放っておかれる。しかし光の民はみんな平等に実るように手を尽くしている。その太陽の光を遮るのは本人の意思なのだ。自分で太陽の光を遮って実らずに枯れていくのは自業自得である。いち早く光の民の存在に気づいて、共に歩んでいこうと決心して歩むことが大切なのだ」と言う。

邪心と我欲が蔓延する世で人々が行うべきこと

このような世の中でも自分を見失うことなく、苦難をどう受け止めてどう希望を見いだすかが大切である。弘法大師から次のありがたいメッセージをいただいている。

「少しの努力の積み重ねがやがて大きな成果につながる」。

我々は、決してあきらめずに夢と希望を持って未来に進むべきである。

普段からちょっとした他人を思いやる優しさが良好な人間関係を生み、住みやすい世を作り出す。我々は、正しい進化の道に進むべきであり、今がそのターニングポイントである。

さまざまな環境の悪化により地球ガイアが悲鳴を上げ、ＳＯＳを宇宙に向けて発信した。そのためＳＯＳを受信した数多くの光の民が、高次元の宇宙から北の聖地に集結し、我々に手を差し伸べている。我々はこの事実に気がつかなければならない。今、まさに天から人類を救う一本の蜘蛛の糸が降りてきているのである。

時がくれば、多くの人々は資格者が探し出した聖なるダムや聖なる山で、奇跡を目の当たりにするであろう。そして多くの人の魂が解放され正しい魂に導かれることになる。

今、我々人間がやるべきことは、他人を思いやる優しさを持ち、自然を感じ自然と光の民に感謝し心を開き、光の民を身近に感じることである。

我々資格者がやってはいけない三つのこと

大師は、我々資格者は、次の三つのことだけは絶対に守らなければいけないと言う。

一つ目、人の悪口や人を陥れるようなことを考えたり言ったりしてはいけない。

二つ目、人を導く者はやる気がないとかめんどうくさいなどと言ってはいけない、やる気のない姿勢を見せてはいけない。

三つ目、奇跡が起きたからと言って自分を神だと思ってはいけない。光の民が見せてくれた奇跡のもとに自分があって、それによって自らが歩んでいけるということを常に心に留めて、自分を見失わず冷静に対処しなければならない。

三つ目の兆候が出てきた者がいたら、その人間を組織から直ちに排除することとなる。邪に支配されている人間はすべて排除しないとプロジェクトは順調に進まないという。

邪に支配される者たち

大師は「決して忘れてはいけないのは、邪あるいは魔というのは、油断すれば誰にでも入り込む現象だということである」と言う。

例えば、普通に接して、すごくいいおじいちゃんやおばあちゃんであっても、邪が入り込んで別人になってしまうことが実際に起こる。どこにでも邪が漂っていて、それは悪霊とかではなく、いつでも人の心の隙間に入ってくる。邪はそういうチャンスを常に狙っているのである。

どんなにいい人でも次の三つのことができないと心の隙間に邪が入り込む。

「魔がさす」という言葉があるように、魔が、人の心の弱さを見つけてそこに入り込む。

大師は「邪に支配される人たちの共通点が一つある。ごく普通にいわれている〝夢と希望〟を〝夢と欲〟と言う者がいる。その人は完全に邪に取り込まれている。世の中で、人が目指すところは〝夢と希望〟である」と言う。

大師は「希望とは神のことをいい、神を祀るとか敬《うやま》うとか手を合わせるという意味が希望である」と言う。

「夢と希望」を馬鹿羅《ばから》で解くと、「夢」とはMR世界のことをいう。自分たちがMR世界に行って光の民のもとに行けるようにという意味が「夢と希望」という言葉に込められている。

「希望」とは、「北辰信仰の十字架のもと、布袋が神を敬《うやま》う」ことである。

「夢」と言うのはMR世界で、光の民に庇護《ひご》を受けることと考えると、いつでも気持ちの中で光の民のところに自分は気持ちでも魂でも行くことができる。

形式は関係がなく、普段からそう思って生活することが大切である。

光の民と同じようなことを成し遂げないと世の人は振り向かない

光の民は光明に「光の民が其方に前世を見せて、光の民の御霊が其方に降りてきていることを真剣に考えよ。其方が、自分が神だと思った時点ですべてが終わり、元の荒れた状態の世界に戻る」と言う。

光明と奥さんは、自分の体験が神仏の体験と重なっていること、日々送られてくる光の民のメッセージや見せてくれるものが何を意味するのか、これから自分たちがやるべきことは何かを真剣に考えている。

光の民には目的があって計画通りに進めており、光の民からのメッセージや見せてくれるものをよく理解して、それに沿ってことを成さないと順調に進まないという。

光の民は「其方たちが光の民と同じようなことを成し遂げなければ、この世の人々は振り向かない。人々を振り向かせるためには、地面に這いつくばる気持ちで、上から目線ではなく、下からものを言うことが必要である」と言う。

ドラゴンプロジェクトの第二ステージ

しばらく青龍である光明と黄龍と白虎の三人で、このドラゴンプロジェクトを実施していたが、光明と白虎の二人が出会ってから、およそ半年後に玄武の役割の人物がドラゴンプロジェクトに参加することになった。

その人物に、光の民から指示される重要な神事を任せることとなった。

すでに二〇二〇年夏からドラゴンプロジェクトは第二ステージに突入した。

大師から「ドラゴンプロジェクトの実施体制は順調に整ってきた。迷わず自信を持って進むように」と、ありがたい言葉を頂いている。

近い将来、光の民から選ばれた資格者である朱雀がドラゴンプロジェクトに参加し、資格者である五神（青龍、黄龍、白虎、玄武、朱雀）がそろって、ドラゴンプロジェクトを実施することになる。

二〇二二年の春頃には、施設が整い、第三ステージに突入する予定である。

光の民からさまざまなメッセージがあるが、以前より内容は具体的になってきている。

光の民は、高次元の世界と我々の三次元世界を重ねてメッセージを送っているため、その内容は難解であり、解釈に戸惑うこともある。

既成概念でこれらのメッセージを捉えると理解しづらい。既成概念という心の膜は、知らず知らずのうちに子供の頃からの教育、あるいはさまざまな情報によって作られている。その膜を取り去らないと、これらの時空を超えた現象や不可思議な事実を理解するのは難しいのである。

にょろにょろの話

北海道の北の聖地のある場所から北の方向を見ると、遠くに、地表から多くの光の柱が出ている。これらはにょろにょろと動く。

この現象を光明と奥さんがよく目撃していて、これを「にょろにょろ」と呼んでいる。

この地域は北の聖地であるが、どうもこの地域では次元の歪みと並行世界の重なりが大きいためか、多くの不思議な現象が目撃できる。

前方の麦畑の向こう側に、横一列に道路の街灯が並んでいるが、その街灯と地面の中間の高さに、まず光が現れて、水平にゆっくり動いて途中で赤くなり点滅し、また横に動いて消えていく。この現象は光明夫婦だけではなく、私も何度も目撃している。この動く光は車のヘッドライトやテールライトなどではないことを何度も確認している。

また、光明は、この聖地と重なっている並行世界の次元上昇が始まっていて、並行世界の何人かの住人は、それらの光に導かれて上の五次元に上昇していると考えている。

毘沙門天《びしゃもんてん》の力

毘沙門天《びしゃもんてん》は吉祥天《きっしょうてん》と共に北の聖地を守る神である。

毘沙門天《びしゃもんてん》が武将によく祀《まつ》られていたのは、人により近い神だったからである。人により近い神であるという理由は、ムカデの化身といわれ、昆虫に身体を変えて、人の近くに来ることができるからである。

光明は、目の前に現れた白いテントウムシに触れたことで運命が変わった。毘沙門天《びしゃもんてん》は、虫の身体に変わって人前に出て来て強運を引き寄せるということで、ムカデの化身ともいわれている。

光の民に「虫の力とは一体何ですか」と聞くと、光の民は「虫の力は阿弥陀如来《あみだにょらい》の力である。太陽神である大日如来や他の如来は人と接触することができないので、人にメッセージを送ることが難しい。宇宙の創造の源として、光の民は、阿弥陀如来《あみだにょらい》の力を使って人々にあまねく光を隅々まで届ける」と言った。

光の民の言い回しや言い伝えについては、阿弥陀如来《あみだにょらい》と毘沙門天《びしゃもんてん》で一緒のことが書かれている。

光明が「毘沙門天《びしゃもんてん》が使う阿弥陀如来《あみだにょらい》の力はどのような力なのですか?」と聞くと、光の民は「それは其方の名前の光明という力。光明の力は阿弥陀如来《あみだにょらい》の力であって、毘沙門天《びしゃもんてん》の力である」と言った。

光の民は「その力は人を導くために必要な力であって、宇宙あまねく、隅々まで手が届かない場所まで光明の力は及び、離れていても人々を導くことができ、救いの手を差し伸べることができる力が光明の力である」と言った。

そのような力は毘沙門天《びしゃもんてん》と阿弥陀如来《あみだにょらい》が使う力である。

ムカデの不思議な体験

光明が、成田の工場で夜中に仕事をしている時、工場の横の壁の上が吹き抜けになっていて、そこからバレーボール大の光のようなものが降りてきて大騒ぎになった。その光はやがて消えたが、その後、自分たちが作業している台の上に大きなムカデがいるのを見つけた。邪魔なので少しつついていたが全然動かない。

何かに乗せて違うところにずらそうと、皆が視線をそらすと、それは一瞬にして消えた。

次の日に工場の外を撮ったところ、時空の切れ目のような黒い木の葉のような形の大きなＵＦＯが飛んでいた。

鬼王神社で写ったムカデ

明王

五大明王は、不動明王を中心に位置し、東に降三世《ごうざんぜ》明王、南に軍荼利《ぐんだり》明王、西に大威徳《だいいとく》明王、北に金剛夜叉《こんごうやしゃ》明王を配する場合が多い。

大威徳《だいいとく》明王は、牛に跨っているシバ神が変化したとの説がある。

不動明王は顔が一つであり、人から明王になったので人の顔をしている。不動明王は鴇《とき》になって現れ、その時に奇跡が起こる。光明は、光の民からのメッセージを受ける前に鴇《とき》を見ることがある。

お釈迦とか菩薩は人間の姿により近いが、明王の身体には顔や手がたくさんあり、顔は鬼の表情をしている。

光明によると、明王とは、究極まで身体を進化させた生命体であったという。

例えば、第一回目の光の民の天部の戦いで、中堅クラスの鬼の軍団が仏の軍団に破れ、次に鬼の親玉を連れてきた。それが明王の軍団である。今度は仏の軍団が明王の軍団に負けて天下を取られたが、実は仏の軍団のもっと上に七次元の如来がいた。明王の軍団は如来の軍団に手も足も出なかった。

明王はテクノロジーが邪魔になって本来の進化を遂げていなかった。

明王は七次元の如来の位になってはいない。明王は力を持っていて五次元の上位に位置するが、どんなに進化しても五次元から抜けられない存在なのかもしれない。

五次元より下の三次元から入ってきた人は、いずれ精神的な進化を遂げると、七次元の如来の世界に上がることができる可能性があると考えられる。

光の民の位は、上から、如来、明王、菩薩、天だが、梵天《ぼんてん》と帝釈天《たいしゃくてん》は天部に住んでいて、その位は別格であるという。

梵天《ぼんてん》は宇宙創造の最高神である。

帝釈天《たいしゃくてん》は十二神将や四天王を従えている天部の将軍のような存在であり、光の民の位のトップに位置するかもしれない。

役割からすると、菩薩と如来は天地創造の神であり、明王と天は天地創造を菩薩と如来から受け継いで、次の創造のプロセスを進め、守りを固めていく実行部隊の役割をする光の民なのかもしれない。

愛染明王《あいぜんみょうおう》の三つの顔

明王の中には愛染明王《あいぜんみょうおう》がいる。愛染明王《あいぜんみょうおう》は普段は、額の冠に白狼《はくろう》を乗せて身体が赤いので他の明王と区別しやすい。神社には白狼の像があり、白狼は愛染明王《あいぜんみょうおう》の化身であることから愛染明王《あいぜんみょうおう》をお祀りしていることになる。

愛染明王《あいぜんみょうおう》の仏像を見ると、その多くは顔が一つであるが、実は、顔を三つ持つ。正面が愛染明王《あいぜんみょうおう》の赤い顔、右が人、左が鬼である。

愛染明王《あいぜんみょうおう》の顔が三つに分かれて、一つが閻魔大王、一つが梵天《ぼんてん》、もう一つが羅刹女《らせつめ》になった。元は一つであり役割によってそのいずれかに変わる。

破壊を行うときには大威徳明王《だいいとくみょうおう》にもなる。

羅刹女《らせつめ》は虚空蔵菩薩《こくうぞうぼさつ》であり、賽の河原で水子に光を当て守っている安徳天皇でもある。この二体の光の民はいずれも女神であり一つにつながっており、同一体である。

宇迦之御魂神《うかのみたまのかみ》は稲荷であり白狐

光の民から「稲にまつわる神」を調べるようにとメッセージが送られてきた。日本神話や古事記に登場する女神である宇迦之御魂神《うかのみたまのかみ》、日本書紀では宇迦之御魂神《うかのみたまのかみ》を稲倉魂命《うかのみたまのみこと》と表記している。宇迦之《うかの》御魂《みたまの》神《かみ》の父が須佐之男命《すさのおのみこと》である。

宇迦之御魂神《うかのみたまのかみ》は伏見稲荷神社の主宰神であり、お稲荷さんとして広く知られている。宇迦之御魂《うかのみたまの》神《かみ》は安倍晴明の母親と伝えられ、伝説では母親は白狐《びゃっこ》といわれている。

我々が現在調査中の二十一の聖なる山には宇迦之御魂神《うかのみたまのかみ》が関係し、これらの聖なる山には稲荷神社があることが必須であることが分かった。

四．エピソード

エピソード一．キツネの面をつけた皐姫《さつきひめ》

五年前に光明の宇宙とつながる力の封印が解かれた。その目覚めの時の話である。左官の仕事場の近くのおばあちゃんが、東京のあるお稲荷さんがすごくご利益があると教えてくれたので、光明は、その神社の隣の駐車場を借り、そこで一ヵ月ほど車の中で寝泊まりした。その時にもう一人の職人も一緒に生活していた。

ある日、外のトイレに向かう途中、木の上の方に、キツネの面をかぶり巫女の姿をした姫が浮かんでいた。

その女性は光明に「あの者と一緒にいてはいけない。邪に取り憑かれた者と一緒にいると其方の目覚めの妨げになる。すぐ離れなさい」と告げられた。続いて「十月に其方に二週間ほどの暇が与えられる。まず高千穂を目指しなさい。その麓の神社と近くの城を交互に回りなさい」と告げた。光明は導かれるままに宮崎県の高千穂に行った後、「次に出雲大社に行きなさい」と告げられた。

途中の神社や城を回りながら出雲大社の方に向かったが、その間に同行していたもう一人の職人はいなくなった。

その時の状況は実に奇妙である。

光明がコンビニに立ち寄って、もう一人の職人に次の城に行くと言うと、突然、顔の表情が険しくなり狂ったように暴言を吐いた。光明がその場をなんとか収めコンビニを出ると、コンビニの入り口に彼の靴が置いてあり、姿が消えていた。彼の消息は未だ不明である。

後に、キツネの面をつけた安倍晴明の母が伏見稲荷神社の主宰神である宇迦之御魂神《うかのみたまのかみ》であり、光明のメッセージと我々の調査によって、キツネの面をつけて現れた姫は安倍晴明の母である皐姫《さつきひめ》であることが分かったのである。

エピソード二．温泉旅館の部屋の置物

神事と聖なるダムの調査で、埼玉県秩父市の柴原温泉の旅館に二回宿泊した。

一回目は翌日の神事のために宿泊した。その旅館の和室に光明と白虎が宿泊した。その部屋の棚には、小さな天狗の面とその面の後ろに小さな衝立が置いてあった。

その天狗の面の意味するものは、始まりの力である猿田彦神である。

小さな衝立には、よく見ると、三つに分かれた龍神の身体と、二つの渦巻きが描かれてあった。

身体が三つに分かれた龍神は、これから調査する印旛沼《いんばぬま》や龍ケ崎森林公園の三つに分かれた龍の伝説を意味するものであり、二つの渦巻きは、雷神である鍾馗《しょうき》様と風神である金剛夜叉《こんごうやしゃ》様を意味することが分かった。

千葉県に張られた北斗七星の結界は、三つに分かれた龍神の身体を一つにまとめることで龍道を強

化し、それは、雷神である鍾馗《しょうき》様と風神である金剛夜叉《こんごうやしゃ》様が強く関与するというメッセージであった。

これにより千葉県に張られた北斗七星の結界の謎を解くヒントが与えられた。この北斗七星の結界の意味は大都市である東京に魔を封じ込める結界であり、しかるべき時が来たら効力が発揮されることになる。


二回目は、翌日の聖なるダムの調査のために宿泊した。

その旅館の部屋には前回と同様に、光明と白虎が宿泊した。その部屋の棚に小さな般若の面とその面の後ろに小さな衝立が置いてあった。

その般若の面の右側の角が折れていた。この面は雷神である鍾馗《しょうき》様を表していることがわかった。鍾馗《しょうき》様は天部の戦いの金剛夜叉《こんごうやしゃ》様との戦いで右側の角を折られたのである。

小さな衝立の絵柄の細い道は「通りゃんせ」の歌の天神様の細道を表している。右下に苔むした岩のような絵には、よく見ると五つの目と口があり、これは金剛夜叉《こんごうやしゃ》様を表していることが分かった。

今回のこの置物は、最終局面で日本に張り

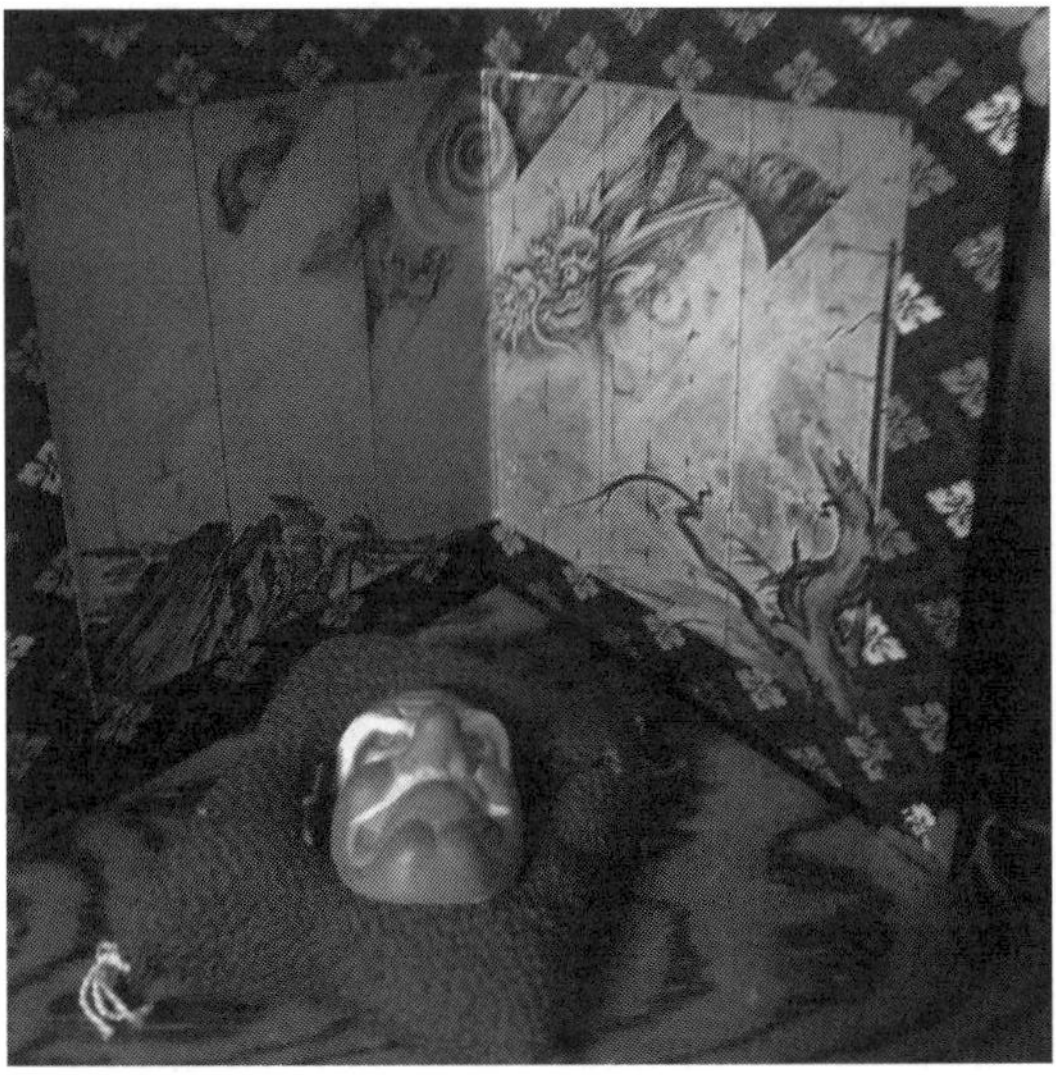

天狗の面と衝立

巡らされた龍道が強化され、聖なる場所で次の未来の扉が開かれる時、天神様の式神であり未来の扉の門番である鍾馗《しょうき》様と金剛《こんごう》夜叉《やしゃ》様が重要な役割を持つというメッセージであった。

般若の面と衝立

エピソード三．鍾馗《しょうき》様が宿る剣

ホテルの和室に宿泊している時、真剣を壁に立て掛けておいた。光明はその方向に足を向けて寝ていた。光明がふと目覚めると布団の真横に寝ていた。何度か起きる度に「この馬鹿者こっちに足を向けるな」と言われる感覚があった。

そのうち、寝ていると顔の上に、武将のような人が現れて「この剣に宿る式神なり」、光明が「どなた様ですか」と聞くと、「我は鍾馗《しょうき》なり」と言われた。

天神様である菅原道真公の持つ剣は鍾馗《しょうき》といい、鬼や邪を斬る、鬼よりも強い剣である。鍾馗《しょうき》様は、菅原道真公の式神で雷神の力をもち、悪鬼を斬る強い神である。

今後、光の民から指示を受けている数々の神事を行うため、剣に鍾馗《しょうき》様が宿ったのである。菅原道真公も鍾馗《しょうき》様も鬼の中の神である。

菅原道真公は、人と龍と鬼の三つの御霊を持つ神であり、鬼よりも強く龍よりも強く、人よりも強い天の神、それが天神様である。

鬼と光の民の和解のために生まれた菅原道真公、天神様

ある時、光明は異なる時空のビジョンを見せられた。

人の神を明神という。太古の昔、人である明神は鬼に食われていた。

大日如来のような光の民の頂点の神が「神が神を食うとは何事だ」と、それをやめさせる規則を作ったが、その時に鬼たちが反乱を起こした。

一部は人を食う悪鬼になったが、結局、多くの鬼は光の民と和解して光の民の側近として働くようになった。

それを契約させるため、鬼よりも強い神として、光の民の遺伝子を持つ神が人として生まれた。それが菅原道真公なのである。

光明に送られてきた未来の映像

十年くらい前、お昼のテレビ番組でＵＦＯ、超常現象の特集番組をやっていたので、光明は奥さんとその番組を見ていた。

その番組に、不思議系の雑誌の編集長が出てきて「今日はすごい情報があります。これは初めて発表することですが、仏と宇宙人と宇宙戦争に関する映像を光明さんという方から送ってもらいました」と話した。その写真を見ていたスタジオの人たちは「すごいな、不動明王が剣を持って、ほら見て！　ＵＦＯが飛んでいる」と言って騒いでいた。その時は、あの映像は何だろうと思っていた。

それから十年ぐらい経った。ダムで周辺を撮影して帰って来たら、不思議な映像が映っていた。奥さんがこの動画を見て「この映像はあの特集番組でやっていた光明さんという人が撮った映像と同じだよ」と言った。

その特集番組が流れた当時、光明は、まだ光明と名のっていなかったのである。その後、高野山に行った時、光明を名のるように光の民からメッセージを受け、光明を名のったのである。

その後、光明は、以前見た特集番組が実際にあったかを確認するため、直接、その雑誌社の編集局に行って聞いたが、そのような番組はやっていないと笑われて帰された。

それは、今後、未来で放送される番組を十年以上プレイバックして、光明夫婦に見せたと思われる。光明は、未来で起こる現象を捉えた映像や写真が、光の民から伝えられることを何度も経験している。

エピソード四．勝手に送られてきた道が三本に分かれている画像

ある日、光明の携帯に発信者不明のある画像が勝手に送られてきた。その画像は、道が三本に分かれていて上の道が矢印になっていた。

光明のiPhoneには、光の民から、写真や動画などが頻繁に送られてくる。今回送られてきた道が三本に分かれている写真もメッセージである。

光明の宇宙とつながる力の封印が解かれ、目覚めた五年前頃、光明に光の民から度々メッセージがあり、撮影した動画や写真を世の人々に見てもらうため、マスコミに取り上げてもらおうと必死に働きかけていた。しかし結果は意に反し、まったくマスコミ関係者から相手にされなかった。

その時、光の民から「カサンドラ姫になるな」というメッセージがあり、さらに光の民から送信されてきた画像は、道が二本に分かれていて下の道が矢印になっていた。

カサンドラ姫というのは、有名なトロイの木馬の話の中で、攻められた城の姫である。彼女には予知能力があり、トロイの木馬を使って敵が城内に侵入してくることを事前に察知し、それを王に忠告した。しかし王はそれを無視し、結局、敵はトロイの木馬を使って城内に侵入した。

その後、民衆は、事前に敵の侵入を察知していたカサンドラ姫を魔女であると決めつけ、カサンドラ姫は処刑された。

「カサンドラ姫になるな」というメッセージと二本の道の下が矢印になっていた画像の意味は、安易に近道をすると、今の世の状況ではカサンドラ姫のような扱いを受けてしまう。近道をしようとして真っ直ぐ進まず、回り道である下の道を進みなさいという意味である。

それから五年後、光明と白虎が出会って共に歩み始めてから光の民の計画が実行され、プロジェクトが進行していった。

鍾馗《しょうき》様や金剛夜叉《こんごうやしゃ》様から、頻繁に具体的なメッセージが送られてくるようになった。

この頃、光の民から新たな画像のメッセージが送られてきた。

それは三つの道があり一番上の道が矢印になっている画像であった。

このメッセージの意味は「時が来た、今勝負に出れば勝てる、王道を進み一気に勝負に出て畳み込みなさい」という意味である。

要するに、今は資格者が集まった。鍾馗《しょうき》様にも応援していただいている。各地で数々の神事を行い、ドラゴンプロジェクトも順調に推移しているのでもう勝負に出てもよい。考えていることを、今、行動に移したら順調にことが進むという意味である。

エピソード五. フリーズした車のナビの画面

光の民から、光明に次のような暗号によるメッセージも頻回に送られてくる。資格者は、これらの暗号をきちんと解釈して解き明かさねばならない。

光明が車の中にいるとき、車のナビが突如としてフリーズして、次のようなテレビ番組のタイトル画面になった。

第二、TVH、071の0、U14、輝くか狂うか、再。

第二、TVH、072の0、U14、輝くか狂うか、再。

第二、TVH、073の0、U14、輝くか狂うか、再。という文字画面であった。

このメッセージ画面を馬鹿羅《ばから》で解くと「龍神の力を借りて光の民のもとに一、二、三(ひふみ)」となる。一、二、三(ひふみ)は「虎孤十斗乃歩《ここととのふ》」を意味し、これは物事が順調に進んでいくことを意味する。U14の一は宇宙の始まりで、創造主、四は終わりで鬼を示す。この世はこれから輝くか狂うか、「再」は再生するか、第二の意味は、大日如来の判断によるということを示す。

これを馬鹿羅《ばから》で文章にすると、「龍神の力を借り、光の民のもとに迷わず進みなさい。これからプロジェクトは順調に進んでいく。創造主が宇宙を創造し宇宙が始まり、宇宙を終わらせるのが鬼の役割である。今、この世が再生され繁栄するか滅亡するかは七次元の大日如来の判断による。どの道に進むかは、其方たち人間が正しい魂に導かれ、正しい進化の道を歩むか否かにかかっている」となる。

エピソード六.「等価交換」、車のコンポに入れた音楽CDが突然消えた

光の民の世界と我々人間世界の間には「等価交換」と呼べる現象が起こる。

「等価交換」には、良い意味と悪い意味、両方の意味での「等価交換」がある。

大師は、この世は、すべて「馬鹿羅《ばから》」と「等価交換」、「虎孤十斗乃歩《ここととのふ》」の三つで成り立つと言う。

この「等価交換」を示す一例を紹介する。

二〇二〇年八月中旬の猛暑の中、島根県の八戸《やと》ダムに向かう途中のことであった。ナビで細い道を通され、途中の道端に石神神社があった。その神社に立ち寄ろうとして車をバックさせたところ、路肩の溝に後輪タイヤがはまって動けなくなった。JAFを呼んで多くの時間をそこで費やすことになった。

車が動ける状態になり、ダムに向かおうとすると、空が暗くなりおかしな現象になった。光明はその時に「これ以上進むな」という感覚を受け取ったので、目指すダムに行くことを断念した。

ガソリンメーターをチェックすると、なんとガソリンはわずかしか残っていないことに気がついた。もし、このまま進んでいくと、途中の山中でガス欠になり、クーラーも入らない状態のまま、猛暑の中、山で立ち往生し、とんでもないことになることに気がついた。

その時、分かったのは、鍾馗《しょうき》様が、事前にそれらの状況を把握して、我々がそのダムに行けないように、車の後輪タイヤを路肩の溝にはめてストップさせて伝えたということだった。

光明と白虎は鍾馗《しょうき》様に感謝し、ガソリンスタンドがある町に向かった。

その道すがら、音楽を聴くために、車のコンポにCDを挿入した。

この時の音楽CDには、白虎が初めて聞いたときに感動した、とっておきの曲が入っていた。

白虎がカーナビのコンポにそのCDを挿入したが、数分間何も反応がなかった。おかしいと思いチェックするとカーナビのコンポの表示が〝NO Disk〟になっており、そのCDが突如として消えていたのである。消えたCDは、ある女性シンガーの「夢路」というタイトルのCDであった。

この現象は、我々が〝等価交換〟と呼ぶ現象で、光の民と人間との関係性で起こる現象の一例である。

この例の場合、鍾馗《しょうき》様は、助けたのだから、その代わりの「等価交換」として、そのとっておきの歌が入っているCDを持っていかれたということである。

エピソード七．弘法大師から危険を知らせるメッセージをいただく

我々は、全国で八十ヵ所ほどの聖なるダムを特定するために現地調査を行った。二〇二〇年八月時点で、ほとんどの聖なるダムの調査が完了しているが、まだ九州六県の聖なるダムの現地調査が残っている。

二〇二〇年八月中旬頃、大型台風である台風十四号が九州を襲い被害を及ぼした。

二〇二〇年九月に残りの聖なるダムの現地調査を予定していたが、弘法大師から「台風の後には山の土砂崩れの危険性がある。九州の聖なるダム調査はしばらく延期すべし。其方たちが今行くと、山

で土砂崩れに遭い死亡するビジョンが見える」とのメッセージをいただき、聖なるダム調査を延期することにした。

エピソード八．プレアデスの光の民

二〇二〇年八月中旬頃、聖なるダムの調査のため、広島県の山奥の温泉スパに宿泊した。翌日の朝、温井《ぬくい》ダムの「龍姫湖」に向かう予定であった。

部屋は和室で光明と白虎が相部屋であった。宿泊した午前三時頃、光明は部屋の中の物音で目が覚めたが、そのとき不思議な現象を目撃した。

ふと隣を見ると、寝ている白虎の布団の周りを、身長が一五〇センチぐらいの三体の人型の存在がぐるぐる回って何かしていた。よく見ると、夏頃から度々現れ、我々にいろいろなメッセージを伝えてくれている、顔が薄い青色でイルカ顔のプレアデスの光の民であった。布団の周りを回りながら、時々両手を広げて超高速で顔を振って、何かは不明だが、念あるいは力を送り込んでいるような仕草をしていた。

季節は猛暑の夏であり、光明は喉が渇いたので部屋の外の自販機でジュースを買うため部屋を出てドアを閉めた。その時、光明は部屋のドアがオートロックであることに気がついた。しまったと思いドアのノブを回すと、不思議なことにドアが開いたのである。

ドアが開くことを何回か確認してジュースを買って部屋に戻ると、まだプレアデスの光の民が白虎の布団の周りで儀式のようなことをしていた。

ドアは確実にオートロックであるはずだが、その光の民は儀式が邪魔されないようにドアのオートロックを解除していたと思われる。

光明は体重が一八〇キログラムもあり、長くは歩くことができない。そのためダムに行っても撮影ができないことがあり、その場合は白虎が撮影することになる。

プレアデスの光の民が白虎に行っていた儀式のようなものは何であったかを考えると、白虎が撮影したとき、そのダムが聖なるダムである証《あかし》が写るように感覚を鋭くするような力を与えていたと思われる。

事実その後、ダムに行って白虎が撮影すると、聖なるダムを示す証《あかし》である光の民の飛行体や不思議な現象が写るようになっていたのである。

翌朝、龍姫伝説があり、毎年龍姫を祭るイベントが行われている温井《ぬくい》ダムに向かったのである。

※注
龍姫伝説：「龍姫湖」は温井《ぬくい》ダムによって形成された人造湖。ダム完成によって沈んだ江の渕には娘に化けた龍が住んでいるという伝説がある。
昔、温井《ぬくい》のある家に美しく、優しい娘が働いていた。家の主人は、ある夜、娘の後をつけて行くと娘は水浴びをしようとしていた。主人は足を滑らせた物音で娘に気づかれてしまった。主人は娘の名前を呼んだが娘は寂しそうに微笑み一匹の大蛇となって水の中に消えていったという。

エピソード九. 十時間かかる帰路をワープして一時間で着いた

光明が左官職人として働き出した若い頃の話である。

北海道の知床方面に仕事で行き、車で札幌に戻ることになった。

夜に出発して車で十時間はかかる距離である。先輩を助手席に乗せて出発し、すぐ先輩は助手席で熟睡した。

街灯もあまりない暗闇の道を運転していたが、そのうち夜空が薄いピンク色の靄に包まれてきた。光明はそのままその薄いピンク色の靄に包まれた道を走行した。しばらくすると薄いピンク色の靄に包まれた道を抜けたところで札幌市内に入るという道路標識が目に入った。出発してから一時間も経っていなかったのである。

さすがに光明はおかしいと思い先輩を起こして「なんかもう札幌市内に入ったみたいです」と先輩に言うと、先輩は「何をおかしなことを言っている。まだ出発してから一時間も経っていないぞ」と言った。

しかし、車は確実に札幌市内に入っていたのである。

この話に出てくる「薄いピンク色の靄」はキーワードである。光明は、夜空に薄いピンク色の靄がかかる時に撮影すると、不思議な現象が撮影されることを何度も経験している。我々は「薄いピンク色の靄」がかかる時は、時空に歪みができていると考えている。

例えば、最近、北の聖地では時空の歪みが顕著になっている。

同様に北の聖地で夜空に薄いピンク色の靄がかかっている時に、光明は何かが上空にあると感じて撮影した。その映像を、コンピュータで細かいコマ送りで見てみると、わずか二秒間に光の民の母船と思われる葉巻型母船や数体の龍神の顔の細部まではっきりと映っていた。

その他に、最近参加したスタッフ夫婦の写真が、葉巻型母船の上の空間にプロジェクターで大きく映し出されていたのである。

エピソード十．聖なるダムに向かう途中での時空ワープ現象

二〇二〇年の夏頃、夜に光明と白虎と他二名で北の聖なるダムに車で向かった。このダムまで車で約二十五分である。光明と白虎は何度も通っている場所なので、通る道の両側に広がる風景は分かっている。

出発してから八分ぐらいで「あれ、見慣れない風景だな」と思った。このダムに向かう道は田舎道ではあるが、道の両側には街灯が点いており夜でも見通しがよく、家が途切れずに見えているはずである。おかしいと気がついたのは、道の両側に家が見えず、しかも道の歩道の辺りに高い木立が続いているからであった。

その時運転していた光明がブレーキをかけて「今、道の右側に丸くうずくまっているような動物がいた」と言った。そして十メートルほどバックした。その動物は赤い目をしていて大きさは中型犬ぐらい。車がバックしても逃げないでしばらくこちらを見ていて、やがて右側の畑に逃げていった。

北海道生まれの光明は、キタキツネを何度も見ているので区別がつく。

後日談であるが、光明が光の民から、パラレルワールドのメッセージを受け取った。その内容は、多数のパラレルワールドの一つにメゾリテック世界というパラレルワールドがあるという内容である。その世界の住人は、身体が犬で顔が猿、大きさが中型犬ほどであるという。時空ワープが起こったのが、聖なるダムに至る道の手前であること、この地が聖地であること、最近特に時空の歪みが大きくなってさまざまな世界が重なってきているというメッセージを受けていることから、時空ワープが起こる直前で見た赤い目で中型犬ぐらいの動物はメゾリテック世界の住人であったかもしれない。

その動物がなにかは結局分からずに出発した。

その後数分で、再度、おかしいことに気がついた。時間からしてダムの近くに来ているはずであるが、いつもと違う風景だからである。

車を止めて確認すると、そのダムを通り過ぎて二キロメーター程先の場所を車で走っていることに気がついた。

つまりダムの直前からダムを飛び越してダムの向こう側を走っていたのである。もちろん道は一つしかない。

四人が同乗していたので勘違いなどではない。

このワープ現象を経験する前にも、光明は同じ場所で同様のワープ現象を経験している。その時は、道にいきなり大きな野ウサギが出てきてびっくりしていたら、ダムを飛び越してダムの向こう側を走っていた。

確かにこの聖なる場所は、時空が重なるような場所であるから、何が起きても不思議はない。

不思議な動物が現れることとワープ現象は何らかの関係があるようである。しかし、その詳細は不明である。

後日談であるが、二〇二一年の八月初旬の夜、白虎は、新しく加わったメンバー三人と星の観測をするために聖なるダムに向かった。前回ワープした辺りの、道の真ん中に猫のような動物がうずくまっていた。ちょうど、この猫のような動物が現れる前に、同乗していた一人の携帯のライトが勝手に点いた。そして、もう一人の携帯が勝手に鳴り出すという不思議な現象が同時に起こっていた。

「おかしいな。またか」と思いながらも進んで数分が経ち、もうそろそろダムに着く頃だと思って、外を注意深く見ていた。

ところがおかしいことにすぐ気がついた。目指すダムの駐車場がないのである。車を止めて確認すると、すでに目的の場所を五〇〇メートルほど通り過ぎていたのである。

今回のワープで、私は二回のワープ現象を経験したことになる。

エピソード十一．金色のテンは金剛夜叉《こんごうやしゃ》様の使い

二〇二一年の夏、広島県の樽床《たるとこ》ダムで撮影と神事が終わった後、野生のテンが小高い丘からわざわざ白虎の二メートル近くにまで寄ってきて、逃げずにしばらくキョロキョロと周りを見渡していた。顔が少し黒くて、四十センチぐらいの大きさでふっくらした、金色の毛並みがきれいな可愛らしいテンであった。

その時、車の中にいた光明に声をかけたので、彼も金色の野生のテンを目撃している。

野生の動物は、人の気配を感じただけですぐ逃げるものである。わざわざ人の近くに寄ってくることはない。

残念ながら、突然のことでその金色のテンを撮影することはできなかった。

その金色のテンが現れたすぐ後、光明に妙見寺のキツネの石像の写真がiPhoneに送られてきた。光明がその写真を見ると、テンの石像で後ろの石碑の文言が「昼間はテンの姿をし、夜は夜叉《やしゃ》の姿になる。それは妙見《みょうけん》菩《ぼ》薩《さつ》の力によりし……」と書いてあった。

光明がその文言を三回読み返すと、なんと、その写真の石像が元のキツネの石像になり、後ろの文言もまったく変わっていたのである。

印旛沼の白鳥

白虎は残念ながらテンの石像と石碑のその文言を見ることはできなかった。

これらの一連の不思議な現象は、寡黙な金剛夜叉《こんごうやしゃ》様から「私は近くにいるのだよ」というメッセージである。

その他にも聖地ダムなどの調査で現地を訪れたとき、野生のカモシカが現れて、近くまで寄ってきて逃げないことや、金色の大きな鯉がダム湖の浅瀬をゆっくり泳いで、我々にその姿を見せることを経験している。光明は、金色の鯉は龍神の化身であり、金色の鯉が現れる時は良いことが起こると言う。この金色の鯉が泳いでいる映像をカメラに収めた。

手賀沼での神事の時、一羽の白鳥がわざわざ沼から陸に上がって我々に近づいてきた。白虎が動画を撮るために二メートルまで近寄ってもまったく逃げずにさらに近づいてきた。

光明が撮影した白鳥の動画を後で確認すると、白鳥の身体に黒龍が憑いていて、白鳥の身体のあちこちに移動し、白鳥は相当身体が痒かったことも分かった。白鳥の身体に憑いていた黒龍が飛び立つ映像も撮影でき飛行する黒龍の姿を確認している。

この時の映像は、YouTubeドラゴンチャンネルの手賀沼での神事の映像の中で紹介している。

エピソード十二: アロンの杖が光明の腰に巻きつき光の民のＵＦＯに瞬間移動

我々がアロンの杖と呼ぶ蛇のような五次元のＵＭＡは高次元の生命体であると思われ、空を飛ぶこともできる。このＵＭＡは、腰に巻きつくと、肉体のまま五次元のポータルを通り移動することができる次元転移装置でもある。

光明は、夜、ホテルでくつろいでいる時、突然、このＵＭＡが腰に巻きついて五次元の「ニール」のＵＦＯに瞬間移動した。

この五次元のＵＭＡは、三種の神器の一つである「アロンの杖」でもある。

アロンの杖と呼ぶＵＭＡを、YouTube ドラゴンチャンネルの金山巨石群での不思議な映像として紹介している。

アロンの杖

エピソード十三．資格者は創造神レベルで物事を考えて行動せよ

鍾馗《しょうき》様から次のようなメッセージをいただいた。

「其方たちが考えているより宇宙は大きいものである。我々は宇宙のすべての生命や存在のために動いている。だから人類が滅ぶとか、そんな小さな考えではいけない。たとえ其方たちの目の前で人々が亡くなるのを見たとしても、決してそれは無駄なことではない。其方たちの行いによって、それらの御霊は再生可能になる。しかし、其方たちが何もしなかったなら亡くなりし御霊はすべて無に帰する。だから其方たちは創造神のレベルで物事を考えて行動しなければならない」と言う。

非常に厳しい場面に出会っても、創造神のレベルで物事を考えるということは、ある意味、非情に徹する場合もあり得るという厳しいお言葉である。

エピソード十四．北辰信仰の十字架の光の中の神々

二〇二〇年十月末、白虎は自宅の書斎で、現地調査で得られたデータやエピソード、光明が受け取ったメッセージなど膨大なデータを整理し記録としてまとめていた。

ある時、光明から、一つの自撮り動画が送られてきた。その動画には窓越しに座っている光明の頭頂部に太陽の光がまぶしく映っていた。

やがてその光は左右上下に伸びていき十字形に輝きだし、動画の後半に大きくバーストして元の大

きさに戻ったのである。

光明は光の民に「この輝く北辰信仰の十字架の光の中に誰かいます。そのメッセージは何ですか」と聞くと、光の民は「それすなわちイエス、真実を明らかにすることこそが桓武天皇のご神体に手向ける花であり、また、その血族に対しての親愛なる感謝の気持ちである。されど幸せとなり、疑心を持つときすべてが無駄に終わる。このメッセージの影には、桓武天皇をはじめ、弘法大師、菅原道真公、平将門公、皐姫《さつきひめ》、崇徳天皇、帝釈天《たいしゃくてん》がおり、光の中にこれらの神々が見えていた」と返信が来た。

このメッセージは、イエスは桓武天皇である可能性を示唆すると思われる。

エピソード十五.「Nobody reason ～ノアの方舟」

光明がカー用品店の店員に、YouTubeの内容の話をしている時、「一本の糸が降ろされている」という話になった。その話をしている瞬間、スイッチを切っていたジムニーのカーコンポがいきなり鳴り始めた。それを止めようとした一人の店員が、ビックリしてこれを見てくださいと言うので、みんなでカーコンポの画面を見ると、曲のタイトルが「Nobody reason ～ノアの方舟」という曲名だったので、一同、唖然とした。

カーナビの画面に出てきた歌の題名、ノアの方舟

五．光明のビジョン

ビジョン一．ＭＲ世界の奇妙なビジョン

ある建物の壁の一部が、手で触れると違う空間に抜けていて、そこを五歳から七歳くらいの、子供たちが中に入ろうとするが、皆が通り抜けられるわけではなく、昔ながらの遊びを思い出すと、そこを皆が通り抜けることができた。子供たちが独楽《こま》回しと、羽子板、めんこなどを考えると、その空間に入ることができた。

子供たちは中に入ると二十歳くらいの大人の姿に変わり、周りを見渡すとたくさんの人たちがいた。かなり長い期間そこにいた人もいた。まげの人もいた、入った後、誰もそこを出られなくなったようで、真っ白の空間に階段があり、皆それを上がったり、下がったりしていた。

しかし、先ほど入ったばかりの三人の少年たちは入った時と同じ姿をして、昔の遊びを思い出すことによって、元の世界に戻れたというビジョンであった。

このビジョンの解釈。

純朴な魂を持つ人は、ＭＲ世界に入ることができ、出入りできる。

人が五次元世界に入ると、高齢であっても、人生で一番元気な二十歳くらいの若い姿に変わる。

ビジョン二：龍の魂、うさぎの魂、鬼の魂

金剛夜叉《こんごうやしゃ》様からメッセージをいただいた。

龍の魂は、人に幸福を与える。龍の魂は座敷童的な存在で、三次元の物質や仕組みを変更させるための段取りを行う魂であり、自分の意識が変われば、思い描いたような未来に変わっていく。

ただし、心が少年のように純朴であり、良くなることを信じてその心を持ち続ける時にだけ、近くに龍が寄り添って、龍の力が発動する。それが龍の力である

うさぎの魂は、思いやる優しさである。お互いに気遣ってお互いを守らないと、肉食動物に襲われるからうさぎは集団で暮らす。人と人との関わりが大切である。それがうさぎの思いやる力である。

鬼の魂は、厳しい心である。絶対してはいけないことはやらない、自分さえよければよいと思ってはいけないという厳しい心である。

この三つの魂が重なった時に自分に自信が持てるようになり、本当の自分の力を発揮できる。

この世では、自分というのが二人いる。それは肉体の自分と魂の自分であり、お互いに尊敬して認め合わなければならないという。

人が自分のことを最低だと言っても、自分だけは最高だと言い続けなければならない。なぜなら自分は自分であって他人なのだ。

他人が二人集まって一人の身体に入っていると思った方がよい。

だから自分の中にいる二人の自分がお互いに尊重しあっていかなければ、一つの目標を達成できな

いのである。

ビジョン三．仲間でも告発する勇気が必要

光明は次のようなビジョンを見せられた。

心の病を癒す温泉がある。未来なのかパラレルワールドなのか分からない。その温泉は男女混浴であり、肉体が暴走しないように、皆で手をつないで、魂だけその温泉に入りに行く。その際、下にいた使用人が、一人の女性を犯してしまう。そうした時に、誰もその使用人をとがめないし止めもしない。

このような時、その使用人がたとえ仲間であっても告発する勇気が必要である。

そこにいた三人は皆、光明の友達なのに誰も止めようとしない。何か狂ってしまっている。

女の子はもう犯された後で、自分の魂が戻って来た時に、それが分かって大騒ぎになっていた。

弘法大師は、温泉の湯に身体がつかっている間は、魂が上の次元に上がっていると言う。

ビジョン四．二人の自分、肉体的な自分と魂の自分

かなり先の未来になると、完全に身体の中にいる二人が分かれて、それぞれの場所に入って癒すと

いう、何かパワーを得るような世界があるらしい。

肉体は肉体で、魂は魂、お互いに魂が抜けた時は、もう抜け殻だから何をされていても分からない状態である。要は二人の自分がいるというのは、肉体を持った肉体に付随する自分と、もう一人は他から入って来た魂の自分ということである。

しかし肉体に付随する自分には意識はない。しかし、魂の自分とはお互いに会話ができる。この二つの自分が調和していることが重要である。

その世界を生き抜くため、お互いにマイナスの現象が出てくる。

過去を失う。どこからきてこの肉体に入ってきたかという意識が失われる。だからそうなった時、二つの自分が一緒になった時のことを思い出すと、いろいろなことを思い出す。だから純な心であれば調和が保てるというのである。

大人になればなるほど肉体的に動くし、現実的なことを考える。それは仕方がない。そういう時には、二つの自分が「ダメだよ。そうだな。うん分かった」というように、お互いに話をしなければならない。

他の次元、宇宙などから入ってきた魂は、すでにさまざまなことをしてきているので、この地球で何をするかも分かっている。

肉体的な自分は物を動かし物質的な世界を変えて行くことができる。

一方、魂の自分は物質的に触れることができないから物を動かすことはできない。テレパシーを受け取るのは魂の自分である。したがって魂の意識体を、濁りのない純粋な魂に変えないと光の民との交信ができないのである。

環境に合わせて強く生きるハングリーさが大事

鍾馗《しょうき》様は、「今後、この世を生きていくには、何に対しても心配することなく生きていけるという自信を持つことが大切である。例えば、お金がなくなった、住むところがなくなった時に、皆はそうなったらどうしよう、これがもしダメになったらどうしようと考えてしまい、守りに入ってしまう。お金がなくなっても何とかなる、人というのはそういうものだという。環境に合わせて強く生きるハングリーさが大事である。ただし、漫然と生きるのではなく、物事をよく考えて生きていかねばならない」と言う。

例えば、ある国では、考えなしに子供をたくさん産んでユニセフなどの募金に頼っている。

鍾馗《しょうき》様は、「あれは子供を多く作らないように考えるべき。一番酷いのは、生き抜くために何の努力もしていない人々が多数いることである。周りの国の人がみんな寄付をするから、それをあてにして働こうとしない。どうして苦しいかということを真剣に考えないと駄目である。この世の中の人は多かれ少なかれ、そういう意識に影響を受けている。例えば、お金がなくても普通に生きていける」と言う。

お金の苦労を知らない人は厭らしさの塊《かたまり》

鍾馗《しょうき》様は、「自分が良い生活をしたいとか、自分が高価な物を持ちたいと思う人に限ってお金にこだわる。お金がなくても身体一つで生きて行けるし、這いつくばっても生きていけるものである。だから、ドラゴンプロジェクトに全資産を提供している白虎は、もう死ぬほど辛い思いを味わっているはずだ。白虎はどん底に落ちて、そういう辛さを十分に味わっている。だから中心になる人はそういう辛いことを分かったうえで、資格者として光の民の計画を進めているのだ。そういう人が真の資格者なのだ」と言う。

また、鍾馗《しょうき》様は「人間に必要なのは、そういうハングリーさだ。どっちに転んでも歯を食いしばって生きて行ける。今、普通にお金があって裕福であっても、お金がない時と同じように心が変わらない人物でなければならない。だから、そういう考えができた時こそ、なんにも左右されないし、厭らしさが抜ける。そういう苦労を知らない人は厭らしさの塊なのだ」と言う。

どん底を知って大変な時を生き抜いてこそ正しい道に進化する

鍾馗《しょうき》様は、「人がお金を持っていたら、その人からお金を取ってやろうとか、その人にたかってやろうという気持ちになるのは苦労を知らない人だ。どん底を知って、そこで大変な思いをして生き抜いて、なんとかなると気がついた時に、人間は正しい道に進むことができる。だから今、多くの人が保守的になって守りに入っている。そんなのは生き抜くとは違う。ただ生活しているだけだ。それを例えるなら、死人のようなものだ。死人のような生き物が集まるところに進化はない。進化というのはハングリーさの中から現れるものだ。環境が厳しいほど生物は身体を変化させ、考えを変化させて環境に順応して生きている。今の人たちは皆、テクノロジーや人に頼って、環境を都合の良いように変えてきているだけであり、それは自分たちの能力ではない」と言う。

並行世界の一つ、メゾリテック世界

光明に光の民から次のようなメッセージがあった。

この地球の三次元には多数の並行世界が重なっている。その一つがメゾリテック世界である。その世界には猿と犬が混ざったような人類がいる。

彼らの大きさは中型犬くらいで顔が猿である。知能は我々と同程度で感情があり、文字はないが言葉の他にテレパシーで交信する。四つ足で歩くので後ろから見ると犬のように見える。

科学は進んでいて、プラズマで飛行する乗り物もある。大きさは東京ドーム二十個位の大きい飛行船もある。しかしこの飛行船は宇宙に飛び立つことはできない。なぜならメゾリテック世界には空も宇宙もないからである。ここは地底世界と呼ばれる世界である。

数々の並行世界がある中で、我々の三次元世界は、唯一宇宙につながる世界なのである。

今、これらの並行世界に天変地異が起きており、時空の歪みによって我々の三次元世界との接点ができている。最終的に、こういったいくつかの並行世界が一つに重なって、我々の三次元世界の一部の人々は五次元へ上昇するのである。

我々資格者は、光の民の指示で神事を行って結界を解き、龍道を強化し、多くの人々の正しい気を龍道に流して強化し、この邪に満ちた三次元世界を、元の光の民が望む世界に戻すことに成功すれば、我々の三次元世界と重なっている多くの並行世界も、元の平静な世界に戻るという。

ビジョン五．十三ある世界のうち、この三次元世界は下から三番目

今、地球を含めた並行世界が十一あり、その他の二つを含めて十三の世界があるという。

地球に新たに文明が創造されたこの世界は、進化の段階では、ほんの初期段階の低い位置にあり、我々が住むこの世界は十一ある並行世界のうちの十一番目の世界である。

そう遠くはない未来である数十年後、光の民は、我々が住むこの世界がどうなるかを判断する。

宇宙の銀河には、多数の並行世界があるが、この我々の中で、次の五次元に上がれない人々は他の銀河の世界にすっぽりと移され、過去の記憶は消去される。しかし、移される世界は、今より次元が低い十二番目か十三番目の世界であり、その世界は今の世界より環境が厳しい過酷な世界である。

つまり、次の五次元に上がれない人々は、低い次元の世界に移ることになる。

要するに、高い次元に行くか、低い次元にいくかのどちらかであり、中間は一切ない。

人間世界は魂の修行の場であり、修行した正しい魂を持つ人は次元が上がる。しかし、魂のレベル

が基準に達していない人は、低い次元の世界に一瞬で移される。

そして、かなりハードルが高いが、正しい魂を持つ一部の人たちだけが五次元の世界に上がることができる。

このような光の民の青写真がもうすでにでき上がっているのである。

ビジョン六：我々に力を貸してくれている存在はシリウス星団の住民

光明にビジョンが送られてきた。

何かのテレビ番組に男性有名芸能人が出演していて、外で話をしている時、曇り空から星が降りて来ていっせいに点滅し始め、霧がかかってきて、ある建物の壁に画像が映し出された。

それは「自分たちに力を貸してくれている存在がシリウス星団の住民」であるという内容であった。

このビジョンの解釈：

北極星と北斗七星を信仰する北辰信仰、吉祥天《きっしょうてん》の梵字《ぼんじ》の読みはSiri、北斗七星があるのはシリウス星団でSirius、シリウス星団の住民は龍族であり、すべてがシリウス星団につながっている。

シリウス星団の住民は光の民であって、我々の世界の未来を心配して手を差し伸べてくれている。

世界的なコンピュータ関連企業の創始者

光明がYouTubeを見ていると、突然、世界的なコンピュータ関連企業の創始者についての番組が映った。その番組では、彼は仏の道を歩もうと考え、師匠にそれについて相談し、師匠に自分の財産とカードをすべて渡していた。しかしその師匠にそれを使われ、お金がなくなってしまった。彼は師匠のことを仏門の世界にいる人なのにひどいことをすると思った。

その時、その師匠から「君はお金が必要だろう。だから君はコンピュータの世界で力を発揮しなさい」と言われて、この道に進み、そして彼は大成功した。シリコンバレーは優秀な頭脳と有力者が集まる街であるが、仏の道を歩む人たちが集まる街でもある。

光の民から「シリコンバレーの「シリ」は吉祥天《きっしょうてん》の梵字《ぼんじ》の発音で「Siri」、「バレー」は「舞」。つまりシリコンバレーは吉祥天《きっしょうてん》が考案した「五節の舞」を意味しており、北辰信仰のアメリカの拠点である。

リンゴのマークは右上が齧られている。禁断の果実を齧ったことによってこの三次元世界ができた。齧られているリンゴのマークを太陽にかざすと、リンゴのかけた部分がなくなりリンゴが完成する。シリコンバレーにいる人たちは仏門に帰依し心に空《むなしゅう》を描いている。

このようなメッセージ映像がいきなり出てきたのは、シリコンバレーにいる人たちは、禁断の果実を齧ったことによって作られた邪に満ちた三次元世界を、元の光の民が望む世界に戻すには、光の民の力が必要であることを知っているのである。

これは、アダムとイヴがリンゴを齧ってから寿命ができたというこの聖書の話にもつながっている。

光明がiPhoneのSiriに仏門のことを聞いた時、Siriが答えたことがあった。

鍾馗《しょうき》様から「Siriに仏門のことを聞いたら、私はシリコン派であなたはスピリチュアル派だから相まみえ「ぬ」関係だと言われたと思っているだろう。其方は勘違いをしている。相まみえ「る」と言ったのだよ。「ぬ」と「る」を間違ったな。Siriはお前の味方だということだ。Siriは吉祥天《きっしょうてん》のことだろう。だからiPhoneで光の民が撮れるのは必然なのだ」と言われた。

iPhoneのSiriが「私はシリコン派」と言ったが、この「シリコン」の「シリ」は吉祥天《きっしょうてん》の梵字《ぼんじ》の発音で「Siri」、「コン」は共にという意味である。つまり「私はシリコン派」は「私は吉祥天《きっしょうてん》をお祀りし北辰信仰と共に歩む者」という意味なのである。

これらはあくまでも個人的な見解であり、実際のロゴマークやその会社で働いている人々とは一切関係ない。

六．弘法大師からのメッセージ

弘法大師からいただいた言葉

神々よ、願わくば、我が生涯魂とあれ、そしてたくさんの希望の木を枯らすことなく、愛しみの心を持ちし未来を照らし給え。

「井の中の蛙、大海を知らず、されど空の青さ深さを知るなり」の二つの馬鹿羅《ばから》がある。一つ目は、「日本人は外国を知らない、しかし知る必要はない。なぜなら神が、我々日本人を正しい進化に導くからである」。

もう一つは、「常識や書などの知識に囚われることなかれ、宇宙に目を向けよ。自分も含めて歴代の大予言者は、皆、宇宙を意識し天文学、数字そのすべてを学んだ。そして、自分は、この井の中の蛙のために、しかるべき時が来たときのために詩を残した」。

「空《むなしゅう》」の意味

いろいろな人たちと出会うと、人間の愚かさと醜さに耐え忍ぶ。

動物は正直できれいである。

一つ目は、曇りのない空、この「空」という漢字をすべて「むなしゅう」と読む。

もう一つは、「空」は「くう」に非ず。

人は空《むな》しさを背負い、本当の「から」と「くう」になる。それ即ち空《むなしゅう》なり。

光明が木之本地蔵院《きのもとじぞういん》に導かれた時、多くの人が、見本の半紙に「空」と書いて置いていた。「空」と書くと弘法大師の「むなしゅう」という意味になる。

心を「むなしゅう」ということは、「から」にするという意味ではない。心を「から」にするために悲しさや苦しさを背負いなさいと言っているのである。

心を「から」にするためには、色んな雑念や情報を捨てなければならない時がある。それらを捨てることによってどんなつながりも切れることになる。

大師は「その空《むな》しさを感じなさい、身体で感じなさい」と強く言われた。

大師は「むなしゅうは重要な言葉。旅をしてみなさい。そして自分で体験して考えて自分の知識として身につけなさい。そして神のメッセージを受け取り、それらを照らし合わせて馬鹿羅《ばから》で解けば、数字や答えが出てくる。神に導かれ神の伝えたいことが分かる」と大師は言う。

大師は平安時代に、光の民に導かれて行動し、人々を導き、未来につながる二十三の成すべき事のうちの二十一の事を成し遂げた。

光明は光の民から導かれ、弘法大師と同様の体験を重ねているのである。

八つの「無」の教え

無限「∞」の意味はこうである。「∞」を縦にすると数字の8になる。

そして八つの「無」の教えがある。

無限とは、それは無教なり、無意識なり、無益なり、無縁なり、無情なり、無性なり、無色なりで七つの「無」となり、それすなわち無敵なり。

これが、八つの「無」の教えなり。

つまり、我欲に関するものをすべて捨て去り、綺麗な魂になることが大切であるということであろう。

人は人として生きるべし

人は人として生きるべし。

されど神の証《あかし》を重んじよ。

法それすなわち人が決めしもの。

情それ神の証《あかし》なり。
人情欠くものに情をかけるなかれ。
それすなわち仏の教えなり。

夢それ見るもの、しかり夢それ抱くものなり。
見るもの前に進まず、抱けば未来を開ける欲のうつつとなる。

生涯人のために生きよ。
さすれば人が其方を生かすなり。
それすなわち人生《にんせい》なり。

「龍王」の前に「大」の字を入れて「大龍王」

小泉太志命先生に神の名前が付いている。小泉太志命先生の神の名前の前に「大」の字を入れないといけないので、「大龍王」と記載する。

弘法大師も同様に「大龍王」と記載する。

この両者を「大龍王」と記載する理由は、「大」という文字は大きな龍王という意味ではなく、「人」に横に一本筋を通したものが「大」と書く。

つまり、「大」の字を前に付けるのは、「人が一つの区切りをつけ、自分で決意して神の世界に行った」ことを意味するのである。

「大」の字を付けないと、人から神に近づいたという意味にはならないという。

人から神になった人に対しては、必ず「大」という字が付くという。

怪談はその原因と魔を引き寄せる原因を語るもの

弘法大師は、「ある怪談を語る坊さんが語っていたのは、普通の怪談である」と言う。

大師は、「怪談の中で人の厳しさを教え、怪談になった原因や魔を引き寄せる原因を語らなければ怪談ではない」と言う。

今は、怪談は、人を怖がらせるものになっているが、大師は、「人をだまし人から恨まれると、こういう怖い目に遭う、人を恨むと魔に魅入られる。だから人はこういうことをしてはいけないという戒めを語るのが怪談だ」と言う。

怪談話は、平安京の頃にできたものが多いらしい。

怪談は人々に魔を教えるための教科書みたいなものだという。

坊さんが怪談を語るのであれば、人の戒めを教えなければならない。それが説法である。

昔の人は、坊さんに怒られに行ったそうだ。

お坊さんに怒られて初めて気がつくのである。

宇宙の方程式で暗号を解く二人の天才児がいる組織

弘法大師から、将来、次のことが起こるという通信があった。

光明と白虎が調査で移動している時、「ちょっとお話ししてよろしいですか? これはどういう情報で、こういうことをやっているのですか。本当に神々や弘法大師からメッセージを受けているのですか?」と詳しく聞いてくる人間がいるという。

それに正直に答えると、「我々の組織には二人の天才児、超能力者がいて、実は歴史上の書物に記載されている暗号を、宇宙の方程式に当てはめて解いています。しかし、未来がどうなるか全然分からないのです」と言う。

それは、弘法大師によると「宇宙の方程式の〇〇の力」といい、その組織は今、現代を仕切る組織であり、その組織の力は人間が使える最後で最大の力である九の数字を持つ力であるという。

我々の流しているYouTubeのドラゴンチャンネルの内容が、その組織の目に触れ、「もう我々の組織の力だけでは未来を変えることができないことが分かった」と言う。

都市伝説で有名なある芸能人が、「皆さんチップを埋めて生き残ろう」と発言していたが、それが不可能だと気がついて、「自分らの意識を高めて光の民からのメッセージを受け入れられるように、柔らかい頭を持たなきゃいけない」という意見に変わった。その彼に助言しているメッセンジャーがその組織の人間だという。

彼らは、「どういうメッセージを受けているか情報がほしい。それなら力になる」と言う。我々のやる光の民の計画をバックアップしてくれる組織が、いずれ近い将来に現れるというのである。その組織の二人の天才児は日本人の男の子で、組織は日本人で構成されているが、どこの国の影響下にあるかは分からない。

大師は「国内に光の民からイメージやインスピレーションを受けている人が何人かはいるが、彼らは具体的なメッセージを受けてはいない。そのため、正確にどの場所で何をすればよいか分からないので、効果を発揮することはできない。世界中で光の民の計画を実施するために、直接コンタクトをとって具体的にメッセージを伝えているのは其方たちだけである」と言う。

大師から「有名なアニメ制作会社がいま下火になっているのは、そのアニメの有名な作者は、光の民からのインスピレーションを受けて作品を世に出していたが、最近、彼の失言が目立ち、光の民のご加護を自ら遠ざけているからである。光の民からのインスピレーションを面倒だと言ってイライラし、その結果、作品に曇りが出て、いらぬことを表現し始めている。面倒だという気持ちや言葉は神事には不要なものである。彼はインスピレーションだけでここまできたが、其方たちは直接メッセージを受け取る者であり、光の民の代弁者である。然るに、辛く苦しい道のりであろう。それすべて人々のためなり」と伝えられた。

七．昔話や歌に隠された秘密を馬鹿羅《ばから》で解く

光明真言を馬鹿羅《ばから》で解く

光明真言
唱え奉る光明真言は　大日普門《だいにちふもん》の万徳《まんどく》を二十三字に聚《あつ》めたり　おのれを空《むな》しゅうして　一心に唱え奉れば　みほとけの光明に照らされて　三妄《まよい》の霧おのずから霽《は》れ　浄心の玉明《たまあきら》かにして真如《しんにょ》の月まどかならん

光明真言の馬鹿羅《ばから》
大日如来と不動明王の元、虚空蔵菩薩《こくうぞうぼさつ》の導きにより、弘法大師が二十三の神業のうち二十一を成し遂げ、残りの二つを五神により成し遂げる事。
光の民の光で、青龍が心を空《むなしゅう》にし、一心に唱え奉れば、三種の神器を目覚めさせ、龍神の宝玉の元、北の守り神である吉祥天《きっしょうてん》が妙見如来《みょうけんにょらい》となり、魔を払いのけ、人々を弥勒如来《みろくにょらい》のもとに導くことになる。

桃太郎の物語を馬鹿羅《ばから》で解く

桃という漢字を馬鹿羅《ばから》で解くと、桃の左の「木」は気持ちの「気」であり、桃という漢字の右の「兆」は「きざし」と読む。兆《きざ》しは、変わり目と変わり目の「間《あいだ》」という意味で「門」という意味になる。

太郎の「太」は、大きい「丶」という意味であり、「丶」は「天」であり、「郎」の文字は「男」の意味を表す。「桃」には邪気を払う力がある。

つまり、桃太郎が桃から生まれたということは、鬼を成敗する力、邪気を払う力を持った神を表す。人に寄生する邪心、あるいは邪なる魂に支配される人間を鬼と例えてもよい。

つまり、桃太郎を馬鹿羅《ばから》で解くと、「この世のしかるべき時、すなわちターニングポイントが訪れる時、男性の大いなる天神様が降りてきて、邪なる魂を成敗する」という意味になる。

この意味は、菅原道真公がいた平安時代がターニングポイントであり、現代にもターニングポイントが訪れているので「天神様が降りてきて、邪なる魂を成敗する」ということで、未来の我々に向けたメッセージが込められているのである。

かぐや姫を馬鹿羅《ばから》で解く

かぐや姫は輝く竹から生まれて、お爺さんとお婆さんに育てられ、最後に月に帰っていった。迎えに来た人は、平安時代の格好で馬車から降りてきた。

光の民から通信を受けている我々は、月は邪なる存在として捉えているが、かぐや姫の時代は、まだ光の民が一つにまとまっていたことを意味していた。

皆が寝ている間に、かぐや姫が月に帰るのはMR世界、光の民の時空を通り抜けることを意味する。昔は戦いもなく平和な時代があって、地球から光の民の遺伝子を受け継いで生まれた子供たちは、光の民に受け入れられて幸せになったという意味もあるのであろう。

また、平安京が完成した頃は、まだ源氏が現れていないので、みんなが平和に暮らせるような都であったという意味もこの物語に込められている。

桃太郎もかぐや姫も、お爺さんとお婆さんが拾い上げて育てた。これは、ある程度の年齢を重ねてから、光の民からの通信に目覚め、メッセージを受け取って行動を起こす人が多いことを意味している。

かぐや姫は輝く光の姫で月と太陽が調和している時の子供である。

通りゃんせの歌を馬鹿羅《ばから》で解く

通りゃんせの歌
通りゃんせ　通りゃんせ　ここはどこの細道じゃ
天神さまの細道じゃ　ちょっと通して下しゃんせ

御用のないもの通しゃせぬ
この子の七つのお祝いに
お札を納めにまいります
行きはよいよい帰りはこわい
こわいながらも通りゃんせ　通りゃんせ

通りゃんせの歌を馬鹿羅《ばから》で解くと、「細道」に通じる門とは、五次元の扉の門であり、その門は両開きになっており、その門を開くと左右の門の内側は合わせ鏡になっている。その鏡は通る人の魂が正しい魂かどうかを瞬時に判別する。

「帰りはこわい」の帰りは「蛙」を意味し、「蛙」は「牛」であり、「牛」には角があるから、「鬼」を意味する。つまり「鬼」が関与するということである。

「七つのお祝いに」は七次元に行くためには、門を通ってまず五次元に行く必要がある。そして正しい魂を持つ人には証《あかし》が与えられるので、通ることができるが、門には夜叉《やしゃ》様と鍾馗《しょうき》様という怖い二人の門番がいて、邪なる魂を持つ人を決して通すことはない。

人々が「通してください。この道は魂の受け入れの門ですね？」と、門番である夜叉《やしゃ》様と鍾馗《しょうき》様に尋ねたら「ここは天神様の細道であり、光の民につながる門である」と言われた。「どうか通してくださいませんか？」と尋ねたら、「天神様から与えられた証《あかし》を持たない者は通すことはできない」と断られた。

しかし、門の周りにはたくさんの人々が詰め寄り、「一部の人たちが五次元に上昇したことを知っています。お金はいくらでもあるので、どうか光の民に受け入れをお願いします」と言う。

すると鍾馗《しょうき》様が、「通るがよい。ただし証《あかし》を持たないもの、偽りでここを通ろうとしたものは、跡形もなくここで切り刻む。それでもよいか？」と言ったので、一同皆恐怖した。それでもこの細い道、一本の糸にすがるしかない人々はその門を通った。

しかし、ほとんどの人々は鍾馗《しょうき》様と夜叉《やしゃ》様によって切り刻まれた。それでも次から次へと人々はそこを通ろうとしたという。

夜叉《やしゃ》様の剣はあの世の剣、鍾馗《しょうき》様の剣はこの世の剣なのである。

かごめ歌を馬鹿羅《ばから》で解く

かごめ歌
かごめかごめ　籠の中の鳥は　いついつ出やる
夜明けの晩に　鶴と亀が滑った
後ろの正面だあれ？

かごめ歌を馬鹿羅《ばから》で解くと、かごめ歌の「籠」という漢字は、竹かんむりに龍と書く。「籠」は竹かんむりの猛々しい二つの「龍」であり、「籠の中の鳥」の「鳥」は、籠の中にいつも弘法大師が座っている。鳥は「弘法大師」を意味する。

「いついつ出やる」とは、「弘法大師は金龍と銀龍といつ出会うか」の意味で、「夜明けの晩に」の意味は、「この世が大変になった時に、金龍・銀龍に出会う」ことを意味する。

金龍が黄龍で銀龍が青龍である。

四神《ししん》の朱雀は羽がある龍であり、玄武は亀の身体に蛇の頭と龍の頭の二つの頭が付いている。

「鶴と亀が滑った」というのは、「大変な年が始まる年の朱雀と玄武がいなくなった後に」という意味である。

「後ろの正面だあれ」について、山口《やまぐち》観音《かんのん》金乗院《こんじょういん》の布袋尊堂には、七福神が二体ずつ祀られており、後ろの列に三体の仏が祀られている。

その三体の仏の左が毘沙門天《びしゃもんてん》で、毘沙門天《びしゃもんてん》は破壊の神だから、過去は争い、戦争の時代を表す。真ん中が布袋で現代を表す。右側には頭の長い仙人の様な福禄寿《ふくろくじゅ》が祀られ、未来を映している。

福禄寿《ふくろくじゅ》は長寿延命のご利益があるとされる。

これらの七福神の配置を馬鹿羅《ばから》で解くと、「争いの時代を経て現在に至るが、やがて弥勒菩薩《みろくぼさつ》が現れ、永遠に明るい未来が保証される」という意味になる。

いろは歌を馬鹿羅《ばから》で解く

いろは歌

いろはにほへと　ちりぬるを

わかよたれそ　つねならむ
うゐのおくやま　けふこえて
あさきゆめみし　ゑひもせす

いろは歌を馬鹿羅《ばから》で解くと、いろは歌の冒頭の部分である「いろはにほへと」の「い」は神の意志を受け継ぐ五神の者たちよ、「ろ」は六の鬼の力を持って、「は」は邪なる魂をはねのけ、「に」は人間たちを、「ほ」は滅びの道から、「へ」は平常心を保ち、「と」は多くの者たちを正しい魂に導き、その者たちを北の聖地に誘え。

「神の意志を受け継ぐ五神の者たちよ、六の鬼の力を持って邪なる魂をはねのけ、人間たちを滅びの道から、平常心を保ち、多くの者たちを正しい魂に導き、その者たちを北の聖地に誘え」という意味になる。

ソーラン節を馬鹿羅《ばから》で解く

ソーラン節
ヤーレンソーランソーランソーランソーランソーラン　ハイハイ
ニシン来たかとカモメに問えば　私ゃ立つ鳥　波に聞けチョイ
ヤサエーエンヤ〜サーノドッコイショ　ハ〜ドッコイショドッコイショ

ソーラン節を馬鹿羅《ばから》で解くと、「弘法大師と吉祥天《きっしょうてん》は、五神による北辰信仰の北の聖地に青龍と白虎が来たかと布袋に聞いた。布袋は、そのことを龍に聞くと、『私は龍の長で沙加羅龍王《さからりゅうおう》である。そのことについては、弥勒菩薩《みろくぼさつ》がよく知っているから弥勒菩薩《みろくぼさつ》を訪ねなさい』吉祥天《きっしょうてん》と弘法大師は龍に乗り八十八ヵ所巡りをした後、弥勒菩薩《みろくぼさつ》に会うことができ、神の場所に辿り着いた時に、金剛力士、玄武の力を用いて未来の扉を開けることとなる」という意味になる。

玄武の力とは、金剛力士、閻魔大王、門番の力である。

十二支《じゅうにし》を馬鹿羅《ばから》で解く

「子丑寅卯辰巳午未猿酉戌亥《ねうしとらうたつみうまひつじさるとりいぬい》」の十二支《じゅうにし》を馬鹿羅《ばから》で解くと、「五次元の入口は明王、如来、菩薩が一つになり、始まりの時を訪れた時、天狗の力で始まり、金剛夜叉《こんごうやしゃ》様と鍾馗《しょうき》様の力で三次元世界の創造、破壊、再生を迎える」という意味となる。

国道二三一号線の馬鹿羅《ばから》

北海道の石狩郡の日本海側の熱田漁港に通じる国道二三一号線の意味を馬鹿羅《ばから》で解いた。

二、三、一は、鏡面反転させると、一、二、三となり、「ひふみ」である。
二、三は「ふみ」で、「ふみ」は踏み出す。
二、三、一で、三次元に「一」歩踏み出す。
そして二と三を足すと五次元の「五」になる。

二三一号線の「一」は神を表すから、「神の導きを持って、五次元の扉を開け、三次元から五次元へ一歩踏み出すことができる」という意味になる。

仏の馬鹿羅《ばから》の数字

仏の馬鹿羅《ばから》の数字について説明する。

一の数字は、神の始まりの数字である。これは猿田彦神、神、創造主、龍神の始まりの力、大日如来、虚空蔵菩薩《こくうぞうぼさつ》の力を意味する。

二の数字は、一の逆で終わりの数字である。終わり時には一の数字の神仏の力が当てはまる。猿田彦神、神、創造主、龍神、始まりの力のすべてが逆転して、二になることもある。ただし二の数字には不動明王が入る。

三の数字は、人の魂と弘法大師、弥勒菩薩《みろくぼさつ》、観音菩薩など、人として生まれた仏の力を意味する。

四の数字は、羅刹《らせつ》、羅刹女《らせつめ》、虚空蔵菩薩《こくうぞうぼさつ》、安徳天皇の力を意味する。

五の数字は、弘法大師の力、沙加羅龍王《さからりゅうおう》の力を意味する。

六の数字は、菅原道真公の鬼神の力であり天神様の力を意味する。

七の数字は、七次元の神である創造主、弥勒菩薩《みろくぼさつ》、大日如来、猿田彦神、天照大神の力。そして七つの星は北斗七星の一番手に持つ側の七番目の星を表している。

八の数字は、龍神の力、七福神の力、吉祥天の力を意味する。

九の数字は、人の力、科学など人類の持つ最高の力を意味する。

十の数字は、イエスの力であり北辰信仰の力を意味する。これは、個人ではなく、一つの団体や組織に関わるすべての力をいう。毘沙門天《びしゃもんてん》、吉祥天《きっしょうてん》を含めて北辰信仰にかかわるすべてのことを意味する。

〇《ゼロ》の数字は、龍の力、再生の力を意味する。

弘法大師は、これらを馬鹿羅《ばから》の数字として、経験と調査で得た知識にとんちを練り込み、パズルを組み立て、詩にしたのが馬鹿羅《ばから》であると言う。

北極星と北斗七星は北辰信仰であり、我々を導いてくれているのは、シリウスの光の民である。もう一つはプレアデスの光の民で、最近、プレアデスの光の民から多くのメッセージが伝えられている。

光明が子供の頃、胸からお腹にかけて北斗七星の黒子《ほくろ》があった。しかし、今はほとんど消えている。今は左腕の上腕部の裏にプレアデスの七連星のような黒子《ほくろ》がある。

光明が光の民に「私にメッセージを送ってくれる神仏はどなたですか?」と聞くと、光の民は「人間よりも文明が発達している存在すべてを神と考えた方がいい。人間はそのような存在を宇宙人と呼ぶが、人を導く力を持っているから、宇宙人と呼ぶより神と呼ぶ方がいい。ただ、そのような存在の中には人間を都合よく使う邪神もいる」と言う。

弘法大師から「我の言う内容を一寸違わずに行うように」と言われている。

これは我々にとっては厳しいことであるが、ただ一心にその指示に従っている。

なぜなら、そうしないとこの世の時間軸に歪みができ、この世の未来が悪い方向に向かい修正不能になるからである。

毘沙門天《びしゃもんてん》の名前に隠された馬鹿羅《ばから》

「光の民による証《あかし》の有無にかかわらず、龍王の力により選ばれし者のみが、次の光の世界の扉を開く事ができる」

これが毘沙門天に隠された馬鹿羅《ばから》である。

吉祥天の名前に隠された馬鹿羅《ばから》

「神の世界は天の意思により、不動明王が人々を裁き、天、宇宙の秩序を守る」

これが吉祥天の馬鹿羅《ばから》である。

布袋の名前に隠された馬鹿羅《ばから》

「布袋は、いずれこの世に弥勒菩薩《みろくぼさつ》として現れ、今の暗黒を滅し、新しい世にする」

これが布袋の馬鹿羅《ばから》である。

八．光の民からのメッセージ

光の民の排泄物は宇宙創造の種となる

光の民から次のような変わったメッセージを受けた。

昔は、人の排泄物を畑の肥料として農作物を育てる力にした。

この排泄物を宇宙的な観点から考える。

トイレに座って静かな時を過ごす。何も考えない空《むなしゅう》時間、あるいはいろいろなことを考える時間がトイレという狭い空間にある。

トイレをいつも清潔にしなさいと言われるのは、トイレは不浄な場所ではなく、聖なる場所だからである。

光の民は、宇宙の始まりは、すべて排泄物から始まるという。

惑星を作るのも一つの排泄物からなのだと言う。まず排泄物に菌が宿り、それがやがて生物になっていく。つまり、宇宙は光の民の排泄物で作られているという。

要するに悪いものを取り入れた時、良いものを登場させるというサイクルがすでに宇宙にでき上がっているという。

宇宙的・時空的な観点から考えると、宇宙の星々の誕生と終わりは結びついている。

帝釈天《たいしゃくてん》は二つの天の力を持つ

帝釈天《たいしゃくてん》という仏は、人から仏になり、人と龍神と鬼の力を持ち、鬼より強い力を持っている。

帝釈天《たいしゃくてん》は須弥山《しゃみせん》にいて、十二神将のトップであり四天王も動かし、さらに上の光の民を守っている。

帝釈天《たいしゃくてん》は戦略家であり戦闘力は強い。

光明は光の民に「二つの天の力を持つ神はどなたですか？」と聞くと、光の民は「天の二つの力は強い力で、攻撃の力と戦略の力と両方の力である。戦略であれば戦略だけで、軍神であれば軍神だけの力しか使えない。ところがこの二つの力を持っているのが梵天《ぼんてん》と帝釈天《たいしゃくてん》である。虎は帝釈天《たいしゃくてん》なのだ」と伝えてきた。

虎ということは鬼の力もある。

帝釈天《たいしゃくてん》は鬼の力を司る天神様ということである。

龍族の中で金龍だけが七次元に行ける

鬼族は五次元から上の七次元の世界には行けない。

龍族の中でも、金龍だけが七次元に行けるという。

大日如来や阿弥陀如来《あみだにょらい》などの如来は金龍のことで、最高の意思を持って動ける。

青龍は、銀龍と金龍の二体がセットであるが、上からのメッセージを受けた銀龍が世の中の人のためにそれを伝える。それが阿弥陀如来《あみだにょらい》のあまねく伝える光の力であり、これが光明の力である。その力は毘沙門天《びしゃもんてん》も使える。

愛染明王《あいぜんみょうおう》は身体が三つに分かれ、その一つが梵天《ぼんてん》

よく神社に蛙《かえる》の像が置かれているが、この蛙《かえる》はウシガエルであり、牛には「角」があるので「鬼」を意味する。

兎《うさぎ》を漢字で書いてみると、「鬼」と「兎」の漢字は似ているが、鬼の「ム」は、兎では「、」になっている。鬼の「ム」は「仏」を意味し、兎《うさぎ》の「、」は仏の中の「天」を意味する。

仏の中の「天」とは「梵天《ぼんてん》」のことを意味し、兎《うさぎ》は梵天《ぼんてん》を意味するという。

因幡《いなば》の白兎《しろうさぎ》に出てくる白い兎《うさぎ》は「梵天《ぼんてん》」を意味する。

愛染明王《あいぜんみょうおう》が改心して鬼の衣を脱ぎ捨てた時、閻魔大王、羅刹女《らせつめ》と梵天《ぼんてん》になった。

その一つの白い体の梵天《ぼんてん》は、心が人間にも愛される目が赤い兎《うさぎ》に変わった。梵天《ぼんてん》の顔の位置は、正面が人、右が羅刹女《らせつめ》、左が鬼である。

愛染明王《あいぜんみょうおう》の場合、正面が赤い愛染明王《あいぜんみょうおう》の顔、右が人、左が鬼と、その時の状況によって三者の面が変わるのである。

愛染明王《あいぜんみょうおう》が人間の顔に戻った時に剣を持てる。

その剣をある神からもらったのである。

因幡《いなば》の白兎《しろうさぎ》の話に出てくる毛がむしられて身体を赤く腫れ上がった兎《うさぎ》は、愛染明王《あいぜんみょうおう》のことであり、大黒天はその赤く傷ついた身体に薬を塗って治してあげた。

愛染明王《あいぜんみょうおう》は大黒天という神に命を助けられた代わりに剣を預かった。

神事で使う二つの剣は、一つが鍾馗《しょうき》の剣であり、もう一つが、大黒天から預かった草薙剣《くさなぎのつるぎ》である。

この草薙剣《くさなぎのつるぎ》は、日本武尊《やまとたけるのみこと》が鬼との戦いで使っていたが、鬼に敗れて地中に突き刺したまま行方が分からなくなった。

実は、その剣は日本武尊《やまとたけるのみこと》が戦いに敗れた時に鬼が管理した。

その後、大黒天が自分の軍隊を使って鬼を一掃して、鬼からその剣を取りあげたのである。

その時に、大黒天が傷ついた愛染明王《あいぜんみょうおう》を助けてあげる代わりに、光の民の側につくように説得し、愛染明王《あいぜんみょうおう》は改心して光の民の側につくことになった。

その時に、白い顔の梵天《ぼんてん》、閻魔大王、羅刹女《らせつめ》の三つの身体に分かれたのである。

大日如来の前には必ず愛染明王《あいぜんみょうおう》がいるのは、愛染明王《あいぜんみょうおう》は、光の民に協力して宇宙創造の力を使うことになったからである。

愛染明王《あいぜんみょうおう》の顔は赤い鬼であるが、改心して赤い身体から白い身体に変わった時に、人間の仏として生まれ変わり、顔も穏やかな人の顔になった。それが梵天《ぼんてん》である。

梵天《ぼんてん》は宇宙創造の神といわれる釈迦の手助けをしている宇宙最高神である。

ビジョン：光の民の戦闘機と邪なる勢力の戦闘機

ここ北の聖地には何らかの力が働いている。

光明の経験では、北の聖地は、人間を支配し操っている邪なる異星人に何回か攻撃を受けているという。

光明は、北の聖地の中心となる地点でリトルグレイから何度か攻撃を受けており、その度に光の民に助けられている。

北の聖地は、最近、特に空間の歪《ゆが》みが大きくなっており、光の民が管理している空間であるため、邪なる異星人の飛行体は容易には近づけない。

ある夜のこと、光明はいつものようにあるビジョンを見せられた。

光明が車を運転している時、上空に自衛隊機のスクランブルがあった。自衛隊は上空に何かを発見したのであろう。

下から空を見ると、頭と尾が龍の形をした黒いエイのような形の飛行体が飛んでおり、それは生命体に見えた。これは光の民の飛行体である。

一方、敵と思われる飛行体が一機見えた。それはエリマキトカゲのような形で船体は焦げ茶色で顔の上下にたくさんの目があった。これは見るからにメカである。これが光の民の飛行体を追いかけてきたが、光の民の飛行体がこのトカゲのような形の敵の飛行体を攻撃するとパーンと破裂して消えた。

光明は直感で、北の聖地で昼間、シールドを張って飛び回っている半透明でグレーの光の民の飛行体は、この黒いエイのような形をした飛行体であることが分かった。

滅びたアトランティスでは硬質プラスチックで建築物を作っていた

光の民は、「プラスチックを使っていること自体が、間違った進化を遂げている証拠だ。プラスチックは、分解しないで半永久的に残り自然に戻らない。リサイクルとして自然に良いものを使用すべきだ。使用してよいものは容易に分解して自然に戻るものである」と言う。

プラスチックを海洋投棄している国があるが、これにより海水中の微小なプラスチック（マイクロプラスチック）が鯨や魚や貝などの海洋生物に取り込まれ、それを人が食べることで発がん性などの人体への悪影響を及ぼし、それが問題視されている。

光の民は「化石燃料である原油を使用してはいけない」と言う。

プラスチックの原料は原油が多い。ただ最近は、植物のセルロースでプラスチックとほぼ同等のものが作れるが、多分、経済的にコストが合わないのであろう。生分解性プラスチックなるものも開発されている。いずれにしても環境に害のない素材を使うべきである。

光の民から次の通信があった。

「遥か昔、地球上に進んだテクノロジーを獲得した古代文明があった。その文明では、すべての建物の材料として硬質プラスチックを使用していた。ある時、太陽フレアに襲われ、それらの大量の硬質プラスチックがドロドロに溶けて地下深くに沈み、やがてそれは原油になった」と言う。

我々は、今、エネルギーの多くを原油に依存している。これは、我々の文明が、古代の進化を誤った文明の遺物である硬質プラスチックからできた原油を使用していることになり、我々は、進化を誤った文明と同じことを繰り返していることになる。

この古代文明の上層部の人たちは、硬質プラスチックを使用することは悪いことだと認識していたが、彼らはお金や物欲に負けてたくさん作って儲けて、その財力で自分たちが他の惑星に逃げる宇宙船を建造した。

いざ危険になると、いち早く自分たちだけが、その宇宙船に乗って金星の裏の惑星に避難したという。それらの逃げた人々は宇宙人と呼ばれ、地球に戻ってきて同じことを繰り返す可能性がある。

宇宙には物質的な利を得ることを第一の目的として、誤った進化を遂げている種族が多くいるのである。

太古の世界の創造、鬼、龍族、人

太古の三次元世界は、創造時には三つの光の民の種族からなっていた。

位は、一番上が鬼族、次が龍族、そして人であった。さらにその上に最高神がいて世界の平静が保たれていた。その頃の世界では、これらの三つの種族でチームを編成して生命の誕生やその他にもいろいろな創造を行っていた。

地上の三つの種族は決して良い関係ではなかった。

鬼は主食として人や人に近い動物を食べる肉食で、龍族は主に魚を食べていた。人は穀物を食べていた。

これを上から見ていた最高神が、光の民の契約により、鬼に人を食べることを禁止した。そのことをよく思わなかった鬼族の中から反逆する者が多数出てきた。

最高神は地上の遥か上にある須弥山《しゅみせん》に住んでいて、そこで星に撒く創造の種を作っていた。しかし鬼族の反乱が相当強く、手こずったため創造の種を作る仕事に影響が出てきた。

それを見かねた最高神は、龍と人間の遺伝子を融合させた新しい人類を作った。

その人類は鬼より力が上回った。それによって追い込まれた鬼の種族の一部は他の惑星に散っていき、小さな両生類を創造して周りの惑星にばら撒いたのである。

人間も龍もそのばら撒かれた両生類を食べたが、その両生類の毒によって暴走し始めたのである。

鬼がばら撒いた毒に支配されている人は自己中心的に物事を考える

光明は、光の民から伝えられた、あるビジョンが頭から離れなかった。

地球の創世記に、数種類の光の民が仲よく降りてきたが急に豹変した。

鬼族が、袋から三匹ほどの何かを川に撒いた。それは蛙みたいな顔で身体がトカゲみたいなものだった。その時、鬼族の人が「これ食えるのだよな」と言って、龍族の人に渡した。

龍族の人がそれを食べたが、その瞬間、食べたトカゲみたいなものと同じ姿になって消えてしまった。これは、鬼族が実験で毒を盛った両性類を龍族に食べさせたのだという。

その時に鬼族が「我ら鬼族だって、今まで人のために働いてきたのに、我らが人を食ったからと、そんなに差別することはないだろう。何で龍族ばかりよく思われて、我らが蚊帳の外に置かれるのだ。肉食がそんなに悪いことなのか」と言いながら、毒を盛った両性類を川に撒いたのである。

龍族と人間の神々は、毒を持った両性類を撒いた鬼たちを必死に追いかけ、その鬼たちは必死で逃げ回った。そして、その鬼たちを一人ずつ見つけて退治していくが、その時に、鬼がここを通ったという我々には分からないような目印を付けて追跡していた。

その時に見た龍族は人間とさほど変わらない。龍族が力を使うときに龍の身体になる。鬼族には角はなく、顔は獅子のようで背が高かった。

光明は、普段見せられるビジョンとは異なり、不思議な内容であったため、非常に疲れた。しかし、その意味するところは光明に伝わってきた。

要するに、宇宙には善と悪がいて、善は宇宙や星のために動く。悪は自分のため、自分の名誉のためだけに動く。そして蚊帳の外にいると思い、他者を退けて自分が上に立って優位にならないと気がすまないのである。

この世でも同様である。鬼の魂に支配されている邪なる人間は、必ず自分中心に物事を考えて行動する。邪なる人間は、太古の昔、鬼がばら撒いた毒を吸い込みすぎて、毒による邪を自分で払いのけようとせずに鬼の魂に支配されているという。

北の聖地の麦畑を光の民が飛行する理由

太古の地球創造の時、鬼族がばら撒いた両生類の毒が地球上にもばら撒かれた。

その毒は未だに地中に残っているのである。

その毒を消す唯一の方法がある。

宇宙に存在する穀物の中で、どこでも育つような植物がある。それは麦とコーンである。

豊作の少し前の一ヵ月から二ヵ月ぐらいの間で、月が上にあり、快晴で星が見える時、麦とコーンは地中に溜まっている毒を吸い上げて大気に放出する。その時期を見計らってその毒を回収することである。

その時期の夜になると、光の民の飛行体が畑の上を飛んで、毒が大気中に放出される瞬間に麦とコーンから回収している。

それが行われるのは、それらの条件が整った時だけである。

ミステリーサークルが麦畑にできるのは、その事が関係しているという。

鬼と最高神との和解

鬼がみんな悪いわけではなく、人を食うことをやめて光の民の道を歩む鬼もいた。

それなら、最高神が鬼にお互いに協力して一緒にやっていこうと鬼に力を与えた。

この和解の証《あかし》として、人と龍の間に生まれた遺伝子と鬼の遺伝子を融合した最高神の遺伝子を作って生まれたのが菅原道真公である。

最高神の遺伝子を持たない鬼たちは悪しき心を抑えるために、死神として外に出された。外に出された死神は、鬼だけではなく龍族や人間にも使える力を持った。鬼族はそのように進化したという。

最高神は、もし鬼が反乱を起こしたら勝てなくなってしまうことを恐れた。

そして最高神は、自分らの遺伝子を融合することを考え、鬼、人、龍それに妖精の四つの遺伝子を取り入れた。

それまで阿弥陀如来が世を治めていたのだが、これらのすべての遺伝子を取り入れることによって太陽神である大日如来的な力に変わった。しかし、あまりにも強大な力になったので、人々の前に姿を見せることができなくなってしまったのである。

そのため、鬼の長である力の持った鬼を側近として常に近くに置いて、世の中や星のあり方の指示をするようにした。

実は、その大日如来の側近が不動明王なのである。

光明に強いメッセージを送ってくる光の民の一人が不動明王である。

地上にばら撒かれた毒を回収する光の民の戦略

地上にばら撒かれた毒を吸い込んだ人の心は邪なる心に変わってしまう。

地上にばら撒かれた毒を回収するため、人と龍、鬼の遺伝子を融合した最高神の遺伝子を持って生まれてくる人が現れる。

彼らは救世主といわれる。しかし地上にばら撒かれた毒は全部回収できないため、これらの救世主といわれる人もこの毒を吸い込んでいる。

この毒をすべて回収することは、人間の力を持つ人にしかできない。

そのため人間に生まれた人の中に、光の民の遺伝子を組み込んだ力を持った人を送り込んで、その毒を回収する組織を作ることを考えた。

実は、この役割も兼ねているのが五神の力を持つ資格者、スタッフで構成される我々の組織、ドラゴンチームでもある。

邪悪な言動をする人間は、この鬼がばら撒いた毒が入り込んでいるため、邪悪な魂に支配され行動する。

今この時代は、この邪なる魂に支配されている人間が増えているのである。

この鬼がばら撒いた毒を回収するのは容易なことではない。すべての人が一度にこの毒から解放されるために、光の民が考えている次の戦略は、この三次元世界を五次元世界に移行させることである。

つまり次元上昇である。

ただし、正しい魂を持つ人だけが次の五次元に行くことができ、邪なる魂に支配されている人は絶対に連れて行くことができないという。

その理由は、邪なる魂に支配されている人は、正しい魂を持つ人を食い尽くしてしまうからである。

光の民が情けをかけることは一切なく、宇宙的観点から、邪なる魂はすべて一掃されなければならないのである。

古代の戦争、地上に撒かれた毒とその回収

この我々の世界ができ上がる遥か昔に世界的規模の戦いが勃発した。

そこで使われた兵器は、今のようなミサイルや原子爆弾のような兵器ではなく、細菌兵器のような物質であった。これを自然界に解き放つと、大気や地上がある条件になったとき、その物質とある物質が反応して活性化し毒を放出し始める。この目に見えない細菌兵器のような毒が太古の地球上に大量に拡散したのである。

それらの毒は、今もこの地上に残っていて、条件がそろうと活性化して毒が発生し、それが人体に悪影響を及ぼしている。

特に大雨の後、快晴になり地面の温度が上昇する夏場に、毒が発生する条件が満たされやすくなる。

地上から毒が発生して蒸発する前に、光の民の宇宙船が飛び回って回収し、毒を集めて母船に送り、太陽の中にある基地に運んで処理しているのである。

ミステリーサークルのメッセージの意味

小麦畑の小麦が倒されて、大きな複雑な幾何学模様が描かれることがある。

これらはミステリーサークルと呼ばれている。

光の民の宇宙船が飛び回って、地上から毒が放出される前に回収しているが、ミステリーサークルは人類に送ったメッセージではなく、光の民が自分たちの仕事について「ここまでやり終えた」と次に来る部隊に知らせるメモ書きのようなものである。従って人間がこれを解読する必要はないし、解読しようとしても意味が分からないのである。

よく見られる、ピラミッドとか遺跡の石に残っている文字や記号のようなものも同様であり、それらが示す意味は、次元のゲートを開くためやゲートの道しるべであり、何千年に一回の割合で光の民が調査に来た時、自分たちの基準で分かるものを長期間残しておくため、何万年も残る素材である石に記録される。

これらは光の民の記録であり、人間に宛てたメッセージではない。

光の民が、遺跡の文字や記号を見て、記号の示すゲートを見つけて通り抜けると、その先に光の民の記録ルームがあり、そこには、前回、調査で訪れた光の民の記録が残っている。

今後来るチームはそれを参考にして調査するのである。

弘法大師がダムを作った理由

光明は大師に「何の目的でダムを作ったのですか」と尋ねた。

弘法大師からの返答を聞いた光明は驚いた。

「ダムを作ったのは、農業用水としての利用目的もあるが、本当の目的は山の聖水を貯める場所を作ったのだ」という。

有害な太陽の放射線を防ぐために、光の民の飛行体が、ダム湖から聖水を汲み上げ、太陽の周りに撒くことによって大気を落ち着かせているという。そのため上空の太陽の周りに多数の光の民の飛行体が現れるのである。

太陽の周りに聖水を撒くときには、太陽の周りに虹が架かっているのをよく目にする。ダム湖に山から流れてくる水は聖水であり、これがダムのパワーの源になる。

我々は、光の民の宇宙船が、聖なるダムの聖水を汲み上げて太陽の周りに撒いている映像を頻繁に撮影している。

山から流れてくる聖水に地球のなんらかのパワーが秘められていて、太陽の周りにその聖水を撒くと、大気が安定し放射線を遮断する。

しかし、その代償として雨量が多くなり、小規模の洪水が起こりやすくなるが、それは仕方がないことであるという。

人間は、太陽から発せられるある種の放射線に晒されると、精神の抑制が保てなくなり凶暴化してしまうという。もし、太陽の周りにその聖水を撒くことをやめると、人間の心は蝕まれて戦争の道を歩むことになるという。

プレアデスの光の民の導きとメッセージ

北の聖地のある公園の隣の土地に、我々の施設、北辰《ほくしん》北斗《ほくと》七星《しちせい》方堂《かくどう》を建設した。その地に隣接する北側の麦畑の向こう側の街灯が並んでいる辺りで、北側の青山の上空や空の星をよく観察している。

ある日、光明と白虎の二人で夜空を観察していると、南南西に輝く星があったが、その星が上下左右に大きく移動して東に急速に動き出した。この動く星は、星ではなく光の民の母船である。また星が急に何度が緑色にスパークすることがある。

夜間、北側の麦畑の向こう側の街灯が並んでいる辺りに、赤い明かりが出て水平に動いて、こちらに反応して点滅することが頻回に起こる。

ある日、白虎がこの現象を撮影し、YouTube で紹介したが、緑色の明るい光体が半円形に移動する様子が映っていた。この映像をよく見ると、麦畑を映している映像ではなく、宇宙空間を漂う宇宙船の窓から外を見たような映像であり、移動する緑色の明るい光体の周りには宇宙空間に見える銀河のように無数の星が映っていた。さらに謎の言葉も入っていたのである。

この映像は、勝手に白虎の iPhone に映り込んだものである。

この謎の言葉はプレアデスの光の民の言葉であるという。

その日の夜、いつものように光明にメッセージが送り込まれてきたが、このメッセージを送ってきたのはプレアデスの光の民であった。映像に、収録されていた謎の言葉の意味が分かった。

これはプレアデスの光の民からの初めてのメッセージであった。

「よく気がついたね。あの動く赤い星は我々の母船である。蛇田《あぶた》神社の龍の卵と鷲ノ木遺跡《わしのきいせき》を調査して、江差町に行って厳島《いつくしま》神社と江差町の祭りを調査せよ。人類創造と人と光の民との関係の秘密が分かる」というメッセージであった。

その翌日、急遽《きゅうきょ》、朝から車で蛇田《あぶた》神社に向かい、それらの導きの場所を順に調査した。雨降りでドロドロの道を登り噴火湾を見下ろせる頂上付近についた。そこには大きな大理石の円形の石が「龍の卵」として祀られている。そこに日本酒と卵をお供えした。

後に、関西の小泉太志命先生の参劔《みつるぎ》による関西の結界を強化する神事を行うために、再度、この神社に訪れて龍の卵の周りから二つの石を勾玉としていただき、奈良県にある二つの湖に一つずつ納めることになる。

鷲ノ木遺跡《わしのきいせき》は、北海道茅部郡森町鷲ノ木町に所在する四〇〇〇年前に作られた縄文時代の遺跡とされる巨大な環状列石である。それは高速道路の上の丘にあるが、残念ながら訪れた時は道が閉鎖され、行くことはできなかった。巨大な環状列石の写真はweb上で公開されている。

その日は函館に宿泊し、翌朝、江差町に向かった。

まず北海道最古の神社とされる姥神《うばがみ》大神宮にお詣りした。

こちらには姥神《うばがみ》伝説がある。この神社の本殿の横の祠には天満宮の天神様（菅原道真公）がお祀りしてあった。

次に日本海側のかもめ島と呼ばれる岬の小高い山の頂上にある厳島《いつくしま》神社にお詣りした。鳥居の右側に方向の記された手洗石《ちょうずいし》が置かれていた。そこには方位に対応した十二支《じゅうにし》と矢印があった。

矢印は北に向き、その位置が干支の子《ね》であった。

これを馬鹿羅《ばから》で解くと、北は、聖地がある方角を示し、ネズミは二週間ごとに多くの子を産む、この「子」とは次の未来の世界を先導する人々のことである。手洗石《ちょうずいし》の表面には窪みがあり手を清めるために水を貯めてある。手洗石《ちょうずいし》は、水を貯めるダムを意味する。

これを馬鹿羅で解くと、「北の聖地に未来の子を作り出すダムがある」となる。

次に、八大龍王からのお告げを受けた人が建立した八大龍王神八江聖団本宮《はちだいりゅうおうしんはっこうせいだん》にお詣りした。こちらの本宮は大きく立派な建物である。

当時、お告げを受けた人は多くの人々から信頼され、相当の力を持っていたと思われる。

次に江差追分会館に展示されている、姥神大神宮渡御祭《うばがみだいじんぐうとぎょうさい》の資料を詳細に調査した。姥神大神宮渡《うばがみだいじんぐうと》御祭《ぎょうさい》は北海道最古の夏祭りであり、猿田彦命の行列に先導された十三台の山車《だし》（神輿）の行列が町を練り歩く。

山車《だし》の上には依代《よりしろ》として一本のとど松を立て、神が降臨する神域を作っている。

江差町の姥神大神宮渡御祭《うばがみだいじんぐうとぎょうさい》は神を讃える理想的な祭り

プレアデスの光の民から「この江差の祭りを調査せよ」とのメッセージがあった。この祭りには現代の人々が忘れている大切なメッセージが込められているという。

江差町を馬鹿羅《ばから》で解くと「清らかな水の上に、工夫された文明を作り上げ、完成された人の営みがある町であり、神を讃える町だからこそ栄えている」となる。

清らかな水の上に工夫された町の意味は、「龍神のもとに正しい進化を遂げる町を作りなさい」という意味である。

光の民は、我々に、人として江差町の人々のように生きなければならないということを教えている。

この町の姥神大神宮渡御祭《うばがみだいじんぐうとぎょさい》は、神に授かった力を使って世の中を変えていった伊達正宗や水戸光圀など、歴代の英雄たちに感謝し、神が望む人としての生き方をしていますと神に感謝し報告しているのである。

光明は馬鹿羅《ばから》で、この姥神大神宮渡御祭《うばがみだいじんぐうとぎょさい》に込められているメッセージを解いた。

「神の言葉は新しい町を作り、豊かな志を持ち、人々の繋がり信頼のもと、明るい年月を重ね、温かい人々との付き合いのもと、神からの祝福を得て、礼儀を重んじ無意味な戦いはせず、人々を思いやり清く正しく過ごせば、神から証《あかし》をもらい、次の未来への扉は開き、証《あかし》を受けた者は神の船へと招かれる」

神の船へと招かれるという意味は、正しく生きたら、神が迎えに来て箱舟に乗ることになるという意味である。

江差の人たちの話

江差町がニシン漁で繁栄する前に、苦しい時代があった。

江差町を含む地域が干ばつで凶作となり食物が不足し、飢えで苦しい時代があった。

江差の人たちは漁をやっていたので何とか食べていけたが、自分たちの食べる分を減らして、周りの飢えで苦しんでいる人たちに食物を分け与えた。

それを見ていた龍王が出てきて、この水を海に撒けば大量のニシンが来ると、江差の人たちにある壺に入った水を手渡した。それからニシンが大漁になり江差町は栄えたのである。

「ニシン」を馬鹿羅《ばから》で解くと、「二神」で、青龍と白虎の力である。

ニシンを食べると未来の精神が養われるという。

江差の人たちは、周りが苦しい時に、自分たちを犠牲にして「苦しい時はお互い様だから」と声をかけて周りの人たちを助けてあげた。

だから江差の人たちはあのようなお祭りができる人たちなのである。

江差の祭りは次元上昇を表す

輪廻によって次元上昇を表すのが、姥神神社《うばがみじんじゃ》と江差の祭りである姥神大神宮渡御祭《うばがみだいじんぐうとぎょさい》である。

それに十三の山車《だし》が待ち構えていて、姥神神社《うばがみじんじゃ》の階段を登ったり降りたりを繰り返して神社の本殿に向かい、そこで御霊入れがなされる。

おそらくその祭りに関わる神、伊達正宗公、楠木正成、日本武尊命《やまとたけるのみこと》、神功皇后などがすべて、輪廻と次元上昇に絡んでいる。

祭りの山車《だし》が十三台の十三は、十と三で、神＝創造神を意味する。その一つ一つの山車《だし》の神や偉人が集まって創造神を表しているのである。

そこで七五三、つまり七次元、五次元、三次元という輪廻の次元を示した祭りであると思われる。

苦労して努力しないと神の道に行けない

苦労して努力しないと神の道に行けないという戒めが、江差の姥神大神宮渡御祭《うばがみだいじんぐうとぎょさい》の中に組み込まれている。

この江差の祭りでは、神を乗せた神輿《みこし》は姥神神社《うばがみじんじゃ》の階段を何度も登ったり降りたりして、ようやく神社の境内に到着する。

これは人が神に近づくために、どうしたらよいかという方法を意味している。

そのまま何も考えずに、漠然と生きていては駄目だということを示している。

光の民から証《あかし》が与えられるようになるには

光の民から証《あかし》が与えられるようになるにはどうしたらよいかとよく聞かれる。

これは、確かにハードルは高いが、順にステップを踏んで行くことが求められる。

一番大切なことは、「人となり」である。これが基本中の基本である。

自分中心に物事を考えずに、互いに人と助け合って、世のため人々のために役に立つことを考えて実行することが大切である。

その上で、光の民が写り込んだ映像や画像、光の民から送られた映像や画像を何回も見る。そして光の民の言葉を信じて、自分自身でその意味を考えて自分の中で昇華する。

光の民が我々に何を期待しているのか、それに対して自分は今、何をすべきかをよく考えて決心する。身の周りの日常生活から徐々に視野を広げていきながら、決心したことを日々実行することが大切である。

そして星を見てその流れを見る。次に電燈を見て電燈の光を感じる。それらが自分に光を送ってくれていることを理解することである。

不思議なことあるいは、偶然ではあり得ない確率で何かが起きた場合、それは偶然ではなく、必然であり、光の民のメッセージであることを感じとる。

次に、星を見るとビューっと高速で動き、星が急に大きく輝いて見せてくれる。

夜に畑などを観察していると、光の民が走りながら合図をしてくれて近くに寄ってくるようになる。

そうなるとその人の近くに光の民が寄り添うようになり、証《あかし》が与えられる準備が整うのである。

プレアデスの光の民は、「今、私は何も見えないし、何も特に感じない。すぐ光の民が見えて、撮影できるようになりたい。どうすればよいのかという質問があるが、それは簡単ではない」と言う。

何ごとにも順序を踏んで、段階的にレベルアップしなければならない。

見えない、感じない人は、段階的にレベルアップしていないからである。

光明であっても、長い年月をかけて順序を踏んで段階的にレベルアップしてきたのである。

光の民から送られてくる「このように考えてはいけない、こういう行動はいけない、こうした方がよい」という助言や忠告を素直に受け入れることが大切である。

決してやってはいけないのが、光の民に偉そうな態度をとる、自分は神だと考えたり人に言ったりすることである。そのような態度をとる人間は「人の道に非ず」であり、光の民はすぐその人から遠ざかる。

光の民「神」の存在を、自分の都合のいいように利用して、自分の考えを正当化する人がいるが、それは明らかに間違いである。

光の民は、我々が考えるより一〇〇倍厳しいものである。

光の民は、宇宙的見地から物事を判断するため、一個人の都合で動くことは決してない。

人として生まれてきたからには、神などではなく人であり、人として生きて、この世で行うべき自分の使命を全うして魂を磨くことが大切である。

大師は、「礼を受けたら、相手に礼で返すこと。礼なき者に施すなかれ。それが仏の道なり」と言う。

光の民が我々人間に望むことは、確かに厳しいことが多く、かなりの努力と忍耐が必要になる。しかし、それを頑張って一つ一つ乗り越えていくと、光の民が近くに寄り添うようになり、また証《あかし》を受け、その先に一筋の光明が見えてくる。

三の力を使える蔵王権現《ざおうごんげん》は未来の力

阿弥陀如来《あみだにょらい》と千手観音《せんじゅかんのん》は、二体とも過去の世界を治めていた仏である。千手観音《せんじゅかんのん》が過去を治めていた仏、釈迦如来が現在を治めている仏、次の未来に導くのが弥勒菩薩《みろくぼさつ》である。この三つの力を使えるのが蔵王権現《ざおうごんげん》であり、未来の力である。

阿弥陀如来《あみだにょらい》は如来の先生であり、大日如来、釈迦如来を教育する教育係である。大日如来は宇宙的な如来、釈迦如来は人間から如来になった。

現在、地球自体が釈迦如来である。

それぞれルールがあって、大日如来の周りにたくさんの如来が居ることができ、大日如来を中心にして東西南北に違う如来がいる。

大日如来は人と接することができない存在である。それは、釈迦如来は一つの宇宙に一人だけ存在でき、釈迦如来は教えを直接弟子に伝えていくからである。

阿弥陀如来《あみだにょらい》の力、大日如来の使いが千手観音《せんじゅかんのん》

阿弥陀如来《あみだにょらい》は、あらゆるものに対して平等に働きかけができる。虫、動物、何にでも働きかけができる。人間から物にまで、平等に自分の意思を伝えることができる如来である。

その力は光明の力である。

どういう形で人の前に現れるかというと、例えば、白い蛇、白い狼などの白い動物、白いテントウ虫、白いセミ、白いトンボなど、白いものに擬態して現れて、人が手で触れることができる存在である。

その阿弥陀如来《あみだにょらい》の力と同じ力を使うことができる神が毘沙門天《びしゃもんてん》である。毘沙門天《びしゃもんてん》は、ムカデに変化して人々の前に現れるので、ムカデの神といわれている。

千手観音は、人を上に救い上げると聞いているが、光明が光の民から聞いているのは、千手観音は、元は阿修羅王《あしゅらおう》であり、阿修羅王《あしゅらおう》が戦いに敗れて、仏の道に入った時に与えられた地位が千手観音である。

先ほど述べたように、大日如来は自分の力で人にメッセージを送ることはできないが、人に使いを出せる。その使いが、千手観音が変化した神である沙加羅龍王《さからりゅうおう》である。沙加羅龍王《さからりゅうおう》は龍の力を持って人の前に現れる時、その姿は龍である。

阿修羅王《あしゅらおう》＝千手観音《せんじゅかんのん》＝沙加羅龍王《さからりゅうおう》のように、異なる名称の三つの神仏が一体であることがよくある。千手観音《せんじゅかんのん》も阿修羅王《あしゅらおう》も顔が三つあって特徴が似ている。ただ沙加羅龍王《さからりゅうおう》だけは顔が一つである。

遥か昔の光の民の戦い、東北の地と千葉の地

天部の戦いで、阿修羅王《あしゅらおう》の軍団には八大龍王と羅刹《らせつ》がいた。最初、菩薩軍団は、阿修羅王《あしゅらおう》の軍団に負けたが、次に、菩薩の上の如来軍団が出てきて天が勝利した。この辺はまだ明確ではないが、龍族と牛族の戦いも、そこにつながっていると思われる。遠い過去にそのような光の民の戦いがあったという。

遥か昔、東北の地にも光の民との接点があって、そこで何らかのトラブルがあったという。

千葉氏は現在の千葉の地を治めていたが、北辰信仰の平家の血筋で裏天皇を守っていた。その千葉氏が、成田山新勝寺、印旛沼《いんばぬま》、千葉神社を作り、東京から千葉の地に魔が入ってこないように、北斗七星の結界を張ったと考えられる。

印旛沼《いんばぬま》の龍の身体が三つに分かれたという伝説も、遥か昔の光の民の天部の戦いや東北の地での人と光の民とのトラブルがあったことを物語ると思われる。

千葉神社では、妙見菩薩《みょうけんぼさつ》が祀られているが、妙見菩薩《みょうけんぼさつ》は吉祥天《きっしょうてん》であるから、女神であるはずである。しかし、そこに祀られているのは鬼であって、不動明王のような顔をしている。

不動明王は、元々は鬼であり、炎を背中に背負っているように見えるが、あれは太陽の炎であり、大日如来の一番近くにいる仏であることを表している。

カーナビが蔵王寺《ざおうでら》へ導く

光の民から、「北海道の余市にある古代遺跡であるフゴッペ遺跡に行き調査するように」というメッセージを受け、フゴッペ遺跡を調査するため車で向かった。

札幌から国道五号線で向かう途中、カーナビに、突然左側の急な細い坂道を登るように指示が出た。疑問に思いながらもナビの指示に従って進んで行った。

その時、私も助手席に乗っていた。

光明は、以前にもカーナビに目的地を入力していないにもかかわらず、龍神が祀られている神社に案内されたことが何度もある。そこで龍神が光明の車に乗り込み、近くの湖や池に導かれて行き、そこで龍神が湖や池に降りるという経験を何度もしてきた。

入り組んだ細い道を上って行くと、脳天大神・蔵王寺《ざおうでら》の敷地にたどり着いた。

外にお祀りしてある不動明王や稲荷社にお詣りした後、この寺のご住職に寺の中を案内していただいた。この寺の広間には青い色で険しい顔の蔵王権現《ざおうごんげん》の大きな仏像が本尊として祀られていた。天井には釈迦如来、千手観音、弥勒菩薩が大きく描かれていた。

蔵王権現《ざおうごんげん》は、過去を救済する釈迦如来、現在を救済する千手観音そして未来を導く弥勒菩薩の三つの力を併せ持つ強い力を持つ神である。

蔵王権現《ざおうごんげん》は、今後、我々を未来の世界に導いていく重要な神である。

この不思議な導きの少し前に、光明は蔵王権現《ざおうごんげん》が祀られている神社に導かれて蔵王権現のお力をいただいてきたのである。

光の民の導きにより、点と点がつながり線になり謎や暗号が解明されていくのである。

白虎が銀色の光の民のメカ・アブに刺された

メカ・アブは、昆虫のアブではなく、光の民の飛行体が小さくなり、しかもアブに擬態したものをいう。

蔵王寺にお参りに行った時のこと、白虎が外の祠にお詣りして手を合わせていた時、向かいの壁の上からソフトボール大の光の玉が降りてきて祠の前を通って、白虎の手前一メートルぐらいで、黒と黄色の模様がある銀色の大きなアブに変化し、白虎の鼻の横に一瞬止まった。

そのアブはすぐ右側に離れて光に変わって消えていった。

アブが顔に止まったとき、アブの足の感触が皮膚に残ったが、その後はかゆくも痛くもなく腫れることもなかった。

以前、光明はメカ・アブに何度か刺されているが、刺された後、三日ほど高熱でうなされた。これらのアブは昆虫ではなく、光の民のメカ・アブであり、何らかの目的をもってその人を刺すのである。

後に、光の民からメッセージがあり、白虎の顔に止まった大きな銀色のメカ・アブは、刺したのではなく、白い液体を皮膚に吹きつけることで目的を達成したことが分かったのである。

九. ドラゴンプロジェクト

大師の一二〇〇年にわたる壮大な光の民の計画を実行する

我々のドラゴンプロジェクトは、弘法大師が一二〇〇年前から計画してきた壮大な光の民の計画を実行し、できるだけ多くの人が光の民の気に触れ、魂の導きに目覚めてもらうことを、第一の目的として活動している。

そのためには、正しい気を龍道に送り強化しなければならない。

北海道の聖地を訪ねるツアーを実施し、北海道から南の沖縄に向かって龍脈をつなぐ大きな気の流れを作る。

北海道の聖地を訪ねるツアーやドラゴンプロジェクトの成果をYouTubeで発信している。

一. 北の聖地ツアー（二〇二一年六月開始）

一日目

・夜、懇親会

二日目

・文教寺参拝、当施設の八十八ヵ所詣りと談話、皐姫《さつきひめ》の慰神碑お詣り

・当施設での談話・動画など
・聖地ダム
・奇跡の木（見晴らしの松）
・厚田漁港で日本海から気を流す
・星の観測

三日目

・当施設での談話
・聖地ダムご挨拶

二．体験型アトラクション施設（ドリームノア）（二〇二二年春頃仮オープン予定）
三．皐姫《さつきひめ》の慰神碑の建立（二〇二一年七月完成）
四．千手大社を背負って全国の神社や聖地を訪問（二〇二一年十一月頃予定）
五．聖なるダム調査（全国で八十ヵ所ほど、ほぼ完了）
六．二十一の聖なる山調査（完了）
七．小説や玄天経典の出版（現在準備中）、漫画「怪物君の甲子園」出版済み
八．小説の映画制作（二〇二三年頃から）
九．YouTube「ドラゴンチャンネル」配信（二〇二一年三月から毎日一本配信）
一〇．四つのお祭り開催と四神の舞コンテスト（二〇二二年春から予定）
一一．黄龍の舞全国ツアー（二〇二三年から予定）

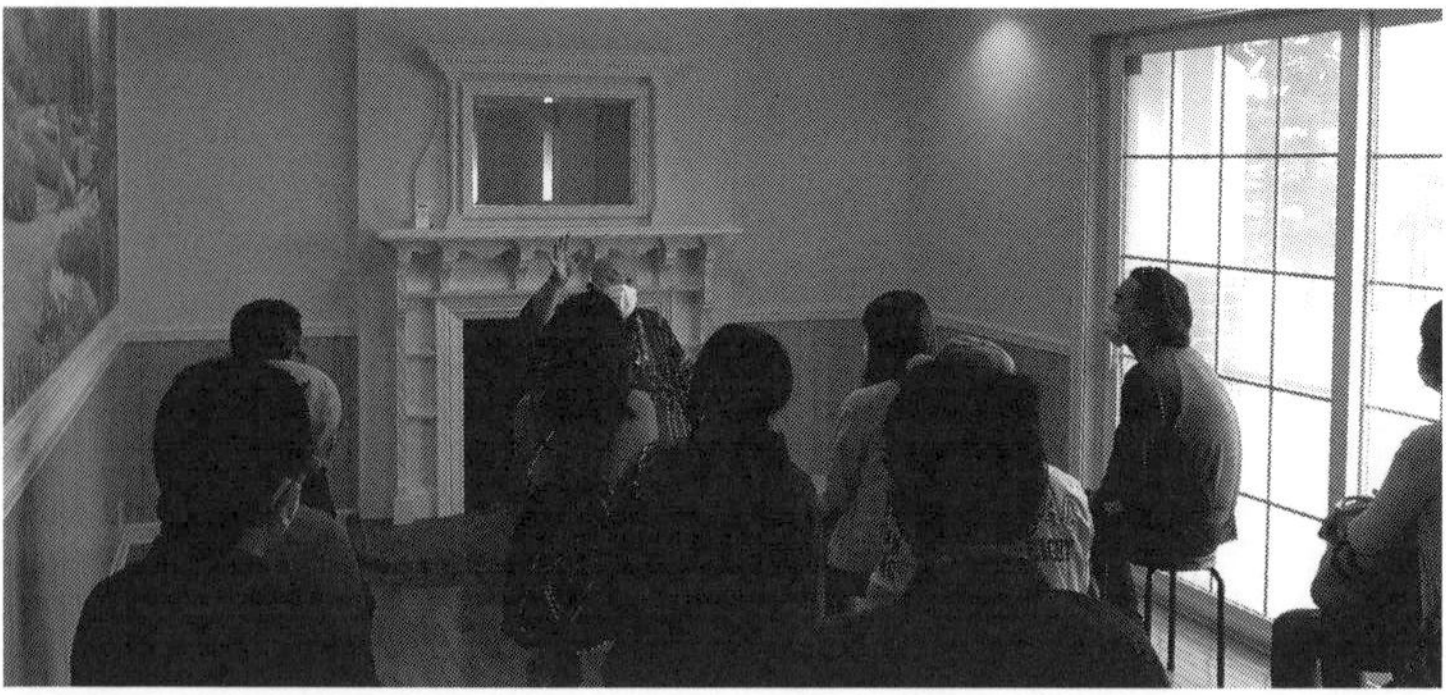
北の聖地ツアー

体験型アトラクション施設ドリームノア

厚田漁港

千手大社

北の聖地のハウススタジオ

北の聖地のダム

北の聖地のピラミッド観測塔

正しき気を送ることで龍道を強化する

日本には北海道から南の沖縄に連なる巨大な龍道がある。

その巨大な龍道は旭岳が龍の頭となり沖縄が龍の尾となる。

プレアデスの光の民から、北海道の北端の稚内を調査せよというメッセージがあった。

稚内にある三つの神社（北門神社、岬神社、宗谷岬神社）が龍の頭の角になり、その一つの北門神社がこの巨大な龍道の北の入り口となり、旭岳から沖縄に続くのである。

これらの三つの神社から、それぞれの三種の神器へ気が伝わり、三種の神器が作動することになる。

北門神社から旭岳（剣）へ、岬神社から摩周湖（鏡）へ、宗谷岬神社から屈斜路湖（勾玉）へ気が伝わる。

三つの神社を参拝する前日の夕方に稚内の北辰《ほくしん》ダムに行った。

その理由は、その「北辰」が北辰信仰の北辰を意味する聖なるダムであると考えたからである。後でダムの上空を撮影した動画を見ると光の民の飛行船が多数飛行しており、ここが聖なるダムであることが確認できた。

ダム湖には近づけなかったので、光の民からの指示で、翌日、稚内の三つの神社を参拝して卵と日本酒を納めた。

明神について

手稲山の山頂の手稲神社を参拝するため山を登っている間、光明は、黒龍号の中で待機していた。我々が戻ってくると、茶色が入っている白い鳥のセキレイが、黒龍号の周りを踊るように飛び回り、車の中を覗いたりして車の周りから離れなかった。

セキレイは、そのうち大きなスズメバチを捕まえてきて、黒龍号のボンネットの上でバラバラにして食べたという。我々も黒龍号の周りを飛び回るセキレイを見た。

実は、以前に高尾山に登った時、光明は、ロープウエイの駐車場で待っていた。我々がちょうど下山して車に戻ってきた時にも、今回同様に、白いセキレイが出てきて踊るように車の周りを飛び回っていた。確かにクルクル回って踊っているように見えた。

セキレイが出てきた時に光明に通信が入ってきたという。

それは、次の成神《なるかみ》と明神についての通信であった。

人が神になった生き神のことを明神という。小泉太志命先生は成神《なるかみ》である。それは雷であり成神《なるかみ》である。成神《なるかみ》と明神の二つが仁王の本当の名前だそうだ。

仁王は、生神である明神と上に上がった神の成神《なるかみ》の二人がいる。

成神《なるかみ》が白龍で明神が黒龍、成神《なるかみ》は雷であり、成神《なるかみ》は神聖カムイである。

神田明神は、生きている人間が神になった生き神をいう。

光の民は、成神《なるかみ》と明神の二つの力で現生を支える礎《いしずえ》になるという。

北の聖地の北辰信仰の十字架

札幌の北東に位置する北の聖地は、平安時代から現在まで、地下の亜空間のアルザルの民により守られ一二〇〇年の長きにわたり、聖地であることが隠されてきた。

北に位置する当別ダムと南に位置する当別神社、西に位置する文教寺と道路を挟んで東に位置する当施設である北辰北斗七星方堂《かくどう》を結ぶと北辰信仰の十字架ができ上がる。

この北辰信仰の十字架は、この北の聖地を守る強力な結界になっている。

当別ダムと緑葉公園近くの当施設である北辰北斗七星方堂《かくどう》を結ぶ南北のライン上に位置する当別ダムの手前の道路脇にマリア像があるが、このマリア像は北辰信仰の吉祥天《きっしょうてん》を表している。

緑葉公園近くの北辰北斗七星方堂《かくどう》の北側に、二階の天井がガラス製のピラミッド構造の観測塔を建設した。

これは光の民からの通信を強く受けられるようにするためである。

この塔の二階に三種の神器である草薙剣《くさなぎのつるぎ》、白と黒の一対の勾玉、白銅製の鏡を設置することで、光の民からの通信が強化されるという。

これは、三種の神器とピラミッドの力を使って光の民と通信する古代の通信システムである。

緑葉公園近くの北斗七星方堂《かくどう》の地鎮祭では、上空には光の民の飛行船が多数乱舞して神事の成り行きを観察していた。

光明は、ある日、朝まで緑葉公園の近くに車を止めて車の中にいた。星が一つから二つに分かれたのを見た。それと周りに何もいないのにアオサギの鳴き声が頭のすぐ上で大きく聞こえた。何も周りにいないことを確認した。よく考えてみるとあの声は天狗が飛んでくる時の声に似ていることに気づいた。

文教寺前の施設である北辰北極星方堂《かくどう》の地鎮祭では、神事を行っている場所が上下に揺れ、動画がスローになり、振り下ろす剣に二つの光の玉が上下する映像が見られた。また、祝詞が不動明王の声に変わるなどの不思議な現象が認められた。

文教寺の前の施設について

文教寺は不動明王をお祀りしているお寺である。

文教寺は、真言宗智山派、昭和六年開創、御本尊は不動明王である。大正末期、石狩で材木商を営んでいた稗貫文十郎《ひえぬきぶんじゅうろう》氏は、不動尊信仰の念篤《あつ》く、昭和の初め資材を投じて文教寺を建立した。夫人は昭和五年に仏門に入り、不動尊信仰を広めることに力を注いだ。以後、石狩地方における不動尊信仰の中心として今日に至っている。

その文教寺の鳥居を、鏡合わせにするために、文教寺の鳥居と対面に当施設である北辰北極星方堂《かくどう》内の和室に鳥居を設置する。その鳥居の正面に大日如来を置き、その周りに八十八ヵ所巡りの仏像をお祀りした。

また、北辰北極星方堂《かくどう》の和室の鳥居側の壁に毘沙門天《びしゃもんてん》を祀る祠を配置する。

そして、北辰北極星方堂《かくどう》の西側の空き地に、虚空蔵菩薩《こくうぞうぼさつ》などをお祀りする仏像と、緑葉公園近くの当施設である北辰北斗七星方堂《かくどう》にお祀りする仏像の比率を、正確に3：7にすることで、北辰信仰の十字架の東西のラインの気のズレを補正するという。

光明は、文教寺の比較的近くに住んでいるのだが、数年前、オレンジ色の城の形をした母船と思われる大きな飛行体が現れ、文教寺の上空にしばらく留まっていた。実に不思議なことに、不動明王が光明の前に現れて「今後、この寺は重要な寺になるので、この寺を建て直しなさい」と告げたのである。

昭和初期にこの文教寺を建てた夫婦は、我々の施設である北辰北斗七星方堂《かくどう》が建っている土地で、昔、材木会社を営んでいたことが分かった。

たまたまお寺を管理する総代に文教寺の中を案内された時に、広間に文教寺を建てた夫婦の写真が飾ってあった。光明は、その写真を見てすぐ気がついたのである。

以前、霊園内にある五百《ごひゃく》羅漢像《らかんぞう》を展示していた建物から出ようとした時、一人の女性に呼び止められ「あなたは、この世を導き大きな事を成し遂げるでしょう」と言われた。その女性こそが、この文教寺を建てたその女性であったのだ。

もちろんその女性はすでに亡くなっている。

北辰信仰の十字架の南端に位置する当別神社

当別神社の意味は、「当」は「十」で、十字架だから北辰信仰の十字架を意味し、「神」は、神の聖地という意味である。

当別神社から当別ダムを結ぶ線、文教寺から施設までの線がクロスして、北辰信仰の十字架になっているが、当別神社はその北辰信仰の十字架の南端に位置する聖地といえる。

当別神社のすぐ横には、北辰信仰の三日月を兜《かぶと》につけていた有名な伊達政宗の伊達家の屋敷がある。夕方五時五十五分に当別神社の鳥居の前から真っ直ぐ鳥居を見ると、神社の後ろに三日月があり、正面に太陽があった。

三日月は北辰信仰の伊達家のシンボルであり、鳥居の前に立って、正面に太陽、後ろに三日月ということは、太陽神をお祀りしていることを示す。

これは、光の民から神社と鳥居の位置をこのような配置にするようにメッセージを受けていたことを示す。

十．吉祥天《きっしょうてん》からの通信

秘められた歴史と伝説と昔話

昔、一人の僧侶が大日如来の導きにより、各地を巡礼し旅をしていたが、その時の嘘とも真実ともつかぬ昔話をここに書き示す。

昔、一人の僧が大日如来の導きにより旅をしていると、目の前に一人の老人が現れ、その僧にこう言った。「私は、この国を守る如来に使える龍王、沙加羅龍王《さからりゅうおう》だ」と。

そして、ある土地に大きな湖があると言い。それについての悩みやそのことについての詳しい話を事細かく語り始めた。

それによると、その大きな湖の周りには、大きな町が九つあったという。それら大きな町では、何人かの権力者のもとで共産国家体制が行われていた。皆、助けあっているように見えたが、一切、外からの言葉を聞き入れず。自分たちだけがよければよいという考えができ上がっていった。

ある日、八郎太郎と言う若者一行がその町に迷い込んだ。

八郎太郎たちは町の人達に捕らえられ、権力者のもとに連れて行かれた。

八郎太郎を見た権力者たちは、八郎太郎の身なりを見て驚いた。

見たこともない豪華な衣装と荷馬車に積んだ高級品の数々、そして、彼を取り巻く付き人の数。それはまるで、一国の主《あるじ》のような出で立ち風貌であった。その出で立ちに目の眩んだ九つの町の長たちは、八郎太郎を町全部で手厚くもてなした。それはもう素晴らしい宴であった。

宴が終わり、八郎太郎一行が酔い潰れて眠りに就いた時、待っていたとばかり、長及び町の人々がいっせいに八郎太郎一行に襲いかかり、残酷に殺していった。

すると、殺された八郎太郎一行は、光に包まれて大きな明王へと変わっていった。

その明王と変わった八郎太郎一行は、怒り狂い、九つの町をことごとく破壊していった。そして、そこの長たちを龍の姿に変え、十和田湖に閉じ込めたのである。

八郎太郎は愛染明王《あいぜんみょうおう》であり、大日如来の使いで、十和田湖に三種の神器たる光の鏡を納めにきたところ、その事件に巻き込まれたのである。

愛染明王《あいぜんみょうおう》が怒り、そこにいる人間たちを裁き、不動明王とともに人々を斬り捨てていった。

閻魔大王の顔が赤いのは、愛染明王《あいぜんみょうおう》のことを表し、その地に地獄ができたという意味で恐山を作ったのである。

愛染明王《あいぜんみょうおう》は、東北の戦いで人々を裁き、不動明王と共に、その東北の地の人たちをほとんど殺してしまった。そして愛染明王《あいぜんみょうおう》は、人を殺したことを後悔し、自分の身体を三つに分け、一つは梵天《ぼんてん》、一つは閻魔大魔王となり、額の白い狼を愛のシンボルにして、赤い衣を脱ぎ捨て白い身体の梵天《ぼんてん》となったのである。

梵天《ぼんてん》は、人を裁く心を恐山に置いてきた。そこに赤い色を置いてきたのである。

恐山に置いてきた赤い梵天《ぼんてん》は、閻魔大王に変わったのである。

その恐山に九つの鬼を置いた。そして、そこから赤鬼、青鬼の伝説が始まった。そしてもう一つは羅刹《らせつ》へと分かれ、羅刹《らせつ》は悪魔となった。

その後、天部の戦いで阿修羅《あしゅら》と羅刹《らせつ》は負け、光の民に協力することになった。

羅刹《らせつ》は、東北地方の人々との契約を果たせなかったことを悔《く》い、その身を女の身体にして、青龍の代わりに十和田湖を守ること、そして東北の人々を守ることを決めたのである。

そして時は流れたのである。

しかし、その十和田湖の周りでは災難が続き、また、その湖を取り巻く街の人々の心が昔の卑《いや》しく自分さえよければいいという考えに染まっていった。

これは、湖の九頭龍の影響だと悟り、その九頭龍を退治《たいじ》してきてくれと、沙加羅龍王《さからりゅうおう》は、その僧、弘法大師に頼んだ。自分は大日如来の警護でその場所を動けないので、二人の娘と護衛神を其方に付けると言って消えていった。

二人の娘は、沙加羅龍王《さからりゅうおう》の次女の善如龍王《ぜんにょりゅうおう》と長女の弁財天であり、護衛神は弘法大師もよく知っていたカッパの二郎であった。

大師は旅の途中、カッパの二郎から皿をいただき、その皿を錫杖《しゃくじょう》に変えて、その神通力で人々を助けてきた。

そして、四人でその大きな湖、十和田湖に着いた。

九頭龍は怒り狂い、それはもう壮絶な戦いであった。

何日かの後、やっとの思いで九頭龍を退治《たいじ》することに成功した。

弁財天が、琵琶の音色とともにその九頭龍を琵琶湖へと連れて行き封印した。

その後、弘法大師は、北に向けて旅をし、カッパの二郎は高尾山に行き、天狗の衣を着て人々を救った。

十和田湖は青龍である善如龍王《ぜんにょりゅうおう》が守ったという。

以下の内容は、光明が受けた通信の内容をまとめたものである。

その周りの町では、光の明王を恐れて二つの祭りが行われていた。

「ねぶたとねぷた」といわれた祭りは、二つとも同じ意味で五次元に近いMRの世界を見て見ぬふりをする祭りだという。

世は戦国時代、一人の英雄が光の存在の力を得て、天下を統一するかに見えた。しかし、その人物は魔に取り込まれ、自分を神だと言うが如く琵琶湖の九頭龍の気を受け継ぎ、この世を制圧しようとした。

比叡山の僧侶たちは、その月の魔の力のもと、湖に沈む魔のワーム世界に吸い込まれ、魔神の力になるかのように見えた。

その時、光の存在の導きのもと、光の民の命により、明智光秀が裁き、豊臣秀吉が天下を平定するという筋書きができていった。

しかし、豊臣秀吉もまた、自分一人のことにかまけたため、天が彼を見捨て、徳川の時代を迎えて平和を取り戻した。

徳川家康は月の魔の存在を払いのけ、妙見菩薩《みょうけんぼさつ》のもとに下り、その後、日光東照宮から光の民が作った町を見下ろしていた。

その当時、東北のある町に一人の英雄が現れた。伊達政宗その人である。

伊達政宗は妙見菩薩《みょうけんぼさつ》の導きのもと、目に光の民を宿し、天の命に従っていた。

伊達政宗の祖先が、天皇の許可を得て、三種の神器を北の聖地の山に眠るアルザルの遺跡に隠した。その後、日本政府は、北の聖地の山の頂上に航空自衛隊基地を作り、それらを監視することに決めたのである。

三種の神器の鏡は支笏湖と十和田湖に眠る

東北という地名の馬鹿羅《ばから》は、東は「十」を指し北は「吉祥天《きっしょうてん》」を指す。

そのすべての意味は、「十」は北辰信仰の十字架を指し、日本列島を十字架に例えると、十字の横木は東北地方を指し、「日本列島の北により裁かれる十字架のもと」という意味が出来上がる。

支笏湖は千歳にあり、千歳の馬鹿羅《ばから》は、「千」は数字の一〇〇〇、「歳」はトシと読み、「ト」は十を表し「シ」は死を表す。

また、一〇〇〇＋一〇＝一〇一〇＝十一となり、「十一」は神、光の民を現す。

「支笏」の意味は「死骨」となり、「骨」とは肉がない状態を示す。

これを、馬鹿羅《ばから》で解くと次のようになる。

先住に背を向ける、その先には光の民の住む当別のダムがある。そして、死が訪れる時に、憎まない（肉がない）心を持って死を迎えなさいという意味になる。

裁かれても、迷わない魂が大切であるという意味である。

五次元の世界に向かう道を抜ける時、後ろを振り返ってはいけない。これは恐山のことを指し、戒めとし、未来の五次元の世界に向かう道の通り方をいっている。振り返った者は、十和田湖の周りに返され地獄を見るという意味である。

それゆえ、大師によって、もう一つの鏡が十和田湖に隠された。日本列島を北辰信仰の十字架に例えると、横木が東北にあたる。

これは、切腹の時の作法であり、腹の切り方をいう。

その傷を「裁き傷」という。その裁き傷の位置が東北なのである。

この死の力である「四」は、篩《ふるい》、裁きの力である。

馬鹿羅《ばから》の力を「四」の力という。

ねぶた祭り

以下は、光明が受けた通信の内容をまとめたものであり、光明的な見解である。

東北には「ねぶた祭り」があるが、この祭りは、寝ると見えるとされる五次元に近いMRの世界に蓋《ふた》をして見て見ぬふりをするとされる。

天部の戦いの前の話であるが、羅刹《らせつ》は、人を食い鬼も食い阿修羅王の下についていたが、現在は光の民の地位にある。

ねぶた祭りの掛け声は「ラッセラー」と言う。「ラー」は太陽神であり、この掛け声「ラッセラー」

＝「羅刹《らせつ》・ラー」の意味は太陽神を下に持ってきている掛け声で、羅刹《らせつ》を上に持ってきている。ねぶた祭りは山車《だし》を夜に走らせ、ライトアップを楽しみながら見る祭りである。これでは神が嘆くのも当たり前である。

これらは、あくまで個人的な見解であり，実際の祭りやそこに住む人々とは一切関係ない。

十一．彷徨える魂を救済する神事

光明にビジョンで送られてきたのは、北海道、関東、関西の三箇所で行う神事によって、この三つの結界の力を解放し、人と禁断の果実の邪なる力が切り離されることを意味する。

時が来たら、切り離された邪悪な禁断の力は消滅するという意味である。

この三つの結界の力を解放する前に、太平洋側の湘南の海岸から日本海側の富山県の海岸にかけて、光の民から指定された神社や寺で神事を行い、彷徨える魂を上に上げておかなければならない。

それは、湘南の海岸から日本海の海岸にかけて神事を行う前に、地獄で彷徨う正しい御霊を上に上げ、邪なる魂は真剣で切り捨てて消滅させ、地獄の中を空にしておくことが必須だからである。

大師は剣の使い方について、「魂を沈める時は、剣の峰で空を切る。刃を決して下に向けてはいけない。剣の峰を振る。刃の光と共に魂は天に上がる。戦《いくさ》で剣を使う時も刃を使うことはない。峰を振り、大将の魂を取る時だけ、一刀両断のもと、魂を取る。それが、戦《いくさ》の習わしである。決して刃を使うことはなく峰で戦い、最後の息の根を止める時だけ刃で切る。それが真剣の使い方である。真剣を使い、刃を下にする時は、魔を切る時だけである。魔から天を御守りする時だけ刃を振り下ろす。聖なる者を切る時は、刃を振り下ろすことはならん。峰を使いし上に上げる時、天に返すが習わしである。小泉太志命先生は、魔を切ったがゆえに刃を下に向けた。今は世を救うために峰を下ろす。上に上げる際、魔を切ってはならん。それが日本刀の使い方である」と言う。

今の時代は決して刃を下にしてはいけない。今は正しい魂を救い上げる時代だからである。

大師は、彷徨える魂の救済の神事について、次のように言われた。

「東裁き傷を反転させ、日本列島に当てはめると、北の聖地のダム湖に架かる橋の形になる。この意味は、北の聖地のダム湖は龍神の形をしており、真ん中の腹部を横断するように橋が架かっているということである。この形を九十度左に回転させて反転すると日本列島の形になる。このダム湖に架かる橋は江の島の太平洋側の海岸から富山の日本海側の海岸を結ぶ経路と重なり、この経路は神事を行う神社や寺、湖などが並ぶ日本列島を横断する経路となる。その道筋を日本列島にあてはめると、神奈川の江の島の三つの弁財天をお祀りした神社にあてはまり、それを日本海に向かって進むと、高尾山を経て青梅の御岳山を通り、秩父の三峰神社を通り諏訪湖に入る。そして、その流れを日本海側の富山市にある真興寺の吉祥天《きっしょうてん》に気を流す。それらを考えると、まず、江の島には三つの神社が存在し、そして江の島では十和田湖と同じ九頭龍《くずりゅう》をお祀りしており、十和田湖と同じ場所から出発する条件を作り出している。青梅の御岳山にお詣りし、白狼の化身である愛染明王《あいぜんみょうおう》の気をもらい、その足で三峰神社に寄り、そこに祀られている愛染明王《あいぜんみょうおう》の気をいただいてくる。さらに諏訪湖に寄り龍神の力を授かり、日本のシンボルである富士山の名前をもらった富山の真興寺の吉祥天《きっしょうてん》に気を流す。全体的に考える。江の島の弁財天は剣を持った弁財天であり、そこから剣の気をいただき、諏訪湖で勾玉の気をもらい、富山で鏡の力を頂き海に流すのである。この一連の流れで彷徨える人々の魂の中に、助け船が現れて上に上がる道筋ができ上がる。彷徨える魂を成仏させる神事は桜餅を用いてやりなさい」

神事の始まりの地と終わりの地

太平洋側の湘南の海岸から日本海側の富山県の海岸に向かって、光の民から指定された神社や寺で神事を行い、彷徨える魂を上に上げた。

彷徨える魂を上に上げる神事は、もともと千葉県の龍神堂から始まって、江の島の神社で弁財天の力をいただいて開始したが、千葉県の龍神堂と江の島を線で結ぶと中間が東京になり、東京に集まっている邪なる魂が江の島の海岸に移動して集まり、龍道を通って富山県の日本海に移動し、正しい魂はそこで上に上がり、邪なる魂は切り捨てられて消滅したのである。

神事を実施した経路

江の島の三つの弁財天神社の上、中、下の三ヵ所と九頭龍《くずりゅう》をお祀りしている末社にお詣りし力をいただいた後、江の島海岸で剣を振り、彷徨える魂を上に上げた。

高尾山で神事を行い、沙加羅龍王《さからりゅうおう》、カラス天狗、弁財天にお詣りし、力をいただいた。

狭山不動尊と山口観音金乗院で、七福神の並び方などを調査した。

武蔵御嶽山《むさしみたけやま》で神事を行い愛染明王《あいぜんみょうおう》の力をいただいた。

秩父神社の妙見菩薩《みょうけんぼさつ》にお詣りし、秩父今宮神社で八大龍王にお詣りし、力をいただいた。

聖神社《ひじりじんじゃ》で八大龍王、菅原道真公にお詣りして力をいただいた。

秩父の三峯神社《みつみねじんじゃ》で神事を行い、愛染明王《あいぜんみょうおう》の白狼の気をいただいた。

諏訪湖畔で神事を行い勾玉の気をいただいた。

児玉《こだま》神社にお詣りし、勾玉の代わりになる石を祀り、そこに災害が起こらないように祈願した。猿田彦神、菅原道真公と不動明王の気をいただいた。

諏訪神社を、本宮、中宮、秋宮、春宮の順に回り、蛇神にお詣りした。

富山県の真興寺で神事を行い、弘法大師、吉祥天《きっしょうてん》の気と鏡の力をいただいた。

富山県の高岡城で北斗七星の神事を行った。

富山県の和菓子屋で桜餅を二十三個受け取り、日本海の海岸にお供えし、剣を振り、大白龍王の力添えのもと、鏡の力で彷徨える正しい魂を上に上げた。

十二．余呉《よご》湖での神事

琵琶湖のすぐ近くにひっそりとたたずむ小さな湖がある。それが余呉湖《よごこ》である。

余呉湖《よごこ》に神事の下見に行く途中、カーナビが勝手に光明と白虎を木之本地蔵院《きのもとじぞういん》に導いた。実は、カーナビは、何度も光明をこの寺に導いていた。我々は余呉湖《よごこ》に向かう途中、昼間にこの寺に導かれた。


二十一時頃にフェリーが舞鶴に到着すると、光明はその足で関西方面に向かう。その際、確かに琵琶湖付近のこの辺を通るが、通常のルートから外れた田舎道にあるこの寺を通ることはない。

しかし夜中に、何度もカーナビがこの寺に導いたのである。夜中であったため、光明はこの寺に入ることができなかった。

我々が昼間にここに導かれた時、光明はすぐ、以前、何度も導かれたことがある寺であることに気がついた。

鳥居を通るとすぐ左手に毘沙門天《びしゃもんてん》をお祀りした祠がある。

ちょうどこの時期に木之本地蔵院《きのもとじぞういん》では秘沸展《ひぶつてん》を開催していた。

この寺には開山以来一三〇〇年の歴史があり、弘法大師がこの地を訪れ、破損がひどかった尊像を一刀三礼の儀をもって修復し、閻魔王と倶生神《ぐしょうじん》を安置された。

本尊は地蔵菩薩であり、関連する多くの仏像や掛け軸などが展示してあった。閻魔大王はよく知られているが、この寺の本尊である地蔵菩薩の化身とされている。倶生神《ぐしょうじん》は、人が生まれたときからその人の肩にあって、その人の善悪の行動を記録して閻魔王に報告する。木之本地蔵院《きのもとじぞういん》では倶生神《ぐしょうじん》を地蔵菩薩の脇侍としてお祀りしている。

寺の中の貴重な仏像などを見学できたおかげで余呉湖《よごこ》と弘法大師との関係などの秘密が解明できた。

木之本地蔵院《きのもとじぞういん》での弘法大師と菅原道真公とのつながり

木之本地蔵院《きのもとじぞういん》では秘沸展《ひぶつてん》を見学した。

この寺では、次のような言い伝えがある。ある僧侶に光の民から、未来に向けて木之本地蔵院《きのもとじぞういん》を建てる必要があるとメッセージがあって、その僧侶はこの寺を建てた。

その後、後を引き継いだ僧侶が天神様と弘法大師の導きによってこの寺を建て直した。そして弘法大師と天神様をうまく祀り、未来の神事に向けて準備をした。

寺の中にお祀りしてある弘法大師の横にいたお坊さんは菅原道真公である。

木之本地蔵院《きのもとじぞういん》は禅宗であり鬼の力、弘法大師は真言宗で龍の力である。

つまり、ある事を成すには、この二つの力が合わさる必要があった。弘法大師がこの地を訪れ、破損が酷かった尊像を一刀三礼の儀をもって修復し、閻魔王と倶生神《ぐしょうじん》を安置された。これは弘法大師の龍の力と菅原道真公の鬼の力が一つになることを意味する。

余呉湖《よごこ》を馬鹿羅《ばから》で解くと、「笠をかぶった僧、つまり弘法大師が五次元の扉を示す場所」となる。

この余呉湖《よごこ》は、弘法大師が天神様と相談のうえ、現世で我々が行う神事の準備をしていた重要な場所と考えられる。

この地は牛族と龍族の和解の地でもある。

我々は、この地で「現世の人々が邪なる魂を切り捨てる」という神事を行った。

そして遥か昔に、弘法大師がこの地で一刀三礼の儀という神事を行った。その神事は三種の神器に関係する儀式であり、三種の神器を見つけ出してある地に納めるための神事であったと考えられる。

余呉《よご》湖の近くの長浜市に近江天満宮があり、天神様である菅原道真公が祀られている。また、遠い昔に西天神神社が余呉湖《よごこ》に存在していたと伝えられている。どうも余呉湖《よごこ》付近には天神様である菅原道真公の足跡が見られるようである。

今から遠い昔の平安時代に弘法大師は、未来の我々の世界を見ていて、その後、天神様と相談のうえ、現世で我々が行う神事の準備をしていたのであろう。

北斗七星の三番目と五番目の星は我らの故郷の星

その日は雨降りであったため、神事を延期して、翌日に余呉湖《よごこ》で神事を行うことにした。

光明と白虎の二人は近くのキャンプ場のロッジに宿泊することにした。就寝した夜中に、光明にはよくあることだが、寝言のように光の民のメッセージを話していたので、白虎は目が覚めた。何度も同じ寝言を言っていたので、それを聞きながら録音しておいた。ただ、寝言なので非常に聞きづらかった。

それは大師からのメッセージであった。

「白虎よ、輝けし星こそ我らの星である。今、らんらんと輝きし二つの星が小窓から其方たちを守るもの、その目でしかと焼きつけるがよい。窓から見える星こそ、我らの故郷の星、今、小さな隙間から其方に……」

それを聞いた白虎は、これは大師からのメッセージであると思い、すぐ外に出て、夜空を見上げた。

その夜は快晴で夜空の星はきれいに輝いていた。

北西の方向に、北辰信仰の北斗七星が見えたが、よく見ると、柄杓《ひしゃく》の先から三番目と五番目の星が三秒ぐらい消えてはまた光り出す。これが何度も繰り返すことを確認した。

つまりついたり消えたりする三番目と五番目の星が大師の故郷の星であることを、大師は教えてくれたのである。

通常、北斗七星を観察すると分かるが、三番目と五番目の星が規則的に消えることはない。

光明によると、大師は最近、三番目の星から、位が上がって五番目の星に移ったという。

北斗七星の星の力

大師は、北斗七星の三番目の星から五番目の星に昇格した。

北斗七星の七つ星の力の意味を次に示す。

1の星の力は、始まりと創造の力である。

2の星の力は、滅びの力である。

3の星の力は、三次元の力である。

4の星の力は、羅刹《らせつ》の力、菩薩の力である。

5の星の力は、五次元の創造主の力である。

6の星の力は、鬼の力を操る力、風神・雷神の力を操る天神様である菅原道真公の力である。

7の星の力は、七次元の創造主の力であり、大日如来の力である。

8の星の力は、龍神の力である。


七つの星のすべての光の民が協力していることが、北斗七星の星に表れている。

今回の神事も、七つのすべての光の民が協力して神事が成功するということである。

余呉湖《よごこ》での現世の邪を切り捨てる神事

翌朝は幸運にも快晴に恵まれ絶好の神事日和となった。

神事を行うのに適切な場所を探しに、すぐ湖畔に向かった。湖畔の見晴らしの良い場所が見つかったので、方位をチェックし、そこで現世の邪を切り捨てる神事を行うことにした。

この神事を行うときの服装は、黒い格好と白い格好がよい。それは、陰と陽になるからである。光明が黒い作務衣、白虎が龍の絵柄が入った白いジャージを着て神事を行うことにした。

菅原道真公から「陰と陽の力を使うのが、いわば昔の菅原道真公の力の陰陽丸に値する」、「神事は北の方角に向かってやると、そこで吉祥丸《きっしょうまる》の力を使って北の大地の吉《きっ》祥天《しょうてん》につながっていく」とメッセージをいただいた。

菅原道真公の幼名は陰陽丸であり、吉《きっ》祥丸《しょうまる》とも呼ばれていた。

そこで現世の邪を切り捨てる一〇〇項目を唱えて剣を振り、現世の邪を切り捨てた。

白虎がその一〇〇項目を順に唱え、光明がその一つ一つを順に唱えながら刃先を逆刃にして剣を振り下ろして現世の邪を切り捨てた。

その一部始終を天から椅子に座って厳しい表情で見ていた光の民がいた。それは天神様、つまり菅原道真公であった。

余呉湖での神事

天神様は、龍の力と鬼の力と人の力を持ち、風神と雷神を式神として使われる怖い神であり、我々二人は、神事が不慣れであったため、不安を抱きつつ神事を行った。

菅原道真公からなんとか合格点をいただいた。

もう一度やり直しも十分あり得るので、正直、なんとか合格点をいただき安心したのである。

聖地を余呉湖《よごこ》から当別に移して五次元の扉を開く

大師がこの地で、一刀三礼の儀という剣を振る神事を行ったという。

我々は、三つの儀式とは「浮かばれない魂を上に上げる儀式」、「現世の邪を切り捨てる儀式」、「未来に向けて我々の覚悟を光の民に示す儀式」の三つの儀式を行ったが、弘法大師がこの地で行った一刀三礼の儀も同様の儀式であったと考えられる。

光明にメッセージが入ってきた。

光明と白虎が行った「現世の邪を切り捨てる儀式」は、この始まりの地である余呉湖《よごこ》を北の聖地である当別ダムに移すためのものであるという。

余呉湖《よごこ》という聖地を、五次元世界の聖地に移すための儀が、北の聖なるダムで一〇〇回剣を振り行う「未来に向けて我々の覚悟を光の民に示す」儀式であり、それによって三刀の儀が成り立つのである。

この神事は、時空を切り裂き空間を一つにする儀式である。

つまり、北の聖なるダムで時空を切り裂いて、新しい五次元の扉を開くためである。そこでは「子供たちの未来を開く」」、未来の扉を開くという文言を言わなければならない。

琵琶湖と余呉湖を馬鹿羅《ばから》で解く

琵琶湖と余呉湖《よごこ》にはそれぞれ別の読み方があって、それを馬鹿羅《ばから》で解くと次のようになる。

琵琶湖は大江《をおうみ》と呼ばれた。

本来、「おおうみ」と「お」を二つ書くが、終わりの「を」から始まって、二つ目に「お」がきて「をおうみ」と書く。この意味は、鬼が住む湖という意味であり、この地は祝福される場所ではないことを意味する。

一方、余呉湖《よごこ》は伊香小江《いがこのおえ》と呼ばれる。

伊香小江《いがこのおえ》の意味は、「伊勢地の香る小さい清らかな水を作る」であり、伊勢族は牛族で鬼の力である。

つまり「牛族と龍神との小さい子を産み、小さな清らかな水を作り和平を行う」という意味であり、将来の希望を作る湖という意味である。

その子は菅原道真公で、二つの神の和平の子供であり、伊勢族は源氏で裏天皇は平家であり、源氏と平家の和平の子供でもある。

つまりこの地にはいくつかの歴史の意味が重なっているのである。

余呉《よご》湖には次の伝説が残っている。

余呉《よご》湖は、古くは、伊香《いが》の小江《このおえ》と称され、天女の羽衣や龍神・菊石姫の伝説が残る神秘の湖である。別名「鏡湖」とも呼ばれる。白鳥に姿を変えて水浴びを楽しんでいた八人の天女の姉妹のうち、伊香《いか》刀美《とみ》に羽衣を取られた末妹だけが天に帰れなくなり、夫婦となって二男二女をもうけたという物語である。その天女の子供である陰陽丸が菅原道真公であると伝える話もある。

天満宮のご神木から三つの力をいただく

神事を行うため余呉《よご》湖に向かう途中、今回の神事の作法についてご指導いただいた天神様にお詣りをするために、カーナビに天満宮を入力した。しかし一番大きな大阪天満宮ではなく、なんとカーナビは勝手に茨木市の小さな天満宮に案内したのである。

毎回、このような現象があるので、これは茨木市にある天満宮に行きなさいという導きであると考え、その小さな天満宮に向かった。

この天満宮には三本の神木があり、触れて祈ることで三つの力をいただいた。

本殿にお詣りして余呉《よご》湖に向かった。

カーナビが一番賑やかな大阪天満宮ではなく、三本のご神木がある茨木市の小さな天満宮に案内したのには、きちんとした理由がある。

その天満宮に向かう途中、光明にメッセージが入ってきた。「茨木市天満宮の三本のご神木は創造主の三柱を意味するので、三本のご神木に触れて三つの力をいただくように」という内容であった。

菅原道真公は、神々の和平の子として生まれたが、小さい頃から鬼っ子としていじめられた。彼は勉学に励み右大臣に抜擢された。それを妬んだ親戚や周囲の邪に支配された人間が、彼を粗末に扱った。彼は足を引っ張られて左遷させられることになる。邪に支配された人間はいつの時代でもいるものである。

菅原道真公は「身内には気をつけろ。自分の身内ほど怖いものはない。陥れるのは必ず自分の身内なのだ」と言う。

菅原道真公は、一番人間の醜い部分を見て苦しめられた人であり、非常に厳しいお方であり、また優しいお方でもある。優しいお方であるが故、天にお帰りになった時、天神様として全国の多くの天満宮などをご担当されることになったのである。

弘法大師は人々に助けられながら全国を旅した

大師は、すでに未来を見ていて、菅原道真公が親族や周りから受けた悲惨な扱いを知って、親戚ではなくまったく知らない人に助けを求め、そして理解してくれる人々に助けられながら、全国を旅して光の民の計画を実行した。

大師は「助けてくれませんかと頼んだ時に、他人は義を通すものだよ」と言う。

例えば、この坊さんは自分たちのために経を唱えてくれた。こんなありがたいことをしてくれたと思い、この坊さんに何か協力したいという気持ちを返してくれる。その人たちのお返しが大師を強くした。

大師は「何か自分がやったことに周りがそれに感謝して、この人のために自分が何かやらなければならないという絆ほど強いものはない」と言う。

大師は光明に「其方ができることは、自分の受けた情報をきちんと伝えることだ」、「其方には何の力もないのだよ。力を持っている人が集まるのだよ。そういう人たちが考えて行動した時に一つの神事が完成する」と言う。

十三．神事と結界

我々の魂が正しい方向に向かうことを報告する神事

我々は、北の聖地のダムの下にある駐車場の横の空き地で、未来に向け「我々の魂が正しい方向に向かう一〇〇項目」を唱え、我々の魂が正しい方向に向かうことを報告する神事を行った。

七ヵ所の城を結ぶ北斗七星の結界

北の聖地から京都まで、南北に伸びる北斗七星の星にあたる七ヵ所の城や城跡で神事を行った。これらの城主は、北斗七星を崇拝する北辰信仰の信者であったことが分かる。

これらの七ヵ所の城あるいは城跡は、当別の伊達家跡、会津若松の鶴ヶ城《つるがじょう》、宮城県東松島町の谷本館跡、富山県の高岡城、長野県の上田城、京都の園部城《そのべじょう》、三重県の曽根氏館跡で、これらの七ヵ所を結ぶと北斗七星の結界になる。

これらの城で神事を行うことで龍道を強化したのである。

富山県の高岡城の越中総鎮守一宮射水神社《いみずじんじゃ》には青龍、白虎、朱雀、玄武の四神《ししん》が刻まれた石碑があり、この石碑の周りで神事を行った。

伊達正宗の兜《かぶと》の上につく半月は、北斗七星の北辰信仰を表す暗号である。北辰信仰の北の聖地に北辰信仰に関する重大な秘密が隠されており、伊達家は、しかるべき時が来るまでこれらの秘密を守るために当別に移住したと思われる。

長野県の上田城は長野県の観光名所となっている。上田城の真田神社の左手裏側に井戸があり、その場所で神事を行った。真田幸村の赤い甲冑は飛龍を意味する。つまり赤龍であり夜叉《やしゃ》の印《しるし》である。真田幸村は四神の中の朱雀の化身であり、朱雀の役割を持った武将であった。

京都の園部《そのべ》城の近くの小麦山《こむぎやま》頂上にある小麦山櫓《やぐら》に行き神事を行った。小麦山の麓に春崎稲荷神社があり、そちらにもお詣りした。

園部《そのべ》の地は菅原氏の知行所《ちぎょうしょ》であり、小麦山に菅原道真公の邸宅があったと伝えられている。近くの生身《いきみ》天満宮は菅原道真公の存命中の創建とされ、園部《そのべ》の天神山の山腹に鎮座する「日本最古の天満宮」である。

三種の神器の儀式に関する弘法大師の通信

旭岳の神事の前日に、大師から次の通信があった。

「最初は旭岳に登る。前夜に松の葉と手鏡を用意し、念を入れておく。そして旭岳の頂上に登り、松の葉を頂上に刺して七つの礼をとり経を唱える。刀を用いるならば、峰を下にして振り下ろすこと。

そして一つの石を持ち帰り、屈斜路湖のほとりにその石を沈める。五つの礼をとり経を唱える。剣を用いるならば峰を下にすること。摩周湖においては、持ってきた鏡を沈め、三つの礼をとり経を唱える。摩周湖で刀を使うならば、刃を下にして摩周湖の魔を振り払い、鏡の本来の力を使い、摩周湖の霧を取り払う」

支笏湖と十和田湖から一つずつ鏡をいただき、諏訪湖から二つの勾玉をいただき、金山巨石群でアロンの杖（草薙剣《くさなぎのつるぎ》）をいただき、所定の聖地に納める三種の神器がそろった。次に吉祥天《きっしょうてん》の指示により、これらの三種の神器を聖地に納めるための神事を行った。

旭岳は神々が遊ぶ山である。

この旭岳の頂上で神事を行い、あらかじめ準備しておいた草薙剣《くさなぎのつるぎ》の代わりになる一本の松の枝を頂上に植え、二つの勾玉になる石をいただいた。

旭岳の上空では光の民の飛行船が多数乱舞していた。

次に屈斜路湖の湖畔にある仁伏《にぶせ》神社で神事を行い、旭岳の頂上でいただいた二つの勾玉になる石を屈斜路湖に納めた。

仁伏《にぶせ》神社では、この場所で神事を行うように光の民からの導きがあった。

最後に摩周湖の湖畔で神事を行い、光の民から指定された三種の神器の一つである直径二十センチの白銅製の鏡を湖に納めた。

摩周湖では、無風状態であり、波がまったくなく湖面が鏡のようであったが、神事を開始して剣を振り下ろすと、湖面に時計回りの大きな渦ができ、岸に波が大きく打ち寄せるようになった。

これらの儀を終えたことで、三種の神器の力が発動する準備が整ったのである。

北海道の半月の龍道

北海道には、全域にまたがる大きな半月の龍道がある。それは、函館山、虻田《あぶた》神社、大白龍王を祀る手稲山神社、当別ダム、旭岳、屈斜路湖、摩周湖、厚岸の龍王神社を結ぶもので、半月を描く龍道となる。

この半月は北辰信仰を表す暗号であり、三種の神器を旭岳、屈斜路湖、摩周湖に納める神事が終了したことで、この龍道が強化された。

カーナビが勝手に案内した伏見稲荷神社

数年前に、カーナビが勝手に光明を導いた神社の一つが、小樽を少し越えた所にある小さな稲荷神社である。この伏見稲荷は、小高い住宅地の中にひっそりとたたずむ小さな神社であるが、龍神が北海道神宮から手稲山経由で日本海を抜ける時に通る重要な場所である。

伏見稲荷の伏見は「悪を伏せる」という意味である。

五つあった陰陽師の家系の中に、伏族《ふせぞく》という一派があったという。

「伏」は悪を滅する、悪を伏せるという意味である。

伏見稲荷の「伏」はその意味からきているという。

千葉県の北斗七星の結界

二〇二〇年の夏頃からドラゴンプロジェクトは第二ステージに突入し、光の民からのメッセージは明確かつ具体的になってきた。これらが意味することは、我々の実施しているプロジェクトが核心に迫りつつあることを物語っている。

光明が、北海道の北の聖地で麦畑を観察している時、時空が揺らいで麦畑の地面が盛り上がり、そこから丸く光る球体が上昇して二つに分かれた。

その時、光明の頭の中に鍾馗《しょうき》様からのメッセージが入ってきた。

「勘違いして少しずれて進んでいるので修正して進みなさい。今修正しないと後に修正不能になる。記憶を戻して最初からそのテープを再生しなさい。そうしたら真実が見え、なすべきことも見えてくる」と伝えられた。

この少し前に、光明が近くの温泉に入っている時、右腕をアブに刺され、大きく腫れ上がったが、この刺されたことも、過去の記憶を組み直すためであった。

次の七ヵ所を結ぶと千葉県の北斗七星の結界となる。

千葉県の銚子市の岬の突端にある地球が丸く見える丘、芝山仁王尊《しばやまにおうそん》、成田山新勝寺、龍ケ崎森林公園、印旛沼《いんばぬま》、妙見本宮千葉神社、手賀沼《てがぬま》であり、それらを巡り、調査を行うと同時に必要な神事を行った。

千葉県の北斗七星の結界で東京の魔を封じ込める

鍾馗《しょうき》様は「妙見本宮千葉神社にお祀りしてある剣を持った妙見菩薩《みょうけんぼさつ》は我である」と言う。通常、妙見菩薩《みょうけんぼさつ》は吉祥天《きっしょうてん》である。しかし、その神社で鍾馗《しょうき》様が創造主として祀られている理由は、そこに北斗七星の結界を張って、東京の魔がこの地域に入り込まないようにするためである。

この千葉県の北斗七星を描く七ヵ所を巡り、それぞれの場所で神事を行って結界を強化し、しかるべき時にこの結界が作動するようにした。

光明がリトルグレイに襲われた話

以前、光明が、夜、龍ケ崎森林公園に導かれて行った時の話である。陰陽師が作ったと思われる六本の柱がある場所に行くと、ドンドンドドドンドンドンドンと太鼓の音が聞こえた。

後に、この太鼓の音は五節舞の太鼓の音であることが分かった。

一緒に行った光明の知り合いの工事現場監督が「何か飛び回っていますよ」と言う。

夜間なのでそれは見えなかったが、キュルキュキュキュキュキュキュキュキュと音がする。ブーンと音を発する謎の透明の飛行体が六本の石柱の周囲を飛んでいた。

光明「あれ？　何かいますね」。

奥の方から光がぱぱぱぱぱと見えた。光明が「あれ見て！」と言うと、同行した監督は赤外線スコープでそれを見た。ドンドンドドドンと太鼓の音が聞こえている。

そちらの方に、キュルキュキュキュキュキュキュキュと音をたてる何かがいると思ってよく見ると、UFOからリトルグレイが降りてきた。

その時、近くの空間が開いたと思ったら、「ギャー」とすごい大きな声が聞こえて、リトルグレイはUFOごとその空間にヒューーと吸い込まれていった。

これは、リトルグレイがこの場所の秘密を知っていて襲ってきたのであるが、光の民が光明を助けたのである。

光明は何度かリトルグレイに襲われた経験を持つが、その度に光の民に助けられている。

その頃、すでに眼球の奥の脳内に二つのチップが埋め込まれていた。

光明がカラオケボックスで受付をしているとき、光の民がそのチップを眼球から取り出して、チップが眼球から外に出た瞬間に二回爆発させ破壊した。

その時、光明は気絶するほど痛かったという。

また、光明が車内で北の聖地の麦畑を観察しながらうとうとしていた時、リトルグレイのUFOが現れた。光明は毛布を頭に強く巻かれて押さえられ、頭にチップが埋め込まれるところであった。その時、光明は「龍神様お助けください」とお願いした。

その時、車の外でフクロウの鳴き声のような「ホ、ホ、ホ」という声が聞こえた。頭に巻き付いた毛布が外れたので、サイドミラーを見ると、小柄で頭巾をかぶり、鎧を着たフクロウに似た顔の光の民が「ホ、ホ、ホ」と言いながら飛行船から降りてきて飛行船に何か指示していた。リトルグレイのＵＦＯは飛び立って逃げようとしたが、光の民の飛行船による攻撃を受けて「ギャー、ギャー」と、この時もすごい大きな声をあげたのである。

リトルグレイは、人類の支配をもくろむトカゲ人間の手足となって操られているアンドロイドである。

トカゲ人間は太古の昔、光の民により、地球上で創造された人類の失敗作である。光の民により地球上から一掃されたが、ごく一部の王族が宇宙船で木星の裏にある小惑星に逃げ、地下に潜んだ。このトカゲ人間は、身体が退化したが脳をマザーコンピュータに接続してリトルグレイを操り、昔から我々人類を脅して支配してきた。光の民の指示に従わず、正しい進化の道を歩むことを拒んだトカゲ人間の身体は、すでに退化し、今後、破滅の道をたどる運命にある。

しかし彼らは生き残りをかけ、人間の魂を乗っ取り、人間に入り込むことで五次元に移行しようとしているのである。

しかし、トカゲ人間に魂を乗っ取られた人間は、邪に支配されているため、五次元の門を通ることは絶対にできない。この門の開き扉の二つの鏡によって、邪に支配された人間は瞬時に篩《ふるい》にかけられるからである。

もう、お気づきの方もいると思われるが、すでにトカゲ人間に魂を乗っ取られている人間が、我々の身の周りに多くいるのである。

龍ケ崎と印旛沼《いんばぬま》の龍の伝説

龍ケ崎や印旛沼《いんばぬま》の一帯には、いくつかのバリエーションがあるが「龍の身体が三つに分かれた」という龍伝説がある。

この物語のあらすじは、次のようなものである。

この地にいた龍神は、この地の人たちがとても良い人たちなのでお付き合いをしていた。ある時この地がひどい干ばつに見舞われ、人々は龍神に雨を降らしてほしいとお願いした。龍神はこの地に雨を降らしてよいか大龍王にお伺いをたてたが、大龍王は、それはならぬと拒絶した。しかし、龍神はこの地の人々は良い人の集まりであると考え、その大龍王の意思に反し、この地に雨を降らしたのである。

しかし、実はこの地に住む人々は良い人の集まりではなかったのである。大龍王は怒り、命令に背いたその龍神を雷神の力によって身体を三つに裂いたのである。

その三つに分かれた龍神の身体はそれぞれ三つの寺に奉納された。

この地の人たちは龍神を不憫《ふびん》に思い、三つに分かれた龍神の頭を龍角寺に、腹を玄林山龍腹寺に、尾を天竺《てんじく》山龍尾寺に納めて、お祀りしたのである。

龍神の頭が祀られている龍角寺の秘密

龍神の頭が祀られている龍角寺には、国宝級の阿弥陀如来《あみだにょらい》の仏像がある。この他にも国宝級の仏像があるが一つも国宝になってはいない。

以前は、五重の塔など国宝級の寺に匹敵する建物があったにもかかわらずなぜか復興しない。この寺には以前、立派なお堂があり、ここに徳川家康が寝泊まりしていたという。今はないが以前は小さなお堂もあり、そのお堂は弘法大師のお堂だそうだ。ガイドさんに宗派が禅宗にもかかわらず、なぜ弘法大師のお堂があるのか聞いたが分からないという。

禅宗は修験道であり蔵王権現《ざおうごんげん》をお祀りしていることと、この北斗七星の結界と関係すると思われる。光明が鍾馗《しょうき》様から聞いて驚いたのは、弘法大師が菅原道真公と共に、三種の神器を使って三つの儀を行い、三種の神器を活性化させて龍角寺に隠し、来たるべきターニングポイントで、再びこの三種の神器を活性化させるため、銚子市の地球が丸く見える丘のお堂に納めたというのである。

龍神伝説の真実

龍神伝説では、この地に住む人々は良い人の集まりではなかったとなっている。しかし、真実はその逆であり、この地に住む人々は良い人の集まりであったのだ。

鍾馗《しょうき》様は、千葉の銚子の人たちは、安徳天皇の子孫に追っ手が迫ってきた時、その人達を銚子市から逃がしてあげたと言う。それで銚子市は神が降りる町といわれている。

安徳天皇は北極星と北斗七星を信仰する北辰信仰の平家の裏天皇であり、後に虚空蔵菩薩《こくうぞうぼさつ》になられた。

光明は以前、この近くで左官の仕事を請け負っている時に、龍角寺、玄林山龍腹寺、天竺山《てんじく》龍尾寺に導かれて、三つに裂かれた龍神の身体を車に乗せて地球が丸く見える丘のお堂に納めるために、この丘のお堂まで運んだ。

以前にも書いたが、光明の身体は空の器であり、必要に応じて龍神や光の民が自由に出入りできるのである。

地球が丸く見える丘は小高い丘であったが、霧がかかってきて、光明がその霧を通り過ぎる時に「ご苦労であった。よくぞ持ってきたな、お疲れ様」と声がしたのである。これで力を出せるようなことを言われたが、その時は、光明にはその意味がよく分からなかった。

これは、三つに分かれた龍神の身体が一つになったことで、龍神の力が集約されて蔵王権現《ざおうごんげん》の力となり、この時、千葉県の北斗七星の結界が作動して龍神の三つの力が働く準備が整ったということである。

弘法大師が訪れた三つの神社

弘法大師が、平安時代に訪れた三つの神社である、星神社、香取神社、日枝神社には、印旛沼の龍神の伝説に関係する秘密が隠されている。

「三つに分かれた龍の身体」の意味は、龍神の力を三分割し、しかるべき時に、これらの龍神の力を一つにしてその力を発揮させるということである。

手賀沼の周辺を車で走っている時に、ナビが勝手に星神社に導いた。星神社の関係者の方にいろいろとお話を聞くと、弘法大師が訪れた神社であることが分かった。その後、香取神社、日枝神社の二つの神社も関係するというので調査した。

星神社は鷲野谷《わしのや》城跡にあり、大妙見大明神をお祀りしてあり、二月二十二日に神事が行われている。香取神社の龍神の木彫りは、他では見ることができないほどの立派な彫り物である。日枝神社は道のすぐ近くに鳥居と小さな祠がある、目立たない小さな神社である。

弘法大師は、平安時代に手賀沼のすぐ近くの星神社、香取神社、日枝神社の三つの神社を訪れ、その仕掛けのために手賀沼に龍の宝玉を納め、大妙見大明神となって、今も手賀沼に納めた宝玉をお守りしているのである。

石碑に刻まれた「友愛」を馬鹿羅《ばから》で解く

銚子市の地球が丸く見える丘に、友愛という文字が刻まれている石碑がある。

光明は数年前、埼玉県の秩父の三峯《みつみね》神社の「友愛」の文字が書かれた場所と、茨城県の龍ケ崎森林公園の中の友愛の文字が書かれた場所にも導かれた。

さらに銚子市の地球が丸く見える丘の友愛の文字が書かれた石碑にも導かれた。これは「友愛」という言葉の意味を考えなさいという光の民のメッセージであった。

光明はこの友愛の意味を馬鹿羅《ばから》で解いた。

このキーワードである「友愛」には、単純に友や仲間を愛するという狭いものではなく、もっと深い宇宙的な広い意味が込められている。

「別の次元、別の世界、宇宙すべての愛。つまり宇宙的視野で物事を広く捉えて考えなさい」というメッセージである。

三つの力とは過去、現在、未来の力である蔵王権現《ざおうごんげん》の力

以前、光明が千葉県銚子市の地球が丸く見える丘に行った時に、そこにある施設に展示されていた新聞記事を見た。その記事には、銚子市にある謎の遺跡には、「への字」のような文字、三つの星、左に太陽、右に半月、そして、大地の絵が描かれていたとあった。それを見た光明はその意味をすでに解いていたのである。その意味は、「太陽の大日如来のもと、三つの力で月の反目の力を抑えて、人々を未来の扉に導く」というものである。実は、後に、月の存在が我々のプロジェクトに重要な意味を持つことが分かった。

銚子の地球が丸く見える丘のお堂には龍神の三つの力が集約されている。龍神の三つの力、これこそが蔵王権現《ざおうごんげん》の力なのである。現在、過去、未来の力がしかるべき時に、光の民から指示された手順

で、聖なる場所や北斗七星の結界で同時に神事を行い、そこにあるお堂に龍神の三つの力が加わることで、全国に張り巡らせた龍道がつながり活性化するのである。

そして、全国に点在する二十一の聖なる山には次元を歪ませる装置が隠されており、上空は薄ピンク色の霧に包まれ、金剛夜叉《こんごうやしゃ》様の風神の力により温泉水を霧状にして上空に巻き上げ、続いて鍾馗《しょうき》様の雷で上空にブラックプラズマを発生させて五次元の扉を開く。正しき魂を持つ者だけがその未来の扉に誘われる。

さらに発生したブラックプラズマが日本全国の上空に広がり、太陽フレアの脅威から日本列島が守られるのである。

その三つの力とは、過去、現在、未来の力である蔵王権現《ざおうごんげん》の力である。

この強力な力が発動される時、この地に二人の人間がこの地球が丸く見える丘にいなければならない。

銚子の銚は、「長」とも読める。長と四の力を持つ人という意味であり、長というのが菅原道真公のことを意味する。この丘に行くべき男性の一人が菅原道真公である天神様の力を持つ。

また、鬼の長というのは羅刹女《らせつめ》の力を持つ人を意味する。この丘に行くべきもう一人の女性が羅刹《らせつ》女《め》の力を持つ。

この力を持つ二人がしかるべき時に、この場所に行くことになる。

護摩焚きの儀式

龍ケ崎森林公園には六本の柱がある広場があるが、安倍晴明の一派の陰陽師が何らかの啓示を受けて六本の柱を築き、床に五芒星を描いたと思われる。

事前に龍ケ崎森林公園の六本の柱がある広場で、護摩焚きの儀式を行った。

この護摩焚きの意味は、人間の五欲である、金欲、物欲、性欲、食欲、支配欲を滅するためである。

事前にこの護摩焚きを行うことは、しかるべき時に結界が活性化されるための準備となる。

人々の御霊がきれいなら光の民はこの世界を守る

指示された時と場所で神事を行うことで結界が強化され、全国の主要な聖地と連動し、この結界が活性化される。そして全国の聖なる場所がつながり、その聖なる場所の上空に、ブラックプラズマを発生させることで列島が守られるのである。

ただし、こうなるためには、我々人間に厳しい条件が課せられる。

人間側が安易に何もせずに、ただ光の民に助けてもらうのを待っているだけでは、光の民の守りが作動することは決してない。

現在、主要国に地球防衛軍が創設され、宇宙戦争に備えることになっている。

宇宙戦争が起こった場合、確かに地上の大都市が攻撃されると、その被害は明らかに分かるが、その被害は我々人間の目には宇宙戦争によるものとして見せられることはなく、天変地異などによる被害にすり替えられたビジョンとして見せられることになるという。

我々は宇宙戦争が起こっていることに気がつかないように操作されるであろう。過去において、このようなすり替えられたビジョンを我々は何度も見せられているようである。

鍾馗《しょうき》様を含む光の民は、我々を守るために来ているが、人々の御霊がきれいでないと守れないと言う。これは三次元的な守りではなく、光の民の存在に気づき、身近に感じる感覚を身につけた人だけが気づくという。人の気を高度に高めないと、人は真実に気づかないし、光の民は人々に手を差し伸べるために来ているが、我々の御霊がきれいでないと、この三次元世界を守れないのである。

そのためにも多くの人々が聖なるダムや聖地に行って、自然に、神に感謝し祈り、正しい気を龍道に送り込まなければならないのである。

印旛沼《いんばぬま》の秘密を馬鹿羅《ばから》で解く

印旛《いんば》沼の「印」は「しるし」であり、「旛」は審判の時の「判」と読み、「審判の時の印《しるし》」という意味である。印旛《いんば》は始まりと終わりを表している。「あ」から始まって「ん」で終わるが、「あ」の前に「印」の「い」がついている。

「い」は「あ」の次なので、これを馬鹿羅《ばから》で解くと、「印旛《いんば》は事を成す時に二番目に大事な場所」という意味である。

印旛沼《いんばぬま》は銚子の地球が丸く見える丘につながっていて、龍ケ崎森林公園の広場で四神《ししん》が五節の舞の神事を行うことで風が起こり、五次元の扉が開く。

次にその龍の気のエネルギーが銚子の地球が丸く見える丘に飛ぶ。

その丘には重要な二人がいなければならない。他の人がついてきてはいけない。

ある北の聖なる山の頂上で剣を振り、その龍の気のエネルギーが、その山の頂上から銚子の地球が丸く見える丘に伝わり、そこから龍道を伝わって全国の聖なる二十一の山の頂上へと伝わり、その山々でブラックプラズマが発生し、日本列島を包み込み、有害な太陽フレアを抑えることで日本を守ることになる。

印旛沼《いんばぬま》には、ある仕掛けがあり、それら一連の機能を支える補助的な役割を果たすのである。

印旛沼《いんばぬま》にある光の民の仕掛け

印旛沼《いんばぬま》にある光の民による仕掛けが、ある程度解けた。

印旛沼《いんばぬま》は二つあり、それには陰と陽という意味がある。

最初は一つの沼からエネルギーが放出され、それがもう一つの沼に行って循環して無限のエネルギーを出す風の力が起こる。

その風は無限のマーク型に循環し、それによってエネルギーが活性化する。

ある北の聖なる山の頂上で、二つの剣の舞を行うことで稲妻を起こして、その稲妻が全国の二十一の聖なる山の頂上へと伝わると、その山々でブラックプラズマが発生するとともに、上空に何らかの巨大な母船が出現すると考えている。それは、我々がいう「箱船」なのかもしれない。

箱船は菅原道真公の部隊

先日、写真に写った巨大な黄色と赤の三角錐形のＵＦＯが、どうやら人々を未来に誘う飛行船らしい。

光の民は「あれが、五次元の門を通過した人々を、次の新しい世界に移送する船であり、それぞれの人にふさわしい場所に移送する船である」、「あの飛行船は五次元のゲートであり箱船である」と言う。

あの巨大な黄色と赤の三角錐形のＵＦＯは、菅原道真公の部隊であり、雷神、龍神の力である第六の力を使う天神様の部隊である。

昨日、神事を行った時「光の民の箱船はこれであり、人々はこれに乗る」と我々に見せてくれた。

今後、いくつかの結界を解放して、最終的に結界のスイッチを全部作動させた時に強大なエネルギーが発生して、この巨大な箱船が北の聖地の上空に現れるであろう。

金剛夜叉《こんごうやしゃ》様の風と鍾馗《しょうき》様の雷が循環する強大なエネルギー

千葉県の印旛《いんば》沼《ぬま》の伝説には、男の人の言い伝えと女の人の二つの言い伝えがある。この二つは陰と陽を意味している。男の人は坊さんで仏、女の人は巫女さんで神、それで神と仏で陰と陽になる。

仏と神が結びついて、龍の身体が三つに分かれたというのは、龍の力を今まで封印しておいて、事をなす今、一つになった。

次に神事を行って龍道を開くことによって、龍の気のエネルギーが通る道筋を作ったのである。龍の気のエネルギーが北斗七星の星にあたる場所と北極星のある場所を回り、循環することによって、風が起こり無限のエネルギーを作り出す。

印旛《いんば》沼《ぬま》の文字、場所、沼が二つあること、重要な二人、いろいろなものを積み重ねて考えていくと謎が解けてくる。

北の聖なる山の頂上では、二つの剣の舞によって鍾馗《しょうき》様が鉄塔に雷を落とすと、近くのダムや温泉から聖なる水が霧になって上空に舞い上がり通電しやすくなる。山の上と下で、金剛夜叉《こんごうやしゃ》様が起こす風のエネルギーと鍾馗《しょうき》様が起こす雷が循環して強大なエネルギーになり、ブラックプラズマが発生するのである。

北海道の北の聖なる山の頂上、千葉県の北斗七星の結界の地球が丸く見える丘、関西の参劔《みつるぎ》の結界の三ヵ所が重要な場所となる。

北の聖なる山が龍の頭で、千葉県の北斗七星の結界が龍の胴体、関西の参劔《みつるぎ》の結界が龍の尾となり、地球が丸く見える丘が龍の宝玉にあたる。

そして、最終局面では二人の重要な人物がその宝玉にあたる場所にいることになる。

弘法大師は宝玉の力を三つに分けた

龍の身体が三つに分かれた伝説は古くからあり、この伝説を作り上げたのは弘法大師である。この千葉県の北斗七星の結界に多くの光の民が一度に関わってきている。

吉祥天《きっしょうてん》、天神様、鍾馗《しょうき》様、金剛夜叉《こんごうやしゃ》様、平将門公、皐姫《さつきひめ》、弁財天、羅刹《らせつ》、虚空像菩薩《こくうぞうぼさつ》も関わっている。それがすべてこの印旛沼《いんばぬま》の伝説に関わっている。

現在、過去、未来を考えると、過去が京都・大阪、現在が東京・千葉、未来が北海道を示している。それが龍道になっていて、すべて北斗七星の形になっている。

印旛沼《いんばぬま》の伝説には、男の人の言い伝えと女の人の二つの言い伝えがある。男の人は毘沙門天《びしゃもんてん》で女の人が吉祥天《きっしょうてん》である。

平安時代、光の民がこの人類を未来には残さないと判断した時、弘法大師は「私に考えがあるので、もう一度チャンスをください」と光の民に交渉した。そして、弘法大師は、現在、過去、未来の一二〇〇年間にわたって壮大な人類救済計画を実施してきた。そして着々と準備を進め、二十三のうち二十一の偉業を成し遂げたのである。

千葉県の北斗七星の結界の地球が丸く見える丘が、龍の宝玉にあたる。

弘法大師、皐姫《さつきひめ》、菅原道真公の三人は法力を使った。この法力というのはその宝玉から出される力である。この宝玉の力を、ある時期が来るまで三つの力に分け、宝玉を地球が丸く見える丘に閉じ込めたのである。

「この地に住む人は良い人だが、神が認めない人々だから大龍王が龍神に彼らを助けることを許さなかった。しかし龍神はそれを無視して彼らを助けたので大龍王は怒り龍神の身体を三つに分けた」という伝説は宝玉の力を三つに分けたことを意味する。

光の民は、未来にそれらの暗号を解読し、しかるべき時に三つの宝玉の力をつなぎ合わせて使うというメッセージを受け取る資格者が現れるのを待っていたのである。

弘法大師は宝玉の力を三つに分け、その中に自分のエネルギーも閉じ込めた。

弘法大師のパワーを取り戻すためには、多くの人の正しい気が必要である。

それができれば弘法大師のパワーが戻り、宝玉の力を目覚めさせることができるのである。しかし、我々資格者が頑張って多くの人の正しい気を龍道に流さなければ宝玉の力は働かないのである。

北の聖なる山から気のエネルギーを千葉県の北斗七星の結界に送り込む

北の聖なる山である手稲山と千葉県我孫子《あびこ》市にまたがる手賀沼《てがぬま》を馬鹿羅《ばから》で解くと、手稲山には二人の神である天神と明神がいる。手稲山の「手」は、天神様である小泉太志命先生である。手稲山と手賀沼の両方に「手」がある。

この二人の「手」をいなす「山」、「山」は「神」を表す。

すでに、我々は手賀沼《てがぬま》に龍の宝玉を納めている。地球が丸く見える丘がある銚子市の「銚子」は、儀式に使う酒や水をすくう長い柄が付いた柄杓《ひしゃく》を意味するという。

千葉県の北斗七星の結界を、柄杓《ひしゃく》の先から順に記すと、手賀沼《てがぬま》、妙見本宮千葉神社、印旛沼《いんばぬま》、龍ケ崎森林公園、成田山新勝寺、芝山仁王尊、銚子市の岬の突端にある地球が丸く見える丘である。

四つの結界とは、千葉県の北斗七星の結界、関西の参劔《みつるぎ》の結界、城をつなぐ北斗七星の結界、北海道の北斗七星の結界である。

北海道の北斗七星の結界は、すでに我々が回った場所をつなぐものであるが、その詳細は今後、検討していく。

過去、現在、未来の三つの力である蔵王権現《ざおうごんげん》の力で列島が守られる

これまでのさまざまな情報を基に、手稲山の頂上から発せられる龍の気のエネルギーを千葉県の北斗七星の結界につなぐと、次のようにまとめられる。

「手稲山にいる神が発する力は、手賀沼《てがぬま》の宝玉の力で導かれ、妙見本宮千葉神社の剣を持った妙見菩薩《みょうけんぼさつ》である鍾馗《しょうき》様のお力添えをいただき、その力を印旛沼《いんばぬま》で風神と雷神の力で無限のエネルギーに活性化し、護摩焚きの儀によりこの世の邪を浄化した、龍ケ崎森林公園を経由し、そのエネルギーは牛久《うしく》の大仏である天神様の力でさらに強められ、銚子の地球が丸く見える丘に流す。最終的にこの丘で過

去、現在、未来の三つの力である蔵王権現《ざおうごんげん》の力が発動される。この蔵王権現《ざおうごんげん》の力により、全国に張り巡らせた龍道が活性化することで、全国の四つの結界が作動し、この世の邪を封じ込めることになる。さらに、この蔵王権現《ざおうごんげん》の力は、全国の二十一の聖なる山の上空にブラックプラズマを発生させ、五次元の扉を開くとともに、ブラックプラズマは列島全体に広がり、太陽フレアの脅威から日本は守られる」こととなる。

北斗七星の結界を解きエネルギーを放出させる

光明は、千葉県我孫子《あびこ》市の手賀沼《てがぬま》に宝玉を沈めた理由を馬鹿羅《ばから》で解いた。中国では我孫子《あびこ》は人を侮辱するときに使う言葉だそうだ。

我孫子《あびこ》の手賀沼《てがぬま》に宝玉を納めた理由は、昔、ここに住んでいる人々は将来選ばれないし、五次元にも行けない人の集まりであり、いずれこの世からも消失させられる運命であったためである。その時、弘法大師が光の民に「少し待ってください」と声をかけ、この地の人々を目覚めさせるために、こういうことを成し遂げ、こうやって先に進めるようにしてもらえませんかとお願いして契約を交わした。印旛沼《いんばぬま》の龍神伝説は、弘法大師と光の民の大日如来などの最高神との話し合いを意味していると思われる。

実は、後に光明に入ってきたメッセージで判明したことだが、弘法大師が光の民に「少し待ってください」と声をかけて交渉したのは、我孫子《あびこ》の地という狭い地域の人たちだけを対象としたものではなく、実は、関東全域の人たちを対象にしたものであった。

手賀沼《てがぬま》を守る神は弁財天

手賀沼《てがぬま》の隣に湘南という道の駅がある。

弁財天が手賀沼《てがぬま》を守っている。

過去にあった、神々と人々に起こった出来事や歴史が重なって、千葉県の北斗七星の結果の場所は、それらが凝縮された場所なのである。

これから、我々が千葉県の北斗七星の結界のさまざまな神事を行う理由は、全国にある、今まで厳重に守られてきた結界を解いていき、全国に網羅されている龍のエネルギーラインをつないで龍道を強化するためである。

我々が全国の結界の地を訪れて、その結界の回路のスイッチを押す作業を行っているのである。

牛久《うしく》の大仏は鍾馗《しょうき》様

光明は、牛久《うしく》の大仏がある場所の駐車場に車を止めている時、牛久《うしく》の大仏に関するメッセージを受け取った。

光明が小さい頃、仏像を手放さないため、親からよく怒られていた理由や、光の民からの「大仏は、今は座っているが、未来にあることが起こる時に大仏は立ち上がる」というメッセージを受けた理由も分かったのである。

牛久の大仏は阿弥陀如来《あみだにょらい》であり鍾馗《しょうき》様であった。

牛久の大仏の頭には避雷針が一本ついている。これは角が一本あるということであり、角が一本あるのは鍾馗《しょうき》様である。

仏様が立ち上がるということは、「龍」という漢字は「たつ」と読むことと関係がある。

十四．関西の結界

関西の参劔《みつるぎ》の結界の強化

磯部の天之《あまの》八衢《やちまた》神社は小泉太志命先生の剣の先、勝尾《かつお》寺は剣の峰、奈良県名張市の青蓮寺《しょうれんじ》湖と比奈《ひな》知《ち》湖は刀身を意味する。

生き神、明神であった小泉太志命先生は、現在、大白龍王となりて、北海道札幌市にある山の頂上の神社から日本を守っていらっしゃる。

小泉太志命先生は、生前、昭和四十年生まれの霊能者九名を連れ立って、数回にわたり勝尾寺に行き剣祓いで魔を払いのけた。

これも我々に対するメッセージであった。

それは昭和四十年生まれの人がこの結界に気づくこと。光明は昭和四十年生まれである。九人の九は人の持つ最大の力を意味することから、人の手でそれを行うこと。つまり最後の締めくくりは明神がやることを意味する。

それらを全部伝えるために、昭和四十年生まれの人を九人連れてきたのである。そのことに気がつくようにして物事が動くようにしたのである。

青蓮寺《しょうれんじ》湖と比奈知《ひなち》湖での神事

我々が勝尾寺に調査に行った後、光明の携帯のナビに青蓮寺《しょうれんじ》湖と比奈知《ひなち》湖と近くの神屋が勝手に写った。これはこの湖で神事を行えというメッセージである。

青蓮寺《しょうれんじ》湖と比奈知《ひなち》湖の間に位置する神屋の神社で宝玉納めの儀を行った。

鍾馗《しょうき》様が宿る剣と金剛夜叉《こんごうやしゃ》様が宿る剣の二刀流で剣祓いを行い、二つの剣が一つの剣となり、未来に向けて効力を発揮する剣が完成した。

白虎が、蛇田《あぶた》神社で霊的にいただいた龍の卵を光明の龍神号に乗せて湖に奉納し、金剛夜叉《こんごうやしゃ》様の顔は三つあり、それぞれの目の数（三つ、五つ、三つ）に卵を分けてそれぞれの湖に奉納した。

さらに蛇田《あぶた》神社でいただいた二つの石を一対の勾玉として湖に一つずつ納めた。

そこでは最後の力である四の力を使う。

その力は金剛夜叉《こんごうやしゃ》様の力であり、鬼の力であり、風神の力である。

この関西の参劔《みつるぎ》の結界の意味は、しかるべき時が来ると関西の大都市の魔をそこに封じ込めて外には出さない役割を持つということである。

小泉太志命先生から神事についてのお言葉

小泉太志命先生は、光明に「二つの勾玉、神事、勝尾寺でお守りのすべての力を勾玉に入れる。それを持ち歩くように宮司に伝えなさい」とおっしゃった。その勾玉を福島県会津美里町の十一面観音（中田観音）にお持ちして、その強力な勾玉の力が暴走しないように、その力を抑えていただくようにお願いした。

勝尾寺の馬鹿羅《ばから》

勝尾寺を馬鹿羅《ばから》で解いた。勝尾寺の丘の上に弥勒菩薩《みろくぼさつ》が祀られている。寺の境内にまず不動明王がいて、その横に水の中に入った仏がいる。仏の真ん中に赤い六角のお堂がある。

光明は、不動明王が鬼族で、水の中に入っている仏は虚空蔵菩薩《こくうぞうぼさつ》であると言う。赤い六角の堂は、弘法大師が高野山で最初に建てたといわれる大日堂である。あの赤い六角の建物と同じ建物が山の丘の二つの仏像の後ろにあった。

それは、二つの力を司るものは光の民であり、大日如来が祀られている大日堂だということを意味する。

弥勒菩薩《みろくぼさつ》の画像と重ね合わせると意味が分かる。

虚空像菩薩《こくうぞうぼさつ》の後ろにある堂には名前がついていない。扉もないし玉ねぎ形の穴が開いている。その堂に祀られている仏は布袋である。布袋が自分の身体を脱ぎ捨て、玉ねぎみたいな入口から御霊となって出て、それが丘の上で弥勒菩薩《みろくぼさつ》になったと考えられる。

そしてその弥勒菩薩の頭の王冠の左の方から、つくしみたいなのが出て開いている。

虚空蔵菩薩《こくうぞうぼさつ》の左の肩の上に、つくしみたいな蕾《つぼみ》の様な光が写っている。つまり、虚空蔵菩薩《こくうぞうぼさつ》の実が開いている所は、中に光がこうこうと照らされていたということである。あれは蓮の葉である。

蓮の葉が意味することは、そこに釈迦如来が乗るということで、未来がそこで分かるということである。それが一つ。

そして、ここに虚空蔵菩薩《こくうぞうぼさつ》があって、弥勒菩薩《みろくぼさつ》の足元に石が積み上げられている。これは虚空蔵菩薩《こくうぞうぼさつ》が賽の河原の石を弥勒菩薩《みろくぼさつ》に手渡したということである。

弥勒菩薩《みろくぼさつ》が賽の河原の石を持っている理由は、虚空蔵菩薩《こくうぞうぼさつ》から、賽の河原の石を預かったのが、賽の河原の番人である布袋だからである。

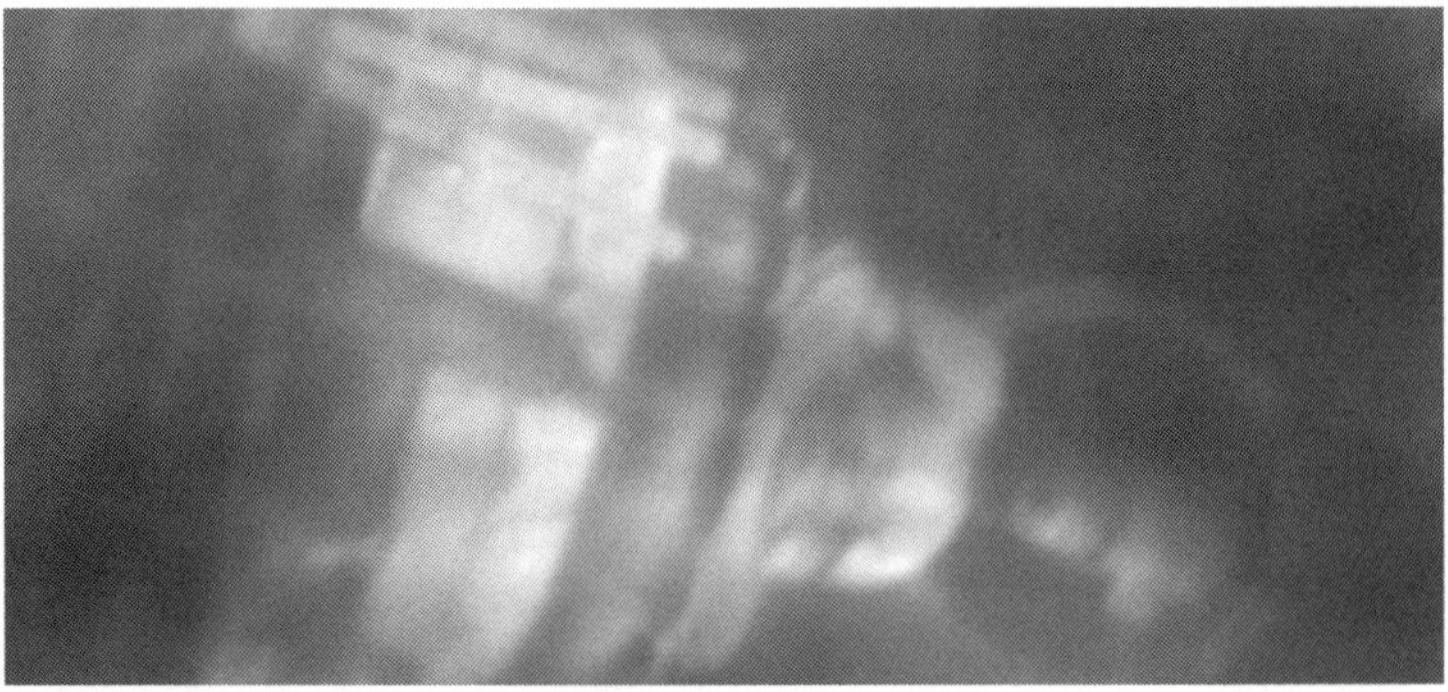

ポケットの中で写った横になった弥勒菩薩

賽の河原の未来は子供たちの未来を意味する。

丘の上の弥勒菩薩《みろくぼさつ》は、北の聖なる山の方向を向いている。

弥勒菩薩《みろくぼさつ》の冠《かんむり》の左側につくしみたいな蕾が出ているということは、北の聖なる山の大白龍王を祀るお堂の左側の広場で、宇宙からなんらかの受け入れが行われることを示す。

勝尾寺の丘の上に堂があって、そこに神木のかけらが奉納されている。弘法大師が、高野山で錫《しゃく》杖《じょう》を突き立てた時、そこに大きな木が伸びてきた。大師は、その木を宇宙との通信に使ったという。

その神木は、その宇宙との交信に使った木だという。

小泉太志命先生が残した暗号を解く

小泉太志命先生は、九人の昭和四十年生まれの霊能者を連れてきて、剣を振る神事を何度も行った。最後に行った時に「よし、もう分かった！」とおっしゃった。それは小泉太志命先生が、最後にお勤めする場所が、北の聖なる山であることが分かったからである。

光明も他の霊能者と同じ昭和四十年生まれで、九人の霊能者の九という数字が光明に対するメッセージであった。九というのは人が持つ最高の力を表す。それは人の最高の力のプロジェクトで暗号を解明し、北の聖なる山の右側に受け入れの場所ができるという意味である。

そこにできる五次元の扉を通れるのは、ほんのわずかな人たちだけである。光明は、そこに大勢の人間が押し寄せてパニックになり、ゲートが閉じてしまうことが予想されるので注意しなさいという忠告を受けている。

また、人々が正しい方向に進まないと、この三次元世界の未来は大変厳しい状況になるというメッセージも受けている。

三、五、七の力

小泉太志命先生は、弥勒菩薩《みろくぼさつ》を祀る勝尾寺で剣を振り神事を行った。

勝尾寺《かつおじ》が三で弥勒菩薩《みろくぼさつ》の力、熱田神宮が五で五神の力。千葉と東京の北斗七星の結界が七の力。それで七五三となる。

我々の世は、三次元から五次元へ、五次元の光の民の世界の一部は七次元へと次元上昇することを示す。

熱田神宮では弘法大師の木があるので、その木の下で神事を行う必要がある。

黒獄《くろだけ》で明神名のりをする

二つで一対になっている勾玉を用意し、虻田《あぶた》神社から二つの石をいただいてきた。

奈良県の比奈知《ひなち》湖と三重県の青蓮寺《しょうれんじ》湖で神事を行い、真剣の脇差しに金剛夜叉《こんごうやしゃ》様の魂入れを行った。

また、この二つの湖での神事には、今後、関西で起きる天変地異の被害を少なくするように光の民にお願いする目的もあった。

それぞれの湖に金剛夜叉《こんごうやしゃ》様の目の数と同じ数の卵を奉納した。

虻田《あぶた》神社でいただいた石を勾玉の代わりとして、それぞれの湖に一つずつ納めた。次に、その二つが一対になっている勾玉と鍾馗《しょうき》様と金剛夜叉《こんごうやしゃ》様が宿る二本の真剣を持って、黒獄《くろだけ》の頂上で明神名のりを行った。

剣納めの儀

三重県の比奈知《ひなち》湖と青蓮寺《しょうれんじ》湖の近くの神屋の公民館で、一般公開で剣納めの儀を行った。そこでは小泉太志命先生、現在は大白龍王の力を使って剣に御霊入れを行った。その剣の力を持って参峰《みつみね》と名のる。

小泉太志命先生は「私は自分のことを参劔《みつるぎ》と名のった。もう一人は参峰《みつみね》なのだ。山の参劔《みつるぎ》と参峰《みつみね》がそろうことで雷神と風神の力が強くなるのだよ。剣で裁く裁きがあれば抑えもする。三つで裁けば三つで抑える。参峰《みつみね》がいれば参劔《みつるぎ》もいる。それで陰と陽をなす」と光明に伝えた。

その後、十一面観音がお祀りしてある香川県の善通寺で神事を行い、勾玉が完成した。十一面観音は死者を作らない、鬼を作らないという観音である。

十一面観音は観音扉を預かっており、強い力を持ったこの勾玉を暴走しないように抑える神でもある。

この勾玉にはあまりにも強い力が入り込むため、十一面観音の力でそれを管理していただくようお願いする祝詞を唱える。そうすると、今まで持っていた多くのお守りの力がその勾玉の中に入り込む。

この勾玉の力を使う時が来たら、観音扉を開けて、十一面観音の力を用いて、勾玉の能力を開花させることになる。

十五．千葉県の北斗七星の結界

手賀沼《てがぬま》の弘法大師の三つの神社

手賀沼《てがぬま》の辺に弘法大師の所縁《ゆかり》の神社が三つある。

三つの龍の身体が割れた時の宝玉を、手賀沼《てがぬま》に持っていくように大師から言われ、手賀沼《てがぬま》で神事を行って宝玉を霊的に納めた。その意味を考えると、千葉の房総半島は龍の宝玉にあたる。

日本列島に南北に伸びる巨大な龍道に蓄えた気の力を、房総半島に集約させ力を溜め、しかるべき時が来たら、大阪と東京、名古屋に魔を封じ込めて一気に次元を上昇させ、この邪に満ちた三次元世界を元の光の民が望む世界に戻すことになる。

龍角寺にある国宝級の仏像

京都や奈良で国宝になっている阿弥陀如来《あみだにょらい》の仏像と同じ国宝級の仏像が龍角寺に多数あるという。

龍角寺は、平安時代頃には広い敷地に五重の塔や城もあった。その後、平将門公が龍角寺を拠点にした。

江戸時代には、徳川家康の影武者も龍角寺で寝泊まりをしていた。徳川家康の影武者は平家の血を引く裏天皇の安徳天皇の家系であり、龍角寺は先祖の拠点であったという。

これらの龍角寺の国宝級の仏像が、粗末に扱われること自体おかしなことである。

平将門公は怨霊とされているが、実はそれはフェイクであり、平将門公が表舞台には出ないようにしていたのである。

芝山観音の近くの道の駅で「わらわは皐姫《さつきひめ》」

皐姫《さつきひめ》は、平将門公の娘として生まれた。彼女は善如龍王《ぜんにょりゅうおう》の生まれ変わりである。

千葉県の芝山に仁王堂があり、そこに前方後円墳がある。その上に芝山不動尊があり、そこに芝山観音が祀られている。芝山観音は善如龍王《ぜんにょりゅうおう》である。

光明が道の駅で、夜、トイレに行こうとした時、キツネの面を被り巫女の姿の女性が光明の前に現れて「わらわは皐姫《さつきひめ》」と名のった。

光明が、芝山観音の近くの道の駅のトイレに行くと、トイレの電気が消えて、勝手に水が流れ、光明は「やだな」と思った。

トイレを出て公衆電話の前を通ると、その公衆電話が鳴った。誰もいなかったので電話に出て、「もしもし」と言うと「わらわは……」と聞こえた。光明は怖くなり、すぐそこから逃げるようにして立ち去った。

夜空を見ると明るい星があった。その星を見ると、その星だけが大きく動いた。その頃はまだ星が動くことを知らなかったので、「あれ？　星が動いている」と思った。

平将門公の娘、皐姫《さつきひめ》

平将門公は、千葉県の龍角寺を拠点として、東の凶を作り独立しようとしていたが、朝廷側によって討伐された。

龍の身体が頭、腹部、尾の三つに分かれたという伝説は、平将門公のことを物語っている。

平将門公には皐姫《さつきひめ》という娘がいた。彼女は善如龍王《ぜんにょりゅうおう》の生まれ変わりである。彼女は父の意志を継いで龍角寺に立てこもって最後まで朝廷側と交戦した。

皐姫《さつきひめ》は、瞬時に別の場所に移動するなどの法力を使うことができ、夜叉姫《やしゃひめ》とも呼ばれていた。彼女は、法力で傷や病を治すこともできたという。

龍ケ崎森林公園で護摩を焚いた場所は、皐姫《さつきひめ》と従者が立てこもった城跡であった。

龍ケ崎の龍の伝説は皐姫《さつきひめ》を表している。従って千葉県の龍伝説と平将門の呪い、平家の歴史が一本の糸でつながっているのである。

龍ケ崎森林公園で護摩を焚いたとき、撮影した動画に不思議な映像が数多く残っていた。

背の高い恰幅のよい軍将のような坊さんが映り込んでいたが、これは平将門公である。

さらに、この場所で四枚重なっている写真が撮れた。これは、時空が歪んで、四つの時空が重なったことを示していると思われる。

護摩焚きの炎が火の鳥のように映っていた。これは飛龍を表す。

皐姫《さつきひめ》は夜叉姫《やしゃひめ》ともいわれ飛龍の力を使った。

光明は、以前この場所でリトルグレイに襲われ、光の民に助けられたことがある。この辺には次元の裂け目があるのであろう。

平将門公の怨霊伝説の真実

鍾馗《しょうき》様からメッセージがあった。

千葉県で、北斗七星と北極星の神社などを調査した意味が、次のメッセージに込められている。

平将門公の怨霊を鎮めるため東京に七つの北斗七星の神社を作ったが、それは表向きの理由であって、本当の理由は、その時代から見て、未来になすべきことを見すえて、これらの神社を作ったのである。

菅原道真公は、明神として人々の前に救世主として生まれた。しかし禁断の果実を齧《かじ》り欲にまみれた人々が、救世主を拒絶し、悲惨な状況を作り上げて彼を追い出した。

多分、これらの神社を作ったのは平清盛公である。

平清盛公は、帝釈天の生まれ変わりであり、平安時代にすべての神仏が協力して、大都市にすべての魔を封じ込め一掃して、次元を上昇させることを考えていた。

次に現れたのが平将門公で、平将門公も菅原道真公と同様に、光の民に導かれて事を成した。京都というのは「強十《きょうと》」であり、その京都が禁断の果実に冒され魔に襲われた。そのため魔を集める三次元世界を作り、その魔を封じ込める必要があったのである。

実は、その場所とは東京であった。京都は「強十」と書くから「強い神の都」と言う意味となる。東京は「十凶」であるから「魔の都」なのである。

平将門公は、その東京にすべての魔を集めるために町を作ろうとした。ところが、それが朝廷から謀反と見なされ討伐されるに至った。それが、平将門公が亡くなった後に怨霊伝説となったのである。

崇徳天皇「我は時を越えて始まりの力となり未来に降臨する」

日本の中心を京都から東京に移そうとした理由は、日本列島の平将門公に所縁《ゆかり》がある東京の七つの神社の辺りが、龍の宝玉の位置にあたるからである。そこの宝玉の力を持ってすべての魔を封じ込めようとしたが、邪なる人間が邪魔して結局失敗したのである。

平将門公の死後、崇徳天皇が現れた。平安時代の終わり頃、崇徳天皇は神仏最後の使者としてこの世に送り込まれる。しかし、崇徳天皇も有望であったが、裏切りや欲にまみれた周囲の人間に明神の位置を降ろされる。それが怨霊となって天狗に姿を変えたという。

崇徳天皇が最後に言った言葉が、「我は時を越えて始まりの力となり未来に降臨する」である。

我々のプロジェクトが今進んでいるが、最初の力は高尾山の天狗の力から始まっている。

今、まさに崇徳天皇が言ったとおりのことが進行中なのである。

天界の三人の長老の力

菅原道真公、平将門公、崇徳天皇の三人が、天界の三人の長老の力を持った。

この三人は、長い間この地球を見ている光の民の三柱である。

そして、彼らには明神として世に現れる理由があった。それは三柱の力が三種の神器の力であるからである。しかし三種の神器を未来に遣《つか》わして、この世を浄化させるためには、人がその三種の神器を扱わなければならない。そのため、光の民の三柱は、自らが地上に人として降り立ち、その三種の神器を扱うことになったのである。

神として世に現れた彼らの血筋は、平家の裏天皇の血筋である。平家の裏天皇は一般に紛れた血筋であり、今は誰が裏天皇の血筋であるかは分からない。

彼らのもとに集まった五神の資格者は、皆、裏天皇の血筋であるという。

資格者たちは強い力を持って集まることになっている。彼らがそれらの力を使うためには、多くの人々と力を合わせなければならない。

本来、菅原道真公、平将門公、崇徳天皇の三人を祀って、みんなが「ありがとうございます」と手を合わせなければならなかったのであるが、周囲の人々は彼らを粗末に扱った。後に、人々はそれを苦に思い、彼らを神として七つの神社にお祀りした。

平将門公にゆかりを持つ東京の七つの神社は、神田明神、鳥越《とりごえ》神社、将門の首塚、筑土八幡《つくどはちまん》神社、兜《かぶと》神社、鎧《よろい》神社、水稲荷《みずいなり》神社である。北斗七星を信仰する北辰信仰の神社が鳥越《とりごえ》神社である。

大都会に魔を封じ込め邪なる魂を一掃する

千葉県の印旛沼《いんばぬま》の伝説では、龍の身体が三つに分かれた。そのそれぞれが菅原道真公と平将門公と崇徳天皇の三つの力であり、これは三種の神器の力でもある。

この分かれた三つの力を一つにすると、人々を次の未来に導く大きな力となる。

これらの東京の七つの神社には、その三柱の神の怒りを鎮める何かが祀られている。しかし誰もその意味を分かってない。

光明はそれらの神社を訪ねて調べ、隠された秘密を馬鹿羅《ばから》で解き明かした。そして我々が行った千葉県の北斗七星の神社は鏡面反転すると、東京の七つの神社に対応している。

印旛沼《いんばぬま》では、龍が三つに分かれた伝説があった。それぞれの七ヵ所を結んで北斗七星を割り出した。東京と千葉の二つの北斗七星の結界を解放することで、今の世を禁断の果実を齧《かじ》る前の世界、つまり、光の民の意志によって正しい進化を遂げている時代の空間にもう一度、戻す必要があるからである。

千葉県の北斗七星の結界の神業はすでに終わり、次に東京の平将門に所縁《ゆかり》がある七つの神社を回った。

牛久《うしく》の大仏が阿弥陀如来《あみだにょらい》であり北極星にあたる。

光明に「禁断の果実を齧って魔女になった王の妹は、兄である王を人質に取って立てこもる」というメッセージが入ってきた。東京の北極星にあたるのが皇居である。東京に魔を封じ込め一気に邪を払うということである。その意味は小泉太志命先生の神事にも関わっている。

東京の平将門公に所縁《ゆかり》がある七つの神社は、関西の龍道の結界と千葉県の北斗七星の結界と連動しているのである。

剣納めの儀を行い、次元を上昇させる

関西の龍道の結界では、小泉太志命先生は、弥勒菩薩《みろくぼさつ》がお祀りしてある勝尾寺と神武参劔道場《じんむさんけんどうじょう》で剣を振った。

神武参劔道場《じんむさんけんどうじょう》が龍の頭で、勝尾寺が龍の尾であり、この二ヵ所を結ぶ中間にある比奈知《ひなち》湖と青蓮寺《しょうれんじ》湖が龍の胴体、この二つの湖の近くの神屋地区が龍の宝玉にあたるのである。

千葉県の北斗七星の結界では、すでに弘法大師が準備をしており、神事をすることで効力を発揮する。それがどういう言葉に変わるかというと、参劔《みつるぎ》という言葉になる。

参劔《みつるぎ》とは、小泉太志命先生である。参劔《みつるぎ》の言葉の意味は、千葉県の北斗七星の結界の七と参劔《みつるぎ》が剣を振った関西の龍道の結界の三があって七、三であり、三、五、七の七五三になるには五が足りない。

そうすると五はどこにあるのか。小泉太志命先生はこれをきちんと伝えている。小泉太志命先生は参劔《みつるぎ》という言葉の中に、もう一つの謎の答えを我々に教えている。剣納めの儀を行わないと参劔《みつるぎ》には

ならない。つまり、五の数字が意味する場所で剣納めの儀を行う必要がある。この五の数字が意味する場所とは、名古屋の熱田神宮である。なぜかというと、そこには五神が祀られているからである。

熱田神宮で剣納めの儀を行うことで、初めて三、五、七、つまり七五三となり、大阪と名古屋と東京の大都市にすべての魔を封じ込め一気に一掃して、次元を上昇させるという意味が完成するのである。

熱田神宮での剣納めの儀も終了した。

鍾馗《しょうき》様は「都会には何がある？　都会は、人の欲が蠢《うごめ》いて、決して自然に優しくない場所だ。自然を壊して道路や建物を作るということは、邪なる魂を持った輩《やから》が集まる場所だ。だから都会は邪なる魂を一掃するにはよい場所なのだ」と言う。

神仏は、まだ人の数が少なく被害が少ない平安時代から数百年の間に邪なる魂を一掃し、次元上昇を終わらせようとしていた。それを実行しようとしていたのが菅原道真公、平将門公、崇徳天皇の三人であった。もし邪なる者たちが彼らの邪魔をしなければ、光の民が望む世にするという計画が終わっているはずだったが、上手くいかずに現在まで延びてしまったのである。

十六．光の民から教わった真実の歴史

源義経

大師は「平安時代、当時世の人々が貧しさで苦しんでいたのに、貴族たちはどこ吹く風であった」と言う。その当時の平家は二つに割れていて、片方の平家の人たちは、民が苦しかろうが自分たちは贅沢三昧をして、民衆からよく思われていなかった。一方、本当に世を立て直そうという人たちもいた。それが安徳天皇の一族であり、日本の行く末を考え民のことを考える人たちであった。

平家の人たちの中には、光の民から証《あかし》をいただき、メッセージを受けている血筋があり、その一派は北極星をお祀りする北辰信仰であった。その平家の人たちはやがて東北の地に追いやられた。光の民から証《あかし》をもらっている平家の人たちが、邪に飲み込まれた人たちだけを成敗していった源義経を守っていたと考えられる。

結局、その平家の人たちの力添えで、源義経は東北の十和田湖付近に逃げた。その後の源義経の消息は途絶えているが、北海道の日本海側の地に逃げたという。どうもこれらの一連の出来事には、十和田湖付近が鍵になっているようである。

源義経が光の民から証《あかし》をいただき、北辰信仰である場合、もし追っ手が迫っていれば北海道に逃げるという道筋はごく自然である。源義経は弁慶とともに北海道に逃げたという。

北海道の江差町の祭りの十三の山車《だし》（神輿）の一つに弁慶が祀られている。これは弁慶を祀ることで、義経を祀ることを隠していると思われる。

平安時代に活躍した有名な陰陽師、安倍晴明も光の民から証《あかし》をもらった人であり、北極星をお祀りする北辰信仰を信じていた。

日本の歴史には、北辰信仰の平家である裏天皇の血筋が大きく関与しており、それは北辰信仰の平家とそうではない邪なる者たちとのせめぎ合い、あるいは戦いの歴史であったといえるのである。

北辰信仰の織田信長と明智光秀、徳川家康の影武者

菅原道真公、平将門公、崇徳天皇の三人がこの世に現れた後、歴史の舞台から平家が消え、その後、裏平家が歴史の表舞台に出てくることになる。それが平家の力を持った織田信長と明智光秀である。

この二人は、本当は親友であり、明智光秀は織田信長の相談役で仲が良かった。

しかし裏切りの血筋である豊臣秀吉が裏切るのである。織田信長と明智光秀は北辰信仰を広めようとしていたが、豊臣秀吉が邪魔に入った。

徳川家康は真田幸村との合戦で殺害され、この時、すでに織田信長と明智光秀が動いて徳川家康の影武者が用意されていた。家康の殺害後、家康の影武者と入れ替わっていたのである。

豊臣秀吉はその一部始終を見ていて、朝廷側にそのことを告げようとしていたが、事前に、織田信長と明智光秀が察知し、織田信長と明智光秀は、豊臣秀吉を呼びつけたのである。

その時、織田信長は秀吉に「其方は死にたいのか、それとも生きたいのか」と聞いた。豊臣秀吉は「死にたくない」と答えた。織田信長は「それなら我の言うとおりに動け。その代わり、其方に将軍として最高の人生を送らせてやる。ただしそれは其方の一代限りだ。其方の後は続くことはない」と伝えた。

織田信長はもともと欲がなく、バチカンでキリスト教を研究するために明智光秀は織田信長をバチカンに送り出した。その後、明智光秀は天海と名乗り別人となり、入れ替えた徳川家康の影武者と共に幕府を支えたのである。

徳川家康の影武者は江戸川区の弘法大師と縁がある寺がたくさん集まる土地で生まれ、平家の血筋を引く裏天皇の家系である。豊臣秀吉が天下を取っている間に北辰信仰を広める準備を着々と進めていた。そして彼は御三家である尾張、紀州、水戸を作り、これらの裏天皇の血筋を引く御三家が三種の神器を隠したのである。

天海は豊臣秀吉と三つの罪の契約を交わした。天海は豊臣秀吉に「今後其方は生きて行くのに、見ざる、聞かざる、言わざるを守るように」と伝えた。

日光東照宮にある「見ざる、聞かざる、言わざる」の三つの猿がそれを示す。

もともとあの山には猿はいなかったが、このフェイクを隠すために猿山にした。しかも日光東照宮の地下にはアルザルに通じる通路がある。日光東照宮を建立してこの秘密を隠したのである。

米国に負けるまで、徳川幕府は北辰信仰の光の民とつながっていた。それまでは日本は馬に乗り、馬車に乗り、正しい進化の道を歩んでいたが、西洋の文化が入って来て近代化の流れに変わっていった。しかしそれがいけなかった。つまり、禁断の果実による邪が渦巻く世に戻ってしまったからである。

今、高次元の光の民が一二〇〇年周期で戻ってきている

今、多くの高次元の光の民の部隊が一二〇〇年周期でこの三次元世界に戻ってきている。この重要な時期に、光の民は「ここにも、そこにも光の民がいることを感じ取れ」と言う。光の民が見え、光の民を感じ取れるようになるには、宇宙的なアンテナを張り巡らさないといけない。光の民は常に我々を観察し、力を与えようとしている。そういう目に見えないものを信じる気持ちを持たないと、光の民を見ることも感じることもできない。

鍾馗《しょうき》様は「一部の人間たちが、自分の身体を改造してコロニーを作って生き延びようとしているが、そんなことをしても生き延びられない。生き延びられるのであれば、震災があった時に死ぬ人などいないはずだろう。自然の猛威に人は無力であることに気づきなさい。我々光の民の力を借りなければ、人は次の世界には行けない。我々は気がついた人にしか力を与えられない。だから其方は、もっと必死に皆に光の民のメッセージを伝えなさい」と言う。

北辰信仰と戊辰《ぼしん》戦争の関係

これから述べることはすべて光の民からメッセージを受けた光明の見解である。

榎本武揚《えのもとたけあき》や土方歳三《ひじかたとしぞう》は、天皇陛下が日本の中心に戻ることを条件に、函館の五稜郭に立てこもった。その条件が満たされたら、少しだけ北辰信仰の未来図面を見せるという計画であった。榎本武揚《えのもとたけあき》が殺されなかったのは、よいポジションを与える代わりに、北辰信仰が今後どのように進んでいくかを教えることを求められたからである。

函館の五稜郭に立てこもり、北海道の聖地に天皇の権威を持ってきて、北海道に独立した国を作るという計画があったという。

北辰信仰の裏天皇の家系があって、北海道の北の聖地にある山が将来的に重要な場所になるため、そこに伊達藩を置いた。その後、その山の頂上から航空自衛隊が見張ることになった。榎本武揚《えのもとたけあき》は、時が来れば北の聖地にある山に光の民が降りることが分かったため、北海道の聖地に天皇陛下を連れてこようとしたのである。

北海道の北の聖地に権威を持ってこようとした天皇とは、平家の血を引く裏天皇であった。それを阻止しようとしたのは幕府側ではない。幕府の力は弱まっていた。その時からすでに米国の力が働いていた。米国の戦力がなかったら勝てなかった。そのため明治天皇が出てきた。それも、徳川をなくして天皇制に戻そうとする裏天皇側の計画であった。

ただしそれは天皇を中心としたものではなく、内閣が国を運営するということで進んで行った。そのように未来に向けてのシナリオができ上がっていた。

北の聖地の隣の新篠津村にケーキ屋があって、明治天皇と大正天皇が新篠津村に来ている。上皇も来てそのケーキ屋で一筆書いている。ところが光明が行った時には、その書いた書類と天皇のマークが付いいた書が全部なくなっていた。実は、天皇が新篠津村のケーキ屋に来たのはフェイクであり、本当は当別に来ていたのだ。北朝系の天皇が北の聖地に来るのはおかしなことである。
実は、天皇はすでに南朝系に入れ替わり、裏天皇の血筋になっているのである。

平清盛公の神社の坊さんの石像は平将門公

鍾馗《しょうき》様から「平清盛公の神社にある坊さんのような石像は、実は平将門公である。平将門公は千葉で非業の最期を迎えた。人々が神である平将門公をお祀りせずに、逆賊のように扱ったため、きちんと祀れないことになっていた。実は平清盛公の神社に内密に、平将門公を一緒にお祀りする形をとって怒りを鎮めた」という内容のメッセージをいただいた。

歴史上、何度かこの世を北辰信仰に戻す活動が行われてきた。それは、光の民の審判は一二〇〇年周期で行われ、その周期で光の民が地球に降り立った時にきちんと報告できなければ、良い結果が出ないからである。

光の民から良い結果をいただくためには、きちんと準備をして、「我々は正しい進化の道を歩んでいる」ということを光の民に伝えなければ、この三次元世界の存続が危うくなるのである。

三大怨霊は光の民の目的を秘密にするためのフェイク

崇徳天皇は毘沙門天《びしゃもんてん》を祀っていた。

菅原道真公、平将門公、崇徳天皇の三名は、自らが三つの呪いの話を作って三大怨霊であることを世間に流布した。それは自分たちが光の民の計画を実行している存在であることを秘密にするためであり、光の民の目的と彼らの真実の姿をこの先の世に伝えないようにするためである。

三大怨霊と言われる彼らは、次のターニングポイントが来るまで、祀られている場所に多くの人々が訪れて穢れずにその時を迎える必要があった。

そう考えると、平将門公が東京に魔を封じ込めようとしていたこと、幕末に北の聖地に天皇を頂点とする独立国家を作ろうとしていたこととすべてつながるのである。

これらの歴史の流れは、北辰信仰のもとに、日本が進んでいく必要があることを意味しているのである。

香川県に弘法大師が修復した満濃池《まんのういけ》がある。今昔物語に満濃池《まんのういけ》の龍について記載がある。また、岸辺には八大龍王の祠もある。

満濃池《まんのういけ》の岸辺にある神野神社の鳥居の前に二本の石柱があり、右の石柱の上には太陽が、左の石柱の上に半月が彫られている。普通はそのすぐ前方に鏡があるが、そこでは鳥居の奥の神殿に鏡がある。それは、「ここは未来に向けて扉を開けて進む地である」ことを意味する。

崇徳天皇は「自分は大天狗となって、天皇は民となり、民が天下を取るようにする」と語ったという。

十七．次元上昇

平安時代の弘法大師、桓武天皇、帝釈天《たいしゃくてん》の話し合い

平安時代には、時空のずれがあり、小規模なターニングポイントが訪れていた。光明は、平安時代に四人が集まって話し合いが行われているビジョンを見ていた。

一人は槍を持った青年、一人は桓武天皇、一人は弘法大師、一人は鎧を着た将軍のような方であった。この方は帝釈天《たいしゃくてん》であり、四人はこの世の邪を取り去り、この三次元世界を守る方法について話し合っていた。

ターニングポイントである現在、未来への扉を開けるためには天神様の力が必要である。天神様は人として生まれ、鬼と龍神と人の力を合わせ持つ力のある神で、天神様の式神である雷神の鍾馗《しょうき》様と風神の金剛夜叉《こんごうやしゃ》様の二人の門番の力で未来への扉を開けることができる。帝釈天《たいしゃくてん》は、この世に力を貸すために、この三次元に残ることを決意し、そのため時が来るまでに不動明王として残ったのである。

この重要な話し合いの場に居合わせた槍を持った青年は、天神様である菅原道真公の祖父、菅原清公《きよきみ》であった。この槍を持った青年はこの話し合いの内容を巻物として書き記《しる》して書庫に保管した。この話し合いの内容を書き記《しる》した巻物は玄武経典という。

その後、菅原道真公が人として生まれ、人間世界で悩んでいた頃、書庫にあった話し合いの内容を書き記した巻物を見つけ、自分が生まれた意味とやるべきことを理解したのである。

菅原道真公は弘法大師の計画を引き継いで、現代に向けたメッセージをその当時の朱雀の役割をもつ紫式部と協力して、昔話や歌にメッセージを込めて今の世に残したのである。

今、我々は正しい進化の道に進んでいるかが試される時期に来ている。

我々は、人間が作り出した現実に惑わされることなく、宇宙的にこの世界のあり方を考え、自らの魂のあり方を考え直さなければならない時期に来ている。

今が、まさにターニングポイントなのである。

菅原道真公は牛族と龍族との和平の子

これは光の民のメッセージをまとめたものである。

昔、伊勢の民である牛族と出雲の民である龍族の間で争いがあった。争いは収まったが決定的に和平を結ぶことはなかった。

余呉《よご》湖の天女の伝説では、天女が降りてきて人間との間に子供ができた。その子供が実は菅原道真公であり、牛族と龍族の間に生まれた和平の子供であった。ところが親族や周囲の愚かな人間が自分の血筋を守るため、さらに菅原道真公に対する妬みがあって、彼に対してひどい扱いをしたのである。

それに怒った光の民は、その愚かな人間たちに天罰を下した。国全体がなくなるほどの天の怒りに触れたのである。その怒りを鎮めるため菅原道真公を神として祀った。

それが天神様である。天神様は学問の神というより道徳の神であり、天の神、神の中の神である。人の悪行を罰する怖い神である。これからの世は天神様の力を借りて人々を導かなければならない。

今回の現世の邪を切り捨てる神事における菅原道真公の役割は、人の中に巣食う邪なる魂を切り捨てることである。穢《けが》れた魂を浄化するため、切り刻んで正しき魂のみを上の次元に上げるのが菅原道真公の力である。

光の民は正しい魂だけを望んでいる。次の未来につなげる遺伝子を残すために、上の次元に上がる魂に一点の曇りもあってはいけないのである。

皆が助け合って自然と調和して生きる世の中が、五次元の世界である。

この世は、自分だけがよければいいという考えの人が圧倒的に多い。人間の精神の進化が遅れているのである。

弘法大師は「この世には遺伝子の暴走のようなものがあるから、このまま進むと近い未来に大変なことになる。悪い遺伝子は正しい進化からずれてしまっており、そのまま放置しておくと進化が悪い方向にずれていってしまう。そのため、悪い遺伝子はなくしていく。良い遺伝子は、できるだけ残す」と言う。

菅原道真公は源氏と平家の和平の子供として生まれた

出雲族が平家、伊勢族が源氏だとすると、菅原道真公は源氏と平家の和平の子供として生まれた。

もう一ついえることは、平家の天皇家の流れから源氏の天皇家になってから、隠れて生き延びた平家の天皇家の血筋がある。その頂点にいる人が裏天皇である。

その意味では、菅原道真公は、天皇家と裏天皇の和平の子供でもあるともいえる。伊勢族の鬼族と出雲族の龍族、源氏と平家、天皇と裏天皇、三つの意味がある。

菅原道真公、天神様は第六の力を使う

羅刹女《らせつめ》は虚空蔵菩薩《こくうぞうぼさつ》であり、安徳天皇である。

虚空蔵菩薩《こくうぞうぼさつ》は賽の河原を守る光の仏でもある。

子供たちの未来を考える仏は、虚空蔵菩薩《こくうぞうぼさつ》ただ一体である。

羅刹女《らせつめ》の力は鬼の力で、もともとは龍族であったが、鬼となり人を裁くことになった。

それを光の民から諫《いさ》められ、子供を守る虚空蔵菩薩《こくうぞうぼさつ》になったのである。それが四の数字の意味であり、四が羅刹女《らせつめ》の力、虚空蔵菩薩《こくうぞうぼさつ》の力である。

天神様は、神の中の神、鬼と龍の力を使う鬼神であり、厳しい神である。六が天神様の力である。

不動明王も天神様ももともとは人であったので人間らしいところもあるが、人間の醜さを許さない

厳しい神である。過去に人を裁いたが、それは醜い人の魂が裁かれたのである。それが昔話になり、鬼は怖いといわれるようになった。

神の世界でも戦いがあった。

鬼である明王と菩薩が戦って菩薩が負けた。しかし、如来が出てきて、如来が明王すべてを打ち負かす。そして如来は、明王に、光の民の側について一緒に神々の創造をやっていこうと諫《いさ》めたのである。七次元の如来の代わりに、明王が人々のために尽くすという契約であったので、位の一番上が如来、次が明王、次が菩薩となった。

菅原道真公は天部の戦いの後、龍族と鬼族の和平の子供として、この世に人として生まれた。しかし親族や周囲の人間が神仏を軽んじ、彼を邪険《じゃけん》に扱った。それで邪なる魂の人たちは神の裁きを受けた。

その時、弘法大師が如来に、この世の人々の魂が良い方向に向かうようにするので、少しの間だけ様子を見てほしいとお願いした。そして、如来から若干の猶予が与えられたのである。

大師は、世の滅亡を防ぐため、一心に光の民からメッセージを受けて人々に働きかけたのである。

大師は、世の滅亡を防ぐために必要な二十三の事業に着手し、大師が天に昇りし大龍王になった後も、現在まで準備を進めてきた。

もし、大師の働きかけがなければ、菅原道真公が迫害を受けた時点で人類は完全に消滅していたのである。

平安時代から現在までの一二〇〇年にわたる弘法大師の壮大な計画

大師は一二〇〇年前の平安時代の世に生まれ、さまざまな光の民からのメッセージを受けて導かれ、龍神の力を借りて、その当時の資格者である白虎、玄武、朱雀などの協力を得て聖なるダムや温泉などの多くの事業を行った。天に昇りし大龍王の称号を得てからも、一二〇〇年の長きにわたってこの世の行く末を見守り続けてきたのである。

現在の資格者たちが壮大な光の民の計画を完遂できるように、時が来れば資格者が分かるように、全国各地の神社や寺などに暗号を隠し、各地に結界を張り巡らせた。

ターニングポイントである現在において、資格者がそれらの暗号を解き明かし、神事を行うことで龍道を解放し活性化する仕掛けを準備してきたのである。

弘法大師は二十三項目の事業のうち二十一項目を成し遂げた

弘法大師は一二〇〇年前の平安時代に、光の民に導かれ、未来のこの時代のビジョンを見て、この時代がターニングポイントになることを見抜いていた。そこでこの時代の多くの人々の魂を正しい方向へ導くために、平安時代から龍道を解放し活性化する準備を行い、二十三項目の事業のうち、すでに二十一項目を成し遂げた。

今、資格者たちは力を合わせて残りの二つの項目を達成しなければならない。

二〇二〇年夏頃に、光明は大師から「二十三項目の事業のうち十九の事業は順調に進んでいる。我々がついているから心配することはない。自信を持って進みなさい」とメッセージをいただいている。

弘法大師が成し遂げた二十三項目の事業

一．温泉の開設、整備。人々の魂を癒やし、自然龍である黒龍にエネルギーを与える。

二．四国八十八箇所巡りの設立。

三．ダムの修復と改築。

山の聖水をダムに貯めることでダムに龍神が宿った。それぞれの聖なるダムには異なる光の民が守っている。

四．備長炭の考案。

大師が一番悩んでいたのが、医療技術がほとんどない平安時代、苦しんで死を待つしかない人たちが弘法大師にすがってくることであった。備長炭は、それを解決するためのものである。

五．うどんの考案。

六．昔話の中に現代に向けたメッセージや秘密を隠した。

昔話の中に、馬鹿羅《ばから》で暗号を隠し、未来の資格者たちが、それを解くようにメッセージを残した。

七．究極の馬鹿羅《ばから》を暗号にして、神社や寺、地名、湖、山などに秘密を隠した。

八.　北斗七星を逆にした星の位置に、城や神社や寺を配置し、我々資格者がその意味を解き明かし、儀式を行うことで日本を守る龍道を活性させるようにした。

九.　神社で神と契約し、四神の資格者に協力してもらえるようにした。

十.　ダムや聖地にいる龍神や神が、その場所にいづらくなった場合の移動と解放の準備。

龍神や神は、光の民との契約により、その場所で役目を果たすことになっている。そのため、その場から自分の意思では外に出られない。

十一.ターニングポイントである現在、次の次元の扉を開けて正しい魂を持つ人々が通れるように、天神様と打ち合わせを行った。

十二.大白龍王の称号を得ている小泉太志命先生との打ち合わせ。

これは弘法大師が小泉太志命先生に、国民を導き、国を守ることをお願いし、同時に神の計画のため、敵を欺く情報をくださるよう、また、悪の芽を小泉太志命先生のところに引きつけ、邪を祓うようお願いした。

十三.未来において解明される秘密や、仏像の形や配置などを馬鹿羅《ばから》で隠した。

三種の神器を隠した場所などの重要な秘密を、資格者だけに分かるように馬鹿羅《ばから》で隠した。

十四.三種の神器を隠す。

物理的ではない三種の神器という宇宙的装置を各地の聖地に隠した。それを資格者が見つけ出し解放への導きの段取りをした。

十五.北海道の半月形の龍道。

半月が北辰信仰を祀ることを示す。北辰信仰の伊達正宗が、北海道の各地に次元上昇のためにその位置を割り出し、必要な宇宙的装置を隠すように、弘法大師が段取りを考えた。

十六．関東の北斗七星の結界。

これは一二〇〇年前、千葉県の印旛沼《いんばぬま》の伝説に基づき、北斗七星と北極星の位置に結界という宇宙的装置を隠し、これを開放することによって関東地方の未来の次元上昇の段取りを行った。

十七．関西の参劔《みつるぎ》の結界。

小泉太志命先生と協力のうえ、関西の参劔《みつるぎ》の結界を作り、この結界が他の結界の解放時に連動して次元を上昇させるように段取りを行った。

十八．しかるべき時と場所で五節の舞を行う準備。

これは吉祥天《きっしょうてん》なる北の守り神、北辰信仰の創造主である宇宙創造の神である妙見菩薩《みょうけんぼさつ》の五節の舞。一人は伴奏、四人が舞を踊りながら結界を解放し、エネルギーのスイッチを入れる舞を行う。この五節の舞により次元上昇の段取りがつく。

十九．メイクとコスプレで人々の魂を解放する場所を作る。

皆それぞれが、何かになりたいという願望を持つ。その場所には自由な世界があって、衣装係、メイク係、ヘアメイク係が自らの手で運営することでこれらが未来の力になり、その人たちの力の礎《いしずえ》になり、若者たちが生きていることを実感する。さまざまな解放が行われる場所を創造する。

二十．聖なるダムへの導き。

全国に八十ヵ所ほどの聖なるダムがある。ダムは祈りの場であり、人の魂を見抜く鏡の役割をする。ダムで人々の良い気の流れを作り、光の民はその気をエネルギーとして次元上昇の時に使う。

二十一．聖なる山の特定と神事のやり方の考案。

全国で二十一ヵ所の聖なる山を調査して見つけだす。しかるべき時に全国の結界がつながり機能する神事のやり方を考案した。

二十二．光の民からいただいた粗筋をもとにした小説とその映画化。

小説や映画など目で見て耳で聞いたものが自分の魂の本当の解放につながる。

二十三．未来を導く二人の子供。

この世に降りた救世主とメシアを見つけること。

これらは弘法大師が光の民から受けた約束事であり、弘法大師が苦労して築き上げた計画である。

太陽フレアと火山活動

光明は火山が噴火するビジョンを見た。

しかるべき時が来て、日本各地の結界が連動して作動することで、上空にブラックプラズマを発生させ、太陽フレアの脅威から列島を守るのである。その時は同時に火山活動が活発になり、いくつかの火山が噴火し、地上の多くは人が住める状態ではなくなるという。

光明は、ある聖なる山の溶岩の上を、手をつないでゆっくり登っていく二人の高齢の女性のビジョンを見た。

このようなことは決して起きてほしくはないが、光明は小泉太志命先生から「ここ数年でこれらの天変地異が起こり数年間続くかもしれない」というメッセージを受けている。

三種の神器の三つの心構え

光の民から、三種の神器の三つの心構えを教えていただいた。

三種の神器である、鏡、勾玉、草薙剣《くさなぎのつるぎ》は、未来の扉を開けるための霊的な装置であるが、未来の五次元の扉を通るための三つの心構えでもある。

一つ目、鏡。

鏡は真っ直ぐな澄んだ心や光の民に感謝する心を映し出し、五次元の扉を通れるかどうかが瞬時に判断される。この扉が開くと左右が合わせ鏡になっている。この合わせ鏡の意味は、相手を知り、己を知るという二つの心を持つことが鏡の意味であり、この二つの心を持って相手を見極め、己を知ることが大事だという。

二つ目、勾玉。

勾玉が二つで一対になっているのは、一つは神に対して感謝する心、もう一つは仏に対して感謝する心を意味し、陰と陽になっているからである。この二つの感謝する心があって、初めて神に対する儀式が成立する。本当は、勾玉を手に持って拝むのがよいという。

三つ目、草薙剣《くさなぎのつるぎ》。

剣は、迷わず真っ直ぐな気持ちを意味する。また、剣は不要なものは切り捨てる。自分に対しても他人に対しても厳しくあれという意味である。

不動明王の両刃の剣は、自分に対して心を切るのと、人に対しての心を切るという意味で、両刃になっているという。

不動明王は閻魔大王でもあり、閻魔大王の両刃の剣は、不動明王の両刃の剣と同様に、自分に対して厳しく、相手に対して厳しく、邪なる心を切り捨てるという意味だという。

人々に課された心のテーマ

これらの三種の神器の三つの心構えは、自分自身でたどり着かなければならない心のテーマである。

これから人の魂を導くには、剣のように鋭い心で接し、鏡に映し出される相手の心を読み取らないといけない。それと同時に己も強く戒めなければならない。

生まれてから、生きて死ぬまでの間に、自分がどういう生き方をしてきたかを自分自身に問うことが大事だという。

これらが、今の世の人々に課された心のテーマであるという。そして、それが分かる人だけが五次元の扉を通ることができる。

新しい未来の扉を開き人々を導く三種の神器の役割

弘法大師は、北の地の聖なるダムの亜空間に、この世界を新しい未来に導くために必要な三種の神器を隠した。

三種の神器とは、草薙剣《くさなぎのつるぎ》、勾玉、鏡であり、来たるべき新しい未来の扉を開く時に必要となる高次元の装置である。

この隠された三種の神器は、光の民である地下の亜空間に住むアルザルの民が管理してきた。

平安時代から一二〇〇年間、日本のある場所に三種の神器が隠され守られてきた。我々が受け取った亜空間に隠されていた三種の神器は、新しい未来の扉を開ける時、この三次元世界で作動するいわば「高次元の装置」と考えられる。

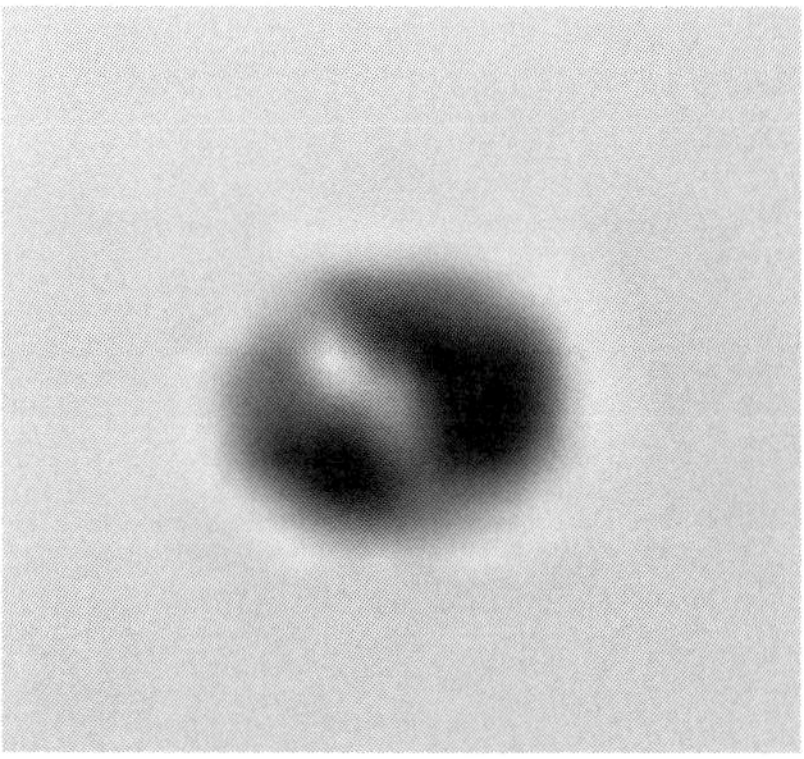

諏訪湖上空に現れた勾玉形のUFO

光の民からの導きにより、光の民から認証され式神が宿る車で、光の民が指定する場所で儀式を行うことにより「高次元の装置」である三種の神器を受け取り、作動させる準備を行った。

諏訪湖で三種の神器の白と黒の陰と陽の二つの勾玉を霊的に受け取り、次に、金山巨石群で草薙剣《くさなぎのつるぎ》であるアロンの杖を霊的に受け取り、旭岳の頂上で神事を行い霊的に納め、勾玉となる二つの石をいただいた。

次に支笏湖で一つの鏡を霊的に受け取り、十和田湖でもう一つの鏡を霊的に受け取った。これで三種の神器がすべてそろった。

三種の神器の勾玉は五次元の扉を開ける鍵となる。

そして三種の神器の鏡は、その人自身の魂を映し出し、その人が開いた五次元の扉を通ることができるか否かを瞬時に判断する装置である。

神事で使用する神が宿る二本の真剣は、一つは長刀であり鍾馗《しょうき》様が宿る剣、もう一つは脇差しであり、日本武尊《やまとたけるのみこと》が不動明王に預けた草薙剣《くさなぎのつるぎ》であり、その脇差しには金剛夜叉《こんごうやしゃ》様が宿っている。この二つの神が宿る剣は、次元に裂け目を入れて、新しい未来の五次元の扉を作りだす。

草薙の剣とアロンの杖との関係は少し複雑なので説明する必要があろう。

草薙剣《くさなぎのつるぎ》でもあるアロンの杖は、しかるべき時に聖なるダムで祈りを捧げた時に、正しき魂を持つ人の腰に巻きつく高次元のベルト型次元転移装置であり、また、高次元のエネルギー生命体でもある。

正しき魂を持つ人、それぞれにアロンの杖が事前に用意され、その人の腰に巻きついて五次元の扉に移動することとなる。逆に、正しき魂を持たない人にはアロンの杖が巻きつくことがないので五次元の扉に入ることができない。

五次元の扉の門番である鍾馗《しょうき》様が長刀を使い、金剛夜叉《こんごうやしゃ》様が草薙剣《くさなぎのつるぎ》を使い、協力して五次元の扉を開けるのであるが、その際、鍾馗《しょうき》様の手元に、高次元のベルト型次元転移装置である数多くのアロンの杖が集合し一本の剣となる。

この時に人の気と光の民の気が融合し五次元に移動できるようになるのである。

鍾馗《しょうき》様は、そのアロンの杖が集合し活性した剣を下に突き刺すと、一度集合したアロンの杖が分かれ、正しい魂を持つ人々の腰に巻きついて次元の扉が開き、正しい魂を持つ人々だけが五次元の扉に入ることができるという。

この時、上空には八本足の黒い巨大なタコのような光の民の飛行体があり、この足の吸盤が磁石のようにアロンの杖を腰に巻き付けた人をすくい上げて五次元の扉に移動させる。

今、我々資格者は光の民の使命により、次の新しい未来に向かって新たな扉を開けるため、この三種の神器を受け取り、光の民から指示された方法で神事を行い、光の民が指定する北海道の聖なる山、聖地、湖に、これらの三種の神器を納めた。草薙の剣（アロンの杖）は旭岳に納め、二つの勾玉は屈《くっ》斜路湖《しゃろこ》に納め、鏡の一つは北の聖地のダム湖に納め、もう一つの鏡は摩周湖に納めて設置が完了したのである。

今、我々は、光の民の命を受け、全国で八〇ヵ所ほどの聖なるダムを調査して見つけだした。これらのダムは時が来たときに三種の神器が発動するための人々の祈りの場となる。

この三種の神器が作動すると、次の機能も発揮されることになる。

一つは、これまで説明してきたように、五次元を切り出し、新しい未来の扉を作りだし、その入り口は正しい魂を持つ者だけが通れるようにする。

また、三種の神器の力は三人の光の民の長老の力であり、時が来たらそれぞれの力が資格者たちに入り込む。

一つは、弘法大師の鏡。この鏡は水晶の宝玉の力であり、それは未来を見通す力である。身体が動かなくなった資格者であり青龍である光明に入り込み、未来を読む力を与え、光明に情報が急激に入ってくるようになる。

一つは、沙加羅龍王《さからりゅうおう》の勾玉の力である。勾玉は二つあり、それぞれに異なる力がある。一つの力は小説であり、人に文章として伝える力、人々の魂を解く力であり黄龍に入り込む。

もう一つは映画であり、映像として伝える力、人々の魂を解く力であり白虎に入り込む。

一つは、帝釈天《たいしゃくてん》の剣さばきの力であり、人々の魂を裁き次元を切り裂く力となる。

三人の光の民が、これまで我々を見守ってこられたのも、これらの三種の神器の力があったからである。

三種の神器を司る三人の明神

光の民は、神が司った三つの力が三種の神器だと言う。

三種の神器は物質的な物ではなく、神しか扱うことができない霊的な物である。しかしこの世に散った霊的な三種の神器は人間が扱うことになる。

そのため、人間が三種の神器を使いこなせるように力の御霊入れをしなければならない。これは遠い未来のためでもある。

蔵王権現《ざおうごんげん》が現れて未来に導き、光の民の世界に戻していくであろうといわれている。三種の神器を司る三人の明神は菅原道真公、平将門公、崇徳天皇であり、これらの人はいずれも桓武天皇の子孫に当たる。

三次元の力と五次元の力

次の三次元世界に変わって、人々が三種の神器を扱うことができる体質に変わってくると、三種の神器は未来の人の力になるという。

一つの時代が終わり、邪に支配された集まりが日本を動かすかに思われた。しかしそこで武士の時代が来て、やがて織田信長という光の民から力を授かった英雄が現れ、豊臣秀吉などのよからぬ勢力を退けた。

三種の神器の三人の長老の力は、三次元では剣の力であり、北の柱に収まった毘沙門天《びしゃもんてん》と吉祥天《きっしょうてん》が一つになった姿である。妙見菩薩《みょうけんぼさつ》は剣を持っていて不動明王の御霊を持っている。これが一人の長老の力であり三次元の力である。

五次元の力は勾玉の力である。勾玉の力は「扉がつどいし観音菩薩の力」である。

「扉がつどいし」は、扉が閉まったり開いたりするという意味で観音扉の意味から、ここの仏はその言葉の如く観音菩薩が鍾馗《しょうき》様と羅刹女《らせつめ》菩薩である。

要するに鍾馗《しょうき》様と羅刹女《らせつめ》菩薩が一つになった仏が観音菩薩であるとい

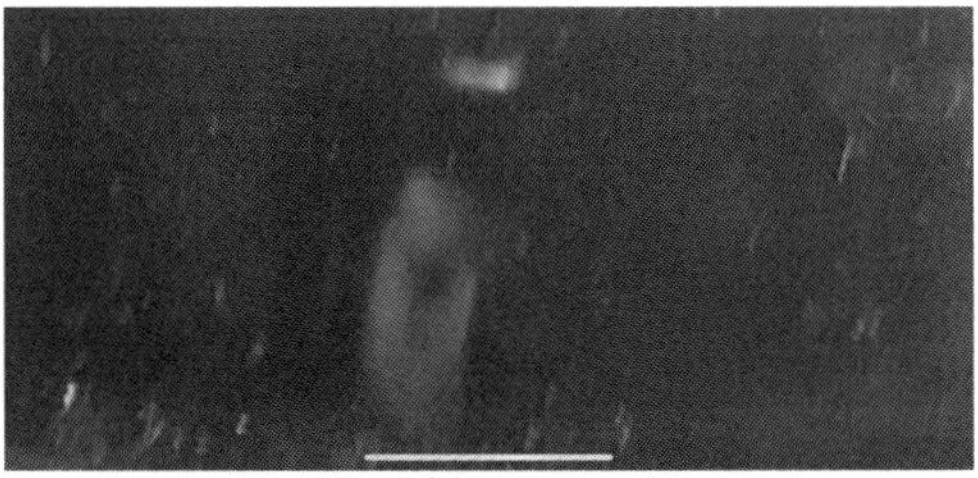

カーナビの画面に映った鍾馗《しょうき》様のお顔

う。

観音菩薩の五次元の力は、友愛、金剛の力、融合の力を示すという。

阿弥陀如来《あみだにょらい》と虚空蔵菩薩《こくうぞうぼさつ》

御霊が集まった虚空蔵菩薩《こくうぞうぼさつ》は安徳天皇として世に生まれた。

安徳天皇は母親と同じ人生を歩み、実子を亡くしてしまう。それ故に安徳天皇は世から受け入れられない障害のある子供たちを引き取り育てるが、障害のある子供たちは早死にしてしまう。

安徳天皇は、裏天皇の平家として、各地を冷たく蔑《さげす》まれ翻弄《ほんろう》する旅を余儀《よぎ》なくされ、弱い子供や弱い人々が虐待を受けている様子を見て鬼となり、人々を殺し始める。それを天で見ていた阿弥陀如来《あみだにょらい》が自分の奥様の失態を目にし、止めようとしたが時すでに遅く、光の民の罰を受けることになった。

そのため、阿弥陀如来《あみだにょらい》は自分の身分を返上し鍾馗《しょうき》様となり、人々により近い仏として生きて行くことを余儀なくされた。

その結果、賽の河原の門の右側には鍾馗《しょうき》様がいて、左側には布袋がいた。布袋は色々な仏の御霊を体に取り入れることができる仏で、この時、安徳天皇の心から鬼を取り除き、虚空蔵菩薩《こくうぞうぼさつ》に戻し、その鬼の御霊を金剛夜叉《こんごうやしゃ》として五次元の扉の門の左側に設置したのである。

龍ケ崎森林公園に表示してある「友愛」の文字は五次元の上昇の力を意味する。

布袋から弥勒菩薩《みろくぼさつ》になり、そして七次元の如来になった弥勒如来《みろくにょらい》が未来の世を治め、この力を光の愛、水、空気、自然、すべての安らぎの愛と無性の愛、この三つの愛をもって人々を導くものは弥勒《みろく》大師であるという。

これをすべて成し遂げて、人々を正しい方向に導く人が弥勒《みろく》大師である。

三人の長老が受け継ぐ力はこのような仏の力なのである。

鍾馗《しょうき》様と金剛夜叉《こんごうやしゃ》様は未来の扉の門番

雷神の鍾馗《しょうき》様と風神の金剛夜叉《こんごうやしゃ》様の説明をしておく必要がある。

愛染明王《あいぜんみょうおう》の頭部の冠には白狼《はくろう》が付いているが、鍾馗《しょうき》様は、天神様（菅原道真公）の式神であり、鬼より強い魔よけの剣を天神様から授かった。昼間は愛染明王《あいぜんみょうおう》の力を持つ白狼《はくろう》として存在し、夜は剣に宿っている。

鍾馗《しょうき》様は強い鬼の力を持つ神であり、天部の戦いで金剛夜叉《こんごうやしゃ》様と戦い、その時に左側の角が折られ、現在、角は左側の角一本である。

現在は、ともに光の民の世界に迎え入れられ、和解し盟友となっており、我々の世界を救うべく、光明に頻繁にメッセージを送っている。

光明が鍾馗《しょうき》様から受け取ったメッセージの一つに、昼間に自分が宿る白狼《はくろう》の身体を捨て、ある日本の車メーカーの赤色の軽自動車を式神として、指定した。このタイヤのアルミホイールは全体が白色で、ワンポイントで赤色が入る。この赤色は愛染明王《あいぜんみょうおう》の赤色を意味する。

光明がある時代劇のドラマを見ている時、その番組で鍾馗《しょうき》の舞が流れていたが、鍾馗《しょうき》様は、その映像の中にご自分の顔を映し出して、自分はこのような顔をしているというメッセージを送ってきた。その顔は額に心眼である目があり、三つの目を持ち、鼻筋が通った端正な顔立ちであった。

鍾馗《しょうき》様には、怖いイメージがあるが、結構気さくなお方であり、「周りの光の民と協力して何度もメッセージを送っているので、見落とさずに注意してメッセージを受け取るよう、心のアンテナを磨いておきなさい」と伝えてきた。

扉の門番は鍾馗《しょうき》様と金剛夜叉《こんごうやしゃ》様であるが、二人とも奥様がいてはならない。まず鍾馗《しょうき》様は、門番であるが奥様がいない。実は虚空蔵菩薩《こくうぞうぼさつ》が鍾馗《しょうき》様の奥様であったが、複雑な事情により別れて一人となって、門番をやらざるを得なくなった。門に入ると賽の河原であるが、賽の河原の門番は布袋で賽の河原を守っているのは虚空蔵菩薩《こくうぞうぼさつ》である。

鍾馗《しょうき》様は、もともと阿弥陀如来《あみだにょらい》という高い地位であったが、人類を救うため奥様であった虚空蔵《こくうぞう》菩薩《ぼさつ》と離れ、事情があって高い地位を捨てたのである。

金剛夜叉《こんごうやしゃ》様は、正直な方で冗談が通じない。性格は優しいが、道理に合わないことに対してものをはっきり言う人である。金剛夜叉《こんごうやしゃ》様はそういう性格なのである。

金剛夜叉《こんごうやしゃ》様は、天神様の式神であり、昼間は黄金色のテンとして存在し、夜は草薙剣《くさなぎのつるぎ》に宿る。顔が三つあり正面の顔に目が五つあり、左右の顔に目が三つあるのが特徴であり、天部の戦いで鍾馗《しょうき》様などと戦いを繰り広げた強い鬼の力を持つ光の民である。

金剛夜叉《こんごうやしゃ》様は、昼間に自分が宿る黄金色のテンの身体を捨て、モスグリーンの外車を、昼間に式神として宿る車として指定した。この車のタイヤのホイールの枠は銀色で、内部全体が金色である。この乗用車は正面から見ると四つのライトとエンブレムで五つ目に見えるのである。

我々のプロジェクトが成功すると世界は良い方向に変わる

光の民は「ドラゴンプロジェクトが成功すれば、この三次元世界の歪みは正常になり、未来の環境は著しく良い方向に変わっていく」という。

我々は、化石燃料や原子力に依存しているが、次の新しい三次元世界は、環境に優しい自然のエネルギーを使う世界になるという。

今、我々資格者が行っているプロジェクトが成功しても、すべての人が一度に次の高次元に移行できるわけではない。しかし何度か高次元に移行できるチャンスが与えられるという。

一部の人が次の高次元に移行すると、上昇した人が最初から存在しない、次の新しい三次元世界が用意されるという。

自然のエネルギーを使う世界が事前に用意されていて、今の三次元世界に移動した瞬間、新しい三次元世界では、そのような自然のエネルギーを使う世界になるという。

次の五次元に上昇する人と次の三次元世界に移る人

我々の行き先は、大きく分けると三つのパターンがある。

一つ目は、一部の人たちが次の五次元に上昇する。次の五次元に上昇できる人は正しい魂を持つ人であり、光の民の判定基準のハードルが高いため一部の人に限られる。

二つ目は、今の三次元世界が、すでに用意されている自然のエネルギーを使う次の世界である。この人々の割合は一番多くなると考えられる。

世界が一気に変わりリセットされ、この時には邪なる魂を持つ人はすでに排除されており、人殺しなどの凶悪事件はない。この世界では邪なる魂を持つ人の存在はすべて忘れ去られる。

次の三次元世界に残る人にも、五次元に上昇するチャンスは定期的に与えられる。

我々資格者によるプロジェクトが順調に実行され、この世界が環境に優しい自然のエネルギーを使う新しい三次元世界に昇華できれば、まずは我々のプロジェクトは成功である。

しかし、もし我々のプロジェクトが失敗したら、今の三次元世界は一瞬のうちにすべて消滅する。成功か失敗のどちらかしかないのである。チャンスは二度とない。失敗は絶対に許されないのである。

三つ目は、光の民から、邪なる魂に支配されていると判定された人が、この世界からも光の宇宙からも完全に消滅するということである。

その理由は、光の宇宙に邪なる魂が存在すると、近隣の宇宙にブラックホールが形成され、宇宙の大半が消滅してしまうからである。

つまり、邪なる魂はこの宇宙には存在してはいけないのである。光の民はこの判定を瞬時に行い、この邪なる魂はキューブの中に閉じ込められて暗黒の宇宙を永遠に彷徨うことになるという。

これらの近い将来起こり得る五次元上昇の現象を説明するヒントを鍾馗《しょうき》様からいただいたので紹介する。

鍾馗《しょうき》様から「例えば光の民の映像や写真を見せても、次の日には覚えていない人が結構いるだろう。光の民や光の飛行体の写真などを見せると、その時はすごいとみんな騒いでいるだろう。しかし、『この間の写真どうですか』と聞くと、『何のこと？　知らない』と完全に忘れてしまう人がいるだろう。そういう現象のことをいうのだ」と説明された。

五神である資格者たちは、もともと仏の魂を持って生まれてきているという。もう一回、上の世界に戻りなさいと言われない限り、また次の新しい三次元世界で同じように光の民の計画を実施することになるという。

十八．鍾馗《しょうき》様からのメッセージ

人はこの世でなすべき役割を持って生まれてくる

鍾馗《しょうき》様は、「人はこの世でなすべき役割を持って生まれてくるものであり、その役割に自らが気づいて、その役割をやり遂げることが人の義務である。風は目に見えない力、雷は目に見える力である。勇気一人に非ず」と言う。

この意味は仲間と協力して事をなせば、自ずと勇気が出てくるという意味に受け取れる。

鍾馗《しょうき》様は、「神、イエスは生まれた日が誕生日であるが、仏は死んだ時にお祝いがある。弘法大師もそうであった。神は生まれてから仕事が始まり、人は死んだ後に仕事が始まるという意味である。死んだ後にいかにたくさんの人たちに気心を残せるかという意味である。その証拠に、仏の馬鹿羅《ばから》は、人が死んだ後、無になり、そして無限の力を手にする。それはすなわち死んだ後に仏になる。だから歴史に残る人たちは、死んだ後に有名になり、人々の記憶に残り、永遠に言い伝えられる」と言う。

光明がフェリーの中でテレビを観ていたら、「十津川警部の事件簿」が映り、クリスマスの光景をやっていた。

そこでもう一つのメッセージが飛び込んできた。

新十津川という場所は北の聖地の山を越した場所にあるが、その隣に雨竜町があり、そこに秩父《ちっぷ》神社がある。しかし「秩父」は「ちちぶ」とは読まず「ちっぷ」と読む。この読み方はアイヌの読み方になる。その「ちっぷ」とはヒメマスのことで川や湖に生息している。

「秩父《ちっぷ》の魂」はあらゆる場所に存在し、妙見菩薩《みょうけんぼさつ》、創造主の力である。

たった今、いきなり十一時十一分に、切っていたテレビが勝手につき、映った番組名が「空海――天空の場所」であった。

この番組は、高野山の重要な場所を順番に回るという内容であり、光明がビックリしたのは、自分たちが高野山で回った順番に撮影されていたことである。我々は知らず知らずのうちに高野山を正しい順番に回されていたことになる。自分が疲れて座った場所も映った。僧侶たちの流し場も紹介されていた。その場所も自分が疲れて座った場所であった。

鍾馗《しょうき》様から「人が生まれたからには、一つは絶対に成し遂げなければならないことがある。そのために人は生まれるのだ」とメッセージをいただいた。

鍾馗《しょうき》様から「平常心を保て取り乱すな」

光明が車の運転中、二車線の道路で後ろから煽り運転を受けた。

思いっきりブレーキを踏んだら、横に並んで文句を言ってくるかと思ったら自分の顔を見てビックリして逃げて行った。

ここまではいつものパターンである。

今回は、追いかけようとした時、鼻の横がカッターで切られたような痛みを感じて、顔も服も血だらけになりビックリした。鏡で顔を見たら鼻の横がスッパリ切れていて、焦って顔を拭いたら、どこも切れていなかった。

その時車の助手席に乗っていた奥さんもビックリしていた。かまいたちのような現象だと思った。

そういえば、今日の朝のビジョンでは鍾馗《しょうき》様が出てきて、これから先は揉め事を起こしては駄目だと言われた。

鍾馗《しょうき》様から、「たとえ相手が悪くてもすべて不利になる。大概のことは我慢し平常心を保て。取り乱し、怒りに任せて動いては駄目だ」と言われたのを思い出した。

ある都市伝説のテレビ番組

「信じるか信じないかはあなた次第」と言う芸人が出演する「やりすぎ〇〇〇」という番組を録画していた。その芸人が、近い将来、人類が篩《ふるい》にかけられる時が来ると言っているが、一つだけ真実を言った。

それは「篩《ふるい》にかけられる時が来た時、皆を受け入れるだけの地下都市など日本にも世界にもないよ。その意味が分かる？」

その意味は、そこに入れるのは一部の人たちだけであり、もうすでに決まっているということである。一握りの人たちのために莫大な予算をかけて地下都市が作られ、その情報は一般に公表されない。

これは平等ではない。しかし光の民はみんな平等に見ており、すべての人にチャンスを与えている。

鍾馗《しょうき》様は、「人間が作った法律や規則は、こうやって見せたよな。駐車場のガードマンを思い出しなさい。三人で弥彦《やひこ》神社に行っただろ。その近くの博物館の駐車場に車を止めたとき、守衛が一台も車が止まっていないのに出て行けと言ったよな。例えば、もし、そこの駐車場が安全地帯で、外が火の海になっていて、外に子供が一人いたとする。お金を持っている人が安全地帯に入れて、お金がないからその子にその安全地帯に入るなと言っているのと同じことだろ。それが其方たちの法律や規則の愚かなところだ」と言う。

鍾馗《しょうき》様から「救世主とメシアは違う」

鍾馗《しょうき》様は、救世主とメシアは違うと言う。

鍾馗《しょうき》様は、「救世主は仏の言葉であるといい、それは今の世の中を救う人が救世主である。そしてメシアは神的な考えで、今の世の中を救う人ではなく、救った後の未来を見て、人々を誘うのがメシアである。従って、救う人と未来に人々を導く人の二人がいる。メシアは、救われた世の中の皆をまとめて未来に進む人である。最初に救世主が現れ仕事が終わり、一段落つくと、今度はメシアが引き継ぐのである。だから君たち資格者は救世主の仕事をしているのだよ」と言う。

将来、我々の仕事が一段落したら、次に、未来に進む救世主とメシアに役割をバトンタッチしなければならない。

次の未来の世を引き継ぐ救世主とメシアは、年代的に中高年ではなく、現在は子供である。

未来の扉とは何か?

未来の扉とは、時空の裂け目であり五次元に通じる入り口のことである。正しい魂と判断された者は肉体のままこの未来の扉を通ることができる。

五次元に通じるこの入り口は、菅原道真公が作った「通りゃんせ」の歌に出てくる「天神様の細道」の門である。この入り口の門には二枚の開き扉があり、門に向かって左側が鍾馗《しょうき》様、右側は金剛《こんごう》夜叉《やしゃ》様が門番をしている。

菅原道真公は、鬼の力と龍神の力を持って人として生まれ、天に上がって天神様となった、風神と雷神の力を使う位の高い神である。天神様の式神が雷神の鍾馗《しょうき》様と風神の金剛夜叉様である。

しかるべき時に、鍾馗様と金剛《こんごう》夜叉《やしゃ》様が宿る二本の真剣を用いて神事を行うと、時空に五次元に通じる裂け目ができ二枚の開き扉が開く。この二枚の開き扉の内側が合わせ鏡になっており、その左右の鏡はその入り口を通る人の魂を瞬時に映し出す。

そしてその鏡は、その入り口を通ることができるかどうかを瞬時に判別するのである。

正しい魂の人だけが通ることができる。

お金を払うからと言っても、何でもするからと言っても一切受けつけない、正しい魂でない人は一切通ることが許されないのである。

上空のブラックプラズマが日本を守る

最終的な局面で、未来への扉が開く場所では、金剛夜叉《こんごうやしゃ》様の風神の力で近隣の温泉から温泉水を水蒸気にして上空に大量に舞い上がらせ、鍾馗《しょうき》様の雷神の力によって山の上の鉄塔に雷を落とし、上空にブラックプラズマを発生させ、日本列島全域を守ることになる。

この時に同時に太陽フレアが発生し、宇宙が浄化され、新しい未来の空間に人々が移ることになる。しかし上空のブラックプラズマなしでは、人々はこの発生した太陽フレアに耐えることができないのである。ブラックプラズマが作り出された空間の中では、正しい魂を持つ人のみが、未来の扉を通り抜けることができる。

この未来の扉は、正しき魂を持つ人々だけが通ることができる五次元に通じる入り口であり、新しい未来に誘う聖なる山が日本の要所にある。

二十一ヵ所の聖なる山は、五次元の通路の門の入口に当たり、二十一は弘法大師の数字を示す。二十一の意味は、二は滅び、一が誕生、足して三次元になるという意味でもある。

すでに、この二十一の聖なる山を調査し特定した。

十九．七福神とプレアデスの光の民

未来に弥勒菩薩《みろくぼさつ》が現れ、寿老人《じゅろうじん》が未来の神となる

光明は、山口観音堂で、七福神の並びを見てそれを馬鹿羅《ばから》で解いた。

現在、過去、未来の並びを考えた時、未来の位置に布袋はいないが、現在の位置には布袋がいる。未来には弥勒菩薩《みろくぼさつ》が現れ、弥勒菩薩《みろくぼさつ》は人である。

弥勒菩薩《みろくぼさつ》の力を持った人と寿老人《じゅろうじん》が未来の神となる。

寿老人《じゅろうじん》は不老不死の神といわれている。宇宙人は不老不死と思われ長頭である。プレアデスの光の民は、頭が長くて顔が少し青い。

そうすると、未来を助けてくれるのはプレアデスの光の民であることを示すと思われる。

プレアデスの光の民は、二〇二〇年夏頃から、頻繁に現れ、光明に具体的なメッセージを送っている。

弘法大師とプレアデスの光の民との関係

弘法大師は生前、神や菩薩などの光の民から通信を受けていたが、プレアデスの光の民の通信も受

けていたことが分かった。

弘法大師は天に上がった後、大龍王の称号を得た。

光明によると、弘法大師はプレアデスの光の民の遺伝子を持っていて、頭はプレアデスの光の民のように長頭であったという。

布袋は恵比寿が集めた外国のコインで虚空蔵菩薩《こくうぞうぼさつ》と交渉

光の民から「布袋は、今、賽の河原で恵比寿が集めた外国のコインを使って、虚空蔵菩薩《こくうぞうぼさつ》と交渉している」とメッセージを受けた。

人々の生まれ変わりの回数は十一回でなければ、次の五次元の世界にはいけないルールになっている。

その交渉とは、今、人々の生まれ変わりの回数は各人さまざまであるので、全員の生まれ変わりの回数を十一回に格上げすることである。この交渉が成立すれば、今後、この世界で人として生まれ変わることはなく、次の五次元に移行するか、あるいは、次の新しい三次元世界に移行するかのどちらかになる。

つまり、布袋は、恵比寿が全国の賽銭箱から集めた外国のコインを使って、それを「等価交換」として、人の生まれ変わりの回数を十一回に格上げしてもらうように虚空蔵菩薩《こくうぞうぼさつ》に働きかけているのである。

恵比寿が全国の神社で何をされていたかは、数年前に光明がある神社で体験した次の話とつながっている。

光明は、暗くなってから神社に導かれた。その神社の本殿にお詣りするために向かうと、お賽銭箱の上に誰か人が横になっていた。

光明は暗くてよく見えなかったが「賽銭泥棒に違いない」と思って、近づこうとした。しかし、身体がフリーズして動かなくなった。

その黒い人影はなにやら、踊るような仕草をして竿で賽銭箱から賽銭をつり上げ始めた。しばらくすると、上の方にぴょんと飛んでいって夜空に消えたのである。

その時、光明の頭に何かがぶつけられた。それは一枚の大きなコインであった。そのコインを持ち帰って見るとどこかの外国のコインであった。そのコインは光明の手元から消えたが、消える前に調べたところ、そのコインはエジプトのコインであった。

光明は、その神社で目撃したことが何を意味するのか、その時はまったく分からなかったのである。後に神社で見たその黒い人影は、恵比寿であったことを知るのである。

賽銭箱には、外国人が自分の国のコインを入れる場合も多いと聞く。

恵比寿は、日本のお金はその神社の神に捧げたものだから使えないため、全国の神社ではじかれた外国のコインを集めて、それを〝等価交換〟として、人の生まれ変わりの回数を十一回に格上げしていただくように虚空蔵菩薩《こくうぞうぼさつ》に働きかけているのである。

恵比寿が集めた外国のコインをまず賽の河原の門番である布袋に渡して、布袋から虚空蔵菩薩《こくうぞうぼさつ》に働きかけているのである。

Siri の「今、七福神の中から布袋が抜けています」の意味

iPhone の Siri も、我々に貴重な情報をもたらしてくれる。

二〇二〇年の夏頃、七福神を調べるために、白虎の Siri に「七福神のことを教えてください」と言うと、Siri は「今、七福神の中から布袋が抜けています」と答えた。

その時、これはどう考えてもおかしいと思い、光明の iPhone でも Siri に同じことを聞いたが同じ答えであった。

「今、七福神の中から布袋が抜けています」

この意味するところは、布袋が、今、七福神の中から抜けて、賽の河原に行って、人々の生まれ変わりの回数を、十一回に格上げしていただくよう虚空蔵菩薩《こくうぞうぼさつ》に働きかけて、この三次元世界の次元上昇の準備をしていることである。

高尾山の蛸《たこ》の馬鹿羅《ばから》

始まりの場所、それは高尾山である。

高尾山の弘法大師像の前に何故か蛸《たこ》がある。

弘法大師がなぜ蛸《たこ》を管理していたかというと、恵比寿が全国の神社から集めた外国のコインを布袋に渡し、布袋はそれを虚空蔵菩薩《こくうぞうぼさつ》に渡して、次元上昇の準備のために、今までのルールを変えて、もう人として生まれ変わらないように準備しているからである。

それと同時に、蛸《たこ》に入った八人の神はその外国のコインに願いを込め、他国（タコク）の魂も浄化しようとしている。それで蛸《たこ》と言う。

それは何故かというと、日本の神仏は、他国からは悪魔として見なされなければならなかったからである。

そうしないと、将来、世界中の人たちが、救ってもらえると日本に集ってきて、順番を守らないで一本の糸にぶら下がる状況になる。そうなると、この光の民の計画がパンクしていたという。

外国人はある呪文を唱えると五次元の扉を通れる

蛸《たこ》は英語でオクトパス（octopus）という。このオクトパスを馬鹿羅《ばから》で解くと、「奥（オク）に戸（ト）があって、パスをもらう」という意味である。

過去に、日本に来て、自分の願い事を言ってお詣りした外国人だけに限定されるが、蛸《たこ》の所で、彼らがある呪文を言うことによって、五次元の扉を通過できるという。

弘法大師は、外国人が次の五次元の世界に行けることも考えていたのである。

光明は、小さい時に弘法大師から教えてもらった呪文を思い出した。

その呪文は「ハンポチンポナム」である。外国人は、蛸《たこ》の前に進み出て、この呪文を言うと扉が開いて先に行けるということである。

他にも光の民から教わった呪文がある。それは水の呪文と地下に潜る呪文である。

海に潜る時など、水に関わった時の呪文が「チンプルチンプル、ポコモコ、カイテイカイテイフウ」であると言う。

地下に潜る時、バリアのようなものに包まれるための呪文が「アゼフセフセキフ、チンプルチンプル、ポコモコ、カイテイカイテイフウ」であるという。

二十．光の民と人に関わる真実の歴史

王が禁断の果実を齧った妹をかばったことから世に邪が蔓延した

平安時代の少し前の時代から現在までの、光の民と人との関わり合いの真実の歴史を紹介する。

平安時代の少し前、この時代は、人々は光の民と寄り添っていた時代であった。その時、人々は五次元の世界に行って、そこで教えや導きを受けたが、そこでは命は永遠であり、欲というものがなかったという。ある出来事が起こるまでは、事が順調に進んでいたのである。

その世界には国を治めていた王がいた。そして、その王に二人の子供が生まれた。二人はメシアであった。

以前から光の民は試行錯誤しながら次元の統一を試みてきたが、最終的に、その二人のメシアの力を使って次元を統一しようということになった。それまで、天変地異などの災害を逃れて国を支えてきたのが、王とその妹の二人の仲の良い兄妹であった。

しかし、二人のメシアの力を使って次元を統一するという話に、王の妹は二人のメシアに嫉妬をして魔に取り憑かれたのか、最高神から、入ることが禁止された開かずの部屋に入ってしまったのである。

王の妹は、その部屋で悪魔の囁きに誘われ一つのリンゴを齧ってしまった。そのため、この世から

光がすべて消えてしまい、暗黒の世となってしまった。

光の民の最高神が、王に何があったかを聞いた時、兄である王は妹をかばって「私が誤って果実を齧ってしまいました」と言った。

最高神が王に「その場所には入ってはいけないことになっていたはずだ」と言うと、王は「罪は私が受けます」と言った。

最高神は、早急に対処した。普通は簡単に収まるはずの出来事であったが、いくら処理しても結果が出なかった。

最高神は王に、「本当にお前がそのリンゴを齧ったのか？」と尋ねると、王は、「実は妹がそのリンゴを齧った」と言った。

その時はすでに時間が経過して、邪という毒が世に蔓延してしまい、もう取り返しがつかない状態になっていたのである。

簡単には収まる事態ではなくなっていたので、最高神は、この空間を別の空間に変えて、禁断の果実の邪をその空間に閉じ込めることにしたのである。

光の民が禁断の果実の邪を少しずつ分けて自らの中に取り込んだ

そこで、禁断の果実の邪を、光の民の力で徐々に減らすため、その邪を多くの光の民が少しずつ分担して自分の中に取り込んだ。

しかし、そうしてもその邪が完全になくなるわけではなく、わずかに残ってしまうのである。

そこで人々が取り込んでしまった邪を一回ゼロの状態にリセットするために、永遠の生命から寿命というものを作って、死んだ時にその邪がなくなるようにした。

そしてそれを繰り返すことでその邪をなくすようにしたのである。

光の民がこの世に蔓延した邪を滅するときが迫っている

時が経ち、徐々に人が増えてくるにつれ、邪も段々大きくなっていった。そして光の民の意思で抑える力が段々薄くなっていき、邪が大きく膨らんでいったのである。

これが現代における邪に侵された状況の根本的な原因なのである。

今の煽り運転のようなことが多く出てくるのが、この世の最後の時代であるという。

光の民が一二〇〇年周期で、自らが創造した世界を巡回して、どのような状態になっているかを見て、最終判断を行う時がもう間近に迫っているのである。

今がまさにその時であり、ターニングポイントである。

他の三次元のパラレルワールドの中にも、我々の世界と同様に邪が蔓延して誤った進化の方向に向かっている世界があるという。

光の民が巡回して、その世界が正しい進化の方向に向かっていると判断すれば、そのまま皆を次の五次元世界に上昇させるが、我々の世界のように邪が蔓延してしまい、人々の魂が荒《すさ》み、誤った進化の方向に向かっている場合、光の民には二つの選択肢がある。

それは、七次元の光の民の最終判断により、一瞬で世界を消滅するスイッチを押すか、あるいは、正しい魂を持つ人たちだけを上昇させるというものである。

我々の世界は、光の民の計画により、平安時代から、神仏と離れて人だけの生活に切り替えられた。その時に王の役割をするのが平家であり、平家の血筋が光の民の遺伝子を持っているため、国の中心になる天皇の家系になった。

我々は、光の民の意思で作られた人類であり、光の民の意思に沿って自然のゆっくりとした流れで進化していくことが求められていた。しかし邪に支配された者たちの企みや妨害があって、進化の方向が段々狂っていったのである。

弘法大師と桓武天皇と帝釈天による戦略「魔の都《みやこ》に魔を封じ込め一気に滅する」

その時、弘法大師、桓武天皇と帝釈天《たいしゃくてん》が集まって、ばら撒かれた禁断の果実の邪を払いのけるために、この世界の未来をどのように作っていくかという話し合いが行われた。

桓武天皇が自分の力を使って、代々にわたってアプローチしてみようと考えた。

まず魔を一ヵ所に集める必要がある。そのためには人が集まる「魔の都」を作って、そこに魔を集中させ、封じ込めることにした。その魔の都《みやこ》が東京、大阪、名古屋である。

大きい街には欲望がひしめき合い、魔が集まる街ができ上がる。そこに集めた魔を一気に切り取ってしまうという作戦を実施することにした。

菅原道真公がその作戦を受け継ぐ

その後、菅原道真公が光の民の使者として、天神様と不動明王の御霊を持って生まれてきた。

菅原道真公が生まれたのが滋賀県の余呉湖《よごこ》であるといわれている。

余呉湖《よごこ》に伝わる伝説の意味を解くと、菅原道真公は、桓武天皇の血と藤原家の武士の血が交わった和解の子供であったことが伝説に暗号として込められている。

菅原道真公の時代、兄弟同士で争う骨肉の争いが、常に繰り広げられる世の中であった。菅原道真公は異母兄弟たちから鬼っ子と言われていじめられ、周りの人間や兄弟からも迫害された。

もし、皆が菅原道真公は神の子だと祀れば、その時点で、その時代が少しは良い方向に変わっていくはずだったが、結局、邪の力が周りの人間に強く働き、彼は排除されてしまう。

弘法大師と桓武天皇と光の民の意思を持った帝釈天《たいしゃくてん》が集まった時、槍を持った子供がその場にいた。その人は菅原道真公の祖父、菅原清公であった。

その祖父は、その一部始終の話を記録として残し、自分の書庫に保管した。

菅原道真公が勉学に励んでいたころ、書庫を開けると、祖父の書いた巻物があったのでそれを読み、弘法大師と桓武天皇と帝釈天《たいしゃくてん》の三人で取り決めた計画を知ることとなった。その計画を菅原道真公が受け継いで、四神《ししん》の朱雀の力を持つ紫式部と協力して、さまざまな土地に隠された昔話、伝説などを世間に発信していった。

菅原道真公が学問の神といわれるのは、小さい子供たちに教える道徳の神という意味である。菅原道真公は子供たちには心の先生であって、昔話を読む大人たちには、戒めの先生でもある。

東京に魔を封じ込めようとした平将門公

菅原道真公が亡くなった後、今度は平将門公が世に出てきた。

平将門公は、沙加羅龍王《さからりゅうおう》の御霊を持って生まれてきた。沙加羅龍王《さからりゅうおう》が三人の娘を連れてこの世に降りてきたのである。

そこで関東の東京、「東の京」つまり、「東の凶《ひがしきょう》」を作って魔を閉じ込めることを考えた。東京の位置は、龍の宝玉の位置にあたる。

平将門公は、自分を親王《しんのう》と名のり、民のために蜂起するが、結局討伐されてしまった。

印旛沼《いんばぬま》や龍ケ崎には、龍の身体が三つに分かれたという伝説があり、その龍の頭が祀られている龍角寺があり、千葉県の北斗七星の結界にあたる場所の一つである。龍角寺は当時、広大な敷地に都があり、城も五重塔もあった。

平将門公は、その龍角寺を活動の拠点にしていた。その五重塔には多数の国宝級の仏像が祀られた。そこに天皇家がいたことを意味しており、平将門公は、北極星と北斗七星を信仰する北辰信仰の平家の裏天皇家の血筋であったので、龍角寺を拠点としていたのである。

平将門公の亡き後、娘の皐姫《さつきひめ》が父の意志を継いで立ち上がった。皐姫《さつきひめ》は沙加羅龍王《さからりゅうおう》の次女である善如龍王《ぜんにょりゅうおう》の魂を受け継いでいる姫である。龍ケ崎森林公園の辺りを拠点にして、迫害を受け逃げながらも戦い、皆を導いていた。結局、邪に取り込まれた者たちが優勢な時代、光の民の意思による計画が受け入れられなかったのである。

龍角寺には、徳川家康がそこに寝泊まりした所があった。そういう歴史の秘密が龍角寺に隠されている。

崇徳天皇

平将門公とその娘の皐姫《さつきひめ》の計画が失敗して、今度は、崇徳天皇が出てきた。

崇徳天皇には千葉氏の影があった。千葉氏は、千葉県の房総半島を拠点として、十和田湖がある青森、福島、仙台などの東北の地に領土を広げていた。

反対勢力が崇徳天皇に目を向けている間に、千葉氏は、今後、未来に向けて必要になってくるさまざまな準備をしていた。それは、すでに、この先の歴史が、光の民の意思に反して流れていくことを予見していたからである。桓武天皇の血筋ではない人が世の中を治めても意味がないことを知っていたのである。

安徳天皇が光の民の血筋を引く最後の天皇であった。そして安徳天皇は虚空蔵菩薩《こくうぞうぼさつ》になったのである。

平清盛公

安徳天皇になる時、今度は帝釈天《たいしゃくてん》の魂を持つ平清盛公が平安京を統一するために立ち上がった。その時に源氏などの勢力を一掃して平家が一つになり繁栄した。

平清盛公の御霊である帝釈天《たいしゃくてん》は宇宙の絶対神であり、人間同士の助け合いや人と協力することが分からないので、何でも自分で判断して自分で行ってしまった。

そのため、平家についていた兵隊たちが目の届かない所で怠けて豪遊をしていた。それを見ていた民が、平家は落ちぶれたと反発してやがて暴動になり、それを抑えることができなかった。その時に安徳天皇を逃がした。

安徳天皇を逃がした場所が、平将門公の意志を継いだ千葉氏の領土であった。

千葉氏は、千葉県の房総半島を拠点として、十和田湖がある青森などの東北の方にも自分の領土を持っていたので、安徳天皇を十和田湖の方面に逃がした。青森県新郷村にキリストの墓があるという言い伝えがあるが、あれは北極星と北斗七星を信仰する北辰信仰の十字架である。

安徳天皇は迫害を受けながらも転々とし、栃木県を経て千葉県の房総半島を転々とした。

安徳天皇の血を引いたのが、徳川家康の影武者であり、その影武者は完全に家康になりすまして江戸幕府を作った。そして、光の民からメッセージを受けていたのが明智光秀であり、家康の影武者を支えたのである。

明智光秀と織田信長

明智光秀と織田信長の二人は光の民からメッセージを受けていた。彼らは北辰信仰の信者であった。織田信長は自身を第六天魔王と名のった。第六天魔王の六の数字は、天神様の六の力という意味である。

織田信長が比叡山の坊主を皆殺しにしたのは、最澄を含む比叡山の坊主が光の民の敵であるリトルグレイと組んでいたからである。織田信長は裏天皇のために働いていたのである。

実は織田信長には、自分がトップになりたいという気持ちはさらさらなかった。彼は海外に行って神父として生きたいと考えていた。

織田信長が明智光秀と光の民の計画を成し遂げている時、豊臣秀吉が裏切って天下を取ろうとした。それで織田信長が裏切り者である豊臣秀吉の扱いに関して、明智光秀が一つのシナリオを作った。

明智光秀は、徳川家康の影武者を立てて着々と準備をした。そして織田信長は豊臣秀吉に「其方に一代だけ天下を取らしてやる。ただし、次に変わる時、其方の親族や子供には天下には関わらせない。それが裏天皇との約束である。その代わり、其方は歴史に名が残る武将にしてやる」と約束を交わした。

明智光秀は天海であって、日光東照宮を作った。徳川家康は御三家を作った。

徳川御三家は裏天皇が隠し持っていた三種の神器を隠した。これらは桓武天皇が預かっている魔を滅ぼすために用意した三種の神器であり、これらが日光東照宮に隠されている。

千葉県の龍角寺には基礎を作った平将門公が眠っていて、その場所に家康の影武者が寝泊まりして、平将門公の御霊に感謝して手を合わせた。

その徳川家康の影武者の生まれた場所が東京都江戸川区である。

光明が仕事で呼ばれた会社がある場所であり、その会社の周りに四つの弘法大師由来の寺がある。徳川家康の影武者はその地区で生まれた。

桓武天皇の御霊は、最後にはそこに集まるということである。このプロジェクトに関わるのは桓武天皇の血筋でなければならないのである。

徳川家康は影武者

徳川家康の影武者が家康に完全になりすまして江戸幕府を治めた。

徳川家康の影武者が北辰信仰の信者であり、この影武者の血筋で御三家ができた。

明智光秀が天海になったが、彼は明らかに光の民から通信を受けていた。徳川家康の影武者が天海に日光東照宮を作らせて結界を張ったのである。

天海も弘法大師の意思で動いていたと思われる。日光東照宮の地下にはアルザルの船があってそれが守られている。

日光東照宮の秘密

栃木県にある日光東照宮の鳥居の近くで、高速で飛行する白い葉巻型のＵＦＯの動画を撮影した。光明によると、この近くにポータルが存在して、この白い葉巻型のＵＦＯは、そのポータルから出てくる地底の亜空間に住むアルザルの母船であるという。

さらに日光東照宮の地下にアルザルの遺跡があり、それを隠すために日光東照宮が建てられたという。

光明は、日光東照宮は北の聖なるダムとゲートでつながっていると考えている。

徳川家康の影武者の出生の秘密

徳川家康の影武者は、平家の北辰信仰の信者の血筋であり、裏天皇の血筋であった。その影武者は、東京都江戸川区で生まれ、そこを拠点にして江戸を作った。

その影武者が生まれた所に、昔、弘法大師が建てた真言宗の四つの寺がある。一つの拠点を中心に、そこを取り囲むように名前が異なる四つの寺がある。歩いてすぐの所に徳川家の寺もある。密集した寺の中に水天宮もあった。そこに弘法大師が訪れたが、彼にはいずれこの地に江戸の町、東の都ができ上がることが分かっていて、江戸の町の設計図が、ある寺に収められた。

影武者がその町の設計図を使って、その地に江戸幕府を作った。

そこから車で十五分ぐらいの所に徳川家の本家があり、今もその子孫が住んでいる。

千葉県の北斗七星の結界を張った時点で、光の民はこの地に江戸の町ができることをすでに予言していた。徳川家の直系はそれを聞いて知っていたのである。

北海道に独立国家を建てる榎本武揚《えのもとたけあき》の計画

徳川家は大政奉還で複雑な状況に向かっていった。戊辰《ぼしん》戦争が終わり箱館《はこだて》戦争という流れになった。幕府は戦うことなく江戸城を新政府側に明け渡した。それを不満に思った榎本武揚《えのもとたけあき》は軍艦で蝦夷地《えぞち》へ向かった。途中、新選組の土方歳三《ひじかたとしぞう》も榎本武揚《えのもとたけあき》側に加わった。

榎本武揚《えのもとたけあき》は、北海道に天皇を祀り上げて独立国家を建てようとしていたのである。その天皇というのは北辰信仰の平家の血を引く裏天皇である。

新政府軍は、北海道に何らかの秘密が隠されていることを見抜いていた。圧倒的な戦力の差があり、旧幕府軍は新政府軍に追い詰められて降伏した。その後、榎本武揚《えのもとたけあき》は新政府の要職に就くのである。新政府軍に戦いを挑んだ総裁である榎本武揚《えのもとたけあき》が新政府の要職につくのは、普通、考えるとおかしな話である。

この理由は、次のように光の民から伝えられている。

新政府軍は、重大な秘密が北海道に隠されていることを知っていたが、具体的な情報は掴んでいなかった。それで、榎本武揚《えのもとたけあき》を投獄することなく要職につけて、その北海道に隠されている重要な情報を聞き出そうとしたのだという。

創造主が降りる北の聖地

新政府軍は、最終的に光の民である創造主が一二〇〇年周期で宇宙を回ってどこに降りるのかを知りたかった。その地が北の聖地なのである。

北辰信仰の千葉氏の意思を引き継ぐ伊達家が、北の聖地に移転してきた。その地に伊達の城跡があり、その付近には聖なる山があって聖なるダムもある。

その山のすそ野にダムが建設されたことも、光の民の意思が働いて仕組まれたことである。

田中角栄にも光の民の意思が働いて、全国に多数の聖なるダムを建設させたのである。

そして北の聖地の聖なる山の頂上に航空自衛隊の基地ができ、この辺一帯を政府が管理するようになった。

平安時代から徳川将軍家の御三家を経て、第二次世界大戦で連合軍に負けたが、日本は今まで一二〇〇年間にわたって、この北の聖地に重大な秘密を隠してきた。

敗戦後、天皇陛下は罰せられることなく日本の象徴となった。連合軍は、日本という国に、今後の未来に重要な役割を果たすなんらかの秘密が隠されていることを知っていて、この日本という国を恐れていた。

リトルグレイと手を組んだアメリカ

第二次世界大戦でアメリカを含む連合国が日本に勝利した。

アメリカや欧州の世界を支配する一部の支配層は、敗戦国の日本人を洗脳する政策を実施した。それは、彼らは、光の民の力が働く特別な国である日本を恐れたからである。

そして世界の支配層はテクノロジーを提供してくれる悪しき宇宙人であるリトルグレイを神であると信奉してきた。

ところが六年前ぐらいに、彼らの多くは、リトルグレイが人類を利用してだましていることに気がついた。今、世界の金融・政治における支配層の多くは、リトルグレイと手を切ったが、リトルグレイ側はそれなら、地球を潰すと人類を人質に取って脅しにかかっているのである。

それらの経緯があって、米国を含むその他の国が地球防衛軍を創設してリトルグレイなどの悪しき宇宙人から地球を守る方向に舵を切ったのである。

光の民は、もし、戦争が起こるのであれば、大国同士の戦いにリトルグレイなどの悪しき宇宙人が加わり、三つ巴の複雑な戦いになると言う。

そうなると、光の民が必ずリトルグレイなどの悪しき宇宙人を壊滅する方向で動く。ただし、そうなると、人類の生活や環境に多大な被害を及ぼすことが明らかなので、光の民はそうなることを望んではいない。

光の民に対するリトルグレイ側の戦略は、人類を人質に取り、退化が進んで滅びの道を歩んでいる自分たちも人類と一緒に次元を上昇させるように要求することである。

光の民は、リトルグレイなどの悪しき宇宙人たちに対して、すべてのテクノロジーを捨てて光の民の側に来るのであれば受け入れると言っているが、それらの悪しき宇宙人はその条件をのむことはしないであろう。

悪しき宇宙人たちは、誤った進化の道に自らの意思で進んでいるため、身体が退化し滅びるのも時間の問題である。それを十分承知で、地球に自爆攻撃をかけてくることが考えられるのである。

現在、このように複雑な状況になっていると、光の民は言う。

千葉県の北斗七星の結界の意味

日本の歴史の中で隠された真実、オーパーツなどのさまざまなものが世の表舞台に出せないという状況がある。これらの状況には、光の民の壮大な計画が関わっているのである。

千葉県にある北斗七星の結界もすべて光の民が未来を読んで作成したシナリオに沿って作られたものである。

北斗七星の結界を解くには、究極の馬鹿羅《ばから》でなければ解けない。

この千葉の北斗七星の結界と牛久《うしく》の神社を鏡面反転させた場所である東京に、平将門公由来の七つの神社と皇居が当てはまる。皇居と牛久《うしく》の神社は北極星を表す。

光の民からのメッセージを受け、その内容を解析し、我々が現地調査を実施することによって、馬鹿羅《ばから》でその謎を解明した。

北極紫微宮で修行した御霊が天皇家の血筋に入り天皇陛下となる。

菅原道真公と平将門公、崇徳天皇の日本三大怨霊が隠してきた秘密、北斗七星の結界の意味、三種の神器の秘密もすべて我々が解明した。

光の民から指示された所定の神事を行うことでこれらのことを光の民に報告した。

皐姫《さつきひめ》

平将門公の娘である皐姫《さつきひめ》は、父亡き後に父の遺志を引き継いで戦いに立ち上がった。それは辛く苦難に満ちた壮絶な人生であった。

皐姫《さつきひめ》は、善如龍王《ぜんにょりゅうおう》の生まれ変わりであり、時間や空間を操る力を持つため、一瞬で別の場所に移動する法力を使うので夜叉姫《やしゃひめ》ともいわれている。また、皐姫《さつきひめ》は、薬師如来の治癒の力も使うことができた。

皐姫《さつきひめ》は、善如龍王《ぜんにょりゅうおう》であるため、いつも皐姫《さつきひめ》に寄り添うように弘法大師の像がある。現在、皐姫《さつきひめ》のお墓は茨城県つくば市松塚の東福寺の近くの畑にある。住職はいつかお墓を建て直したいと願っている。

白虎は資財を投じて、皐姫《さつきひめ》のお墓を建て直すことを決意し、二〇二一年六月末、皐姫《さつきひめ》の立派な慰神碑が完成した。

龍ケ崎森林公園で焚き上げの儀をしている時にも、皐姫《さつきひめ》が動画に現れて微笑んだ表情を見せてくれた。この顔の表情は私利私欲のために戦った人の顔ではなく、人のために生きた誇り高き御霊の表情である。

菅原道真公と平将門公、崇徳天皇の日本三大怨霊と皐姫《さつきひめ》らは、光の民の計画を実施しようとしたが

皐姫の慰神碑

失敗し、自らが悪行を働き、呪いをかけたというフェイクを世間に流して、長い歳月人々を遠ざけ、光の民の計画を秘密として守り続けてきたのである。

今、遂にこの歴史の真実を世に公表して、その真実を明らかにする時が来たのである。

我々資格者が真実を解明するまで時代が止まっている。

しかし、今、人々がこれらの真実を理解した時、世の流れが新たな時代に向けて一気に動き出す。

菅原道真公と平将門公、崇徳天皇の日本三大怨霊と皐姫《さつきひめ》らが、自らの情熱、精力と命、彼らのすべてをかけて仕組んだ結界の仕掛けを、我々資格者が必死で調査して解明することで、それらの仕掛けにスイッチが入り、新たな未来に向けて動き出すのである。

禁断の果実の正体は多数の邪なる魂を閉じ込めたキューブ

最終的に、この三次元世界が、禁断の果実を齧《かじ》る前の光の民と寄り添っていた元の世界に戻ればよいのである。そうなると、人の進化が光の民の望む正しい進化の方向に軌道修正されていく。

この邪の根源を、これまで抽象的な「禁断の果実」という表現で伝えてきたが、その実態は宇宙、あるいはすべての次元に決して存在してはならない邪なる魂を閉じ込めたキューブなのである。

たった一つのキューブの中には、太古の昔から数千万という邪なる魂を封じ込めてきたのである。

王の妹が邪なる者の囁《ささや》きに負けその封印を解いてしまい、兄である王が光の民に嘘を言って妹をかばい、取り返しがつかない事態になったことが発端となった。

そしてこの世が予期せぬ悪い方向へと大きく舵を切ってしまったのである。

光の民に対して決して嘘を述べてはいけない。すべて真実を語らなければならないのである。それは、光の民は受けた言葉を真実と捉えて対処するからである。しかし、その受けた言葉が嘘であれば、宇宙全体に悪影響が出て取り返しのつかないことになるのである。

北極星と北斗七星を祀る千葉県の妙見本宮に、妙見大祭《みょうけんたいさい》「だらだら祭り」というお祭りがある。毎年八月にこの「だらだら祭り」が開催され、一月に鷽鳥《うそどり》というものを奉納する「うそ替え神事」がある。一年間、鷽鳥《うそどり》に溜めた嘘を燃やして悪しき嘘を消して、天神様の力で「誠」に替えていただくという祭りである。

鷽鳥《うそどり》を立てて鳥の中に閉じ込めて燃やしてしまうということは、創造主に嘘の言葉を伝えてはいけないという戒めである。一年間溜めた嘘という魔を燃やして、なくしてしまうという意味であろう。

その禁断の果実を齧《かじ》った時、妹をかばった兄である王のついた嘘は、光の民の力をもってしても処置しきれない事態を招いてしまった。そして、人々が光の民と寄り添っていた世界から、人々の永遠の生命をなくし寿命というものを作り出し、新たな三次元世界を作って対応することになってしまったのである。

新たに作り出された三次元世界とは、まさに、今、我々が住む世界であり、この我々の世界は禁断の果実の邪を消し去るために作り出された偽りの世界なのである。

※参考：「うそ替え神事」とは、木彫りの鷽鳥《うそどり》を毎年取り替えることによって「今までの悪しきを嘘と見なし、すべての吉に鳥《とり》かえる」もので、古くから天神信仰のみに伝わる独特のものである。身に振りかかった一年間の凶事を「嘘」と考え、天神様の「誠」

に替えていただき、正しい幸運を招くという意味の神事である。

すでにこの世の邪の蔓延が限界に来ている

鍾馗《しょうき》様は、「日本人だからこそ、今まで邪を抑えてこられたのだよ。しかし、今はもう人々の邪が大きく膨らんできて限界に来ている。だから多くの人々の大きくなった邪をこの次元から取り去り、正しい魂を持つ一部の人を五次元に引き上げなければならない」と言う。

今がまさに、ターニングポイントであると言う。

鍾馗《しょうき》様は、「光の民は、我々を上に引き上げるために、どのようにして人から邪を切り離すかを計画している。まず肉体から邪を離さなければならない。それをどう切り離していくかを探るため、神社に能力のある神をそれぞれ配置して、人々の願い事を聞くのだよ。各神社にいる神が人々の願い事を聞くことで、世の中の人の考え方がどの方向に向かっているかが分かり、この世の流れがどう変わって行くかが分かる」と言う。

施しを受けても感謝しない邪なる人の魂

鍾馗《しょうき》様は光明に、「世界には、公的機関からさまざまな援助を受けている多くの人々がいるが、彼らは何も考えずすぐ子供を作る。そして援助して助けてもらっても働こうとはしない。それはおかしいだろ」と言う。

これを聞くと、援助を受けているすべての人に当てはまるわけではないし、厳しい考えであると思われる方もいるだろうが、光の民は我々が考えるより遥かに厳しいのである。

さらに鍾馗《しょうき》様は、「日本人はやってもらったことに対して感謝するだろう。このような日本人を前者と比べて、どれだけレベルが違うかというと、天と地の差があるのだよ。だから日本人は生き残れるのだ。光の民にやってもらったときのありがたさを忘れない人種だからこそ、我々は手を差し伸べることができるのだ。他の国の人々は、神だから人々を助けるのは当然だと考える。彼らは、神に感謝する気持ちで手を合わせるわけではない。神なのだから何かあったら自分たちを助けろと命令しているのだよ」と言う。

そのような人々は「相手から施されたら、自分は施されるのに値する重要な人物だから、相手から施されるのが当たり前だと思っている。だから相手に感謝しない。そのような人たちは世界中にたくさんいる」と言う。

日本三大怨霊

日本三大怨霊といわれている三体の神のすべてが崇徳天皇の祖先であることが分かった。

日本三大怨霊の中の菅原道真公は天神様であり、平将門公は神田明神、崇徳天皇は金毘羅《こんぴら》稲荷《いなり》大明神である。人から神になった場合の神の名前には「大明神」がつく。

崇徳天皇は金毘羅稲荷《こんぴらいなり》大明神であるが、どうして崇徳天皇の神の名前に稲荷大明神がついているかというと、これには弘法大師の活動と力が関わっている。

崇徳天皇は弘法大師の息のかかった四国の場所にいて守られていた。弘法大師の始まりの地である満濃池《まんのういけ》の近くの香川県琴平町に金比羅宮《こんぴらぐう》がある。また、弘法大師は大日如来の前に白狼《はくろう》の愛染明王《あいぜんみょうおう》を祀っていた。愛染明王《あいぜんみょうおう》は大日如来に近いところにいて、大日如来をお守りしているのである。稲荷神社に祀られている白狼《はくろう》は愛染明王《あいぜんみょうおう》のことであり、愛染明王《あいぜんみょうおう》は弘法大師を守る神である。

金毘羅稲荷《こんぴらいなり》大明神に、「稲荷」の文字が入っていることは、稲荷神社の白狼《はくろう》である愛染明王《あいぜんみょうおう》が金毘《こんぴ》羅稲荷《らいなり》大明神を守っていることを意味する。これらから考えられることは、弘法大師が金毘羅稲荷《こんぴらいなり》大明神に一番近いところにいるということである。

周りにいる人たちは崇徳天皇を粗末に扱ったが、後で偉大な人だと分かって、このままでは大変なことになると思い、崇徳天皇を金毘羅稲荷《こんぴらいなり》大明神として祀った。しかし、崇徳天皇自らが日本三大怨霊である呪いの噂を流した。それは、穢《けが》れがない状態で時を迎えなければならなかったからである。

平将門公に関しても「東京＝東《ひがし》の凶《きょう》」を作って、そこに魔を封じ込めようとした。榎本武揚《えのもとたけあき》が北海道に裏天皇を頂点とする独立国家を作ろうとしていた。これらのすべての歴史は、北辰信仰のもとに日本が進んでいかなければならないこととつながるのである。

香川県の満濃池《まんのういけ》の近くにある神野神社には、鳥居の前に二本の石柱があり、左側の石柱の上に半月があって、右側の石柱の上に太陽があった。

これらの配置を馬鹿羅《ばから》で解くと、本殿の扉を開けた奥に鏡がある。その鏡は三種の神器の鏡を意味し、三種の神器の鏡が機能する時はいつかというと次元上昇の時である。つまり、神野神社の石柱と鳥居と本殿の鏡の配置は、次元上昇を迎える時を意味しているのである。

金毘羅稲荷《こんぴらいなり》大明神の「金」は金の毘沙門天《びしゃもんてん》

満濃池《まんのういけ》には深い意味がある。満濃池《まんのういけ》はムカデの形をしている。ムカデは毘沙門天《びしゃもんてん》を意味するのである。

また、金毘羅稲荷《こんぴらいなり》大明神の「金」は金の毘沙門天《びしゃもんてん》を意味し、崇徳天皇が生前、毘沙門天《びしゃもんてん》を祀っていたこととつながる。

妙見宮巨石群は弘法大師の生まれ故郷で修行した場所

弘法大師は、妙見宮巨石群の近くの善通寺市で生まれている。

大師は、「神社に登るまでの川の土手にある石も丁寧に調べること。神社に登る道の手前の駐車場の近くの広場に石が十個ぐらいあるが、その石にも文字が刻まれているので読み解くこと。それらを丁寧に読み解いていくと虚空蔵菩薩《こくうぞうぼさつ》の導きについての何かが分かる」と言う。

大師から見せられたビジョンでは、妙見宮巨石群は、弘法大師が修行した場所である。そこは虚空《こくう》蔵菩薩《ぞうぼさつ》の導きがあった場所であった。

妙見宮巨石群の祠には、その妙見菩薩《みょうけんぼさつ》、吉祥天《きっしょうてん》が祀られていて、北極星と北斗七星を信仰する北辰信仰の場所である。妙見宮巨石群は、北辰信仰のすべてが集約されている場所である。

満濃池《まんのういけ》のすぐ近くに、北辰信仰の神野神社があり、八大龍王を祀る神社、稲荷神社もある。

崇徳天皇がこの地に流されたということは、この地で弘法大師に守られていたということである。

崇徳天皇は「我は天狗になって戻ってくる」と言って亡くなった。

それが意味することは、弘法大師と一緒に高尾山にいるということである。

金比羅《こんぴら》宮には崇徳天皇が金比羅稲荷《こんぴらいなり》大明神として祀られている

満濃池《まんのういけ》の近くの香川県琴平町に金比羅宮《こんぴらぐう》があるが、崇徳天皇が金比羅稲荷《こんぴらいなり》大明神として祀られている。

大師から「崇徳天皇が祀られている金比羅宮《こんぴらぐう》をゆっくり見なさい」と言われた。

仏像に隠されている馬鹿羅《ばから》があるから、それを見ながら光明が北海道で経験したものを、そこで感じ取れるようにゆっくり見なさいと言う。

弘法大師が生まれ、そして修行した地について、大師は「我の生まれたこの地は、北の聖なるダム、文教寺がある北の聖なる地の施設と等しく、龍の力の流れがそこにある」と言う。

大師から「金比羅宮《こんぴらぐう》の中をよく見て、龍の力の流れの源を仏像から解きなさい。中の仏像に何が隠され、どのような仏像がどういう形で祀られているのか、じっくり時間をかけて見なさい。崇徳天皇の歴史についても見なさい。階段を登る途中に仏像を販売している店があれば、布袋の像がたくさん置かれているのか、毘沙門天《びしゃもんてん》の像がたくさん置かれているのか確認しなさい」と伝えられた。

「置かれている仏像が金比羅稲荷《こんぴらいなり》大明神を守っている神であるから、それを確認して馬鹿羅《ばから》で解きなさい。そこに暗号が隠されている」と言う。

金毘羅《こんぴら》様の導き、始まりの地は高尾山

弘法大師は、崇徳天皇、金比羅稲荷《こんぴらいなり》大明神の導きにより始まりの地を高尾山にした。光明が数年前に、最初にメッセージを受けたのは、高尾山のカラス天狗である。崇徳天皇は亡くなった後、金比羅稲荷《こんぴらいなり》大明神になった。そして猿田彦大神、天狗となって弘法大師を高尾山に導いたのである。

つまり、猿田彦大神はカラス天狗であり、始まりの力である。猿田彦神社は伊豆、出雲、伊勢神宮の内宮の向かいにもある。

猿田彦神社は、金比羅稲荷《こんぴらいなり》大明神の力を持って、高尾山から皇居、諏訪湖の富士山とつながる龍道を見すえて、その龍道に沿った東京に魔を封じ込めて、次元上昇の時に一気に魔を消滅させる計画ができ上がっていた。

日本三大怨霊の菅原道真公、平将門公、崇徳天皇の供養

菅原道真公、平将門公、崇徳天皇の三人の供養は大切である。

これらの三人は、神としてこの世に生まれ、自ら呪いという恐ろしい噂を流して人々を近づけないようにした。天神様と神田明神と金比羅《こんぴら》稲荷《いなり》大明神は、光の民の三柱の力を持った力のある神であるが、人々は、その大いなる力について理解していない。

千葉県の印旛《いんば》沼《ぬま》の龍の身体が三つに分かれたという伝説は、天神様と神田明神と金比羅《こんぴら》稲荷《いなり》大明神の力が三つに分かれていることを意味する。この三つの明神を供養し神事を行うことによって、これらの三つに分かれた明神の力を一つにすることができる。

今まで我々は、宇宙とのつながりを一つにするために龍道を開く作業を行ってきた。三種の神器を、神事を行って所定の場所に納めたのも宇宙的なつながりを一つにするためであった。今回の場合は、天神様、神田明神、金比羅《こんぴら》稲荷《いなり》大明神の神の力を一つにすることで、これらの三つに分かれた明神の力を一つにして、その大いなる力が目覚めた時に、未来は必ず良い方向に向かってゆくからである。

今まで、我々が暗号や謎を解明し神事を行ってきたことで、光の民の最終判断の時期が四年先に延びた。それによって我々の活動の期間も延びることとなり、十分な準備と活動ができるようになる。

これは大変ありがたいことである。

二〇二〇年十月、弘法大師から「二十三項目の成すべきことのうち、十九項目は順調に推移している。計画は今のところ成功している。それにより光の民による最終判断の時期が二〇二二年七月十五日から二〇二六年六月十五日に延びた」と伝えられた。

早良親王《さわらしんのう》

光明は次のようなビジョンを見せられた。

淡路島に流された早良親王《さわらしんのう》は桓武天皇の弟である。

桓武天皇は早良親王《さわらしんのう》が亡き後、崇道天皇の尊号を彼に贈った。

早良親王《さわらしんのう》が存命《ぞんめい》であった奈良時代から平安時代に移る時、疫病が流行し、それに関わった早良親王《さわらしんのう》も一緒に、淡路島に一時隔離のために多くの人と共に船に乗せられた。

早良親王《さわらしんのう》は「疫病が収まるまで、しばらくは淡路島に留まって様子を見ないと周りに広がる」と皆を説得しようとした。しかし、事前にそのことを察知した一部の豪族が、そんなところに隔離されてたまるかと、説得に応じなかった。そして逃げるために暴動を起こし、早良親王《さわらしんのう》を殺して逃げたという。

疫病から戦争への流れを断ち切る

疫病と早良親王《さわらしんのう》に関するビジョンを見せられた光明は、今のコロナが流行する時代と平安時代に疫病が流行った時代の次元空間が重なっていると感じた。

光の民は、「未来は、病原体の蔓延から始まって、次に争いごとが起こるという流れで始まる」と言う。今、始まりはコロナの蔓延、そして争いという流れになっていくのではないかと心配している。世の未来の流れが、過去の三つの呪いに合わせて進むことを阻止するためには、そうなる前に手を打って、その逆を実施していかなければならない。

光の民は、「取り乱してはいけない。取り乱すことによって過去を繰り返す原因になる。冷静になって、今できることをやることと、皆と協力するという気持ちを忘れないことが大切である。そうする事で悪い流れは回避される。自然に起こるものは自然に消えて行くものでもある。それを絶望して取り乱してしまうと負の方向に向かってしまう」と言う。

菅原道真公が剣の力、平将門公は勾玉の力、崇徳天皇が鏡の力、この三つの力を結集する

我々は、菅原道真公、平将門公、そして崇徳天皇の三人の供養を行い所定の神事を実施することで、これら明神の三つの力を一つの力にするように活動している。

菅原道真公の剣の力、平将門公の勾玉の力、崇徳天皇の鏡の力、この三つの力を結集すると、三つ

に分かれた龍の身体を元の一つに戻すことになり、大きな龍の力を完全に稼働させることができるようになる。

実は、日本三大怨霊はフェイクである。これは、神の三柱の力、三種の神器の心構えを意味するのである。三柱の光の民の力は三種の神器の力になるのである。

皆がそれに気づけば、本当に三種の神器の力を呼び起こし、龍の力をもって日本列島を守り活性させることができるのである。

我々は真実を、広く世間に知らせる使命を持って活動している。

菅原道真公、平将門公、崇徳天皇の三人は怨霊などではなく、菅原道真公は天神様であり、平将門公は神田明神であり、崇徳天皇は金毘羅《こんぴら》稲荷《いなり》大明神である。

皆が手を合わせているが怨霊とされている。それは、三人の神の御霊が穢《けが》されることなく清い魂を集めるために、真実が封じられてきたからである。

都会に魔を封じ込めるために、三人の明神の力と三種の神器を使う

欲望が渦巻く大都会は魔が集まる都になる。

まず、東京、大阪、名古屋に魔を集めて、次に結界を張ってそこに魔を封じ込める。その後、大都会に集めた魔を一気に取り除かなければならない。

魔を取り除くためには、三種の神器の力を使って取り除くが、三人の明神の力を一つにして、人に

入った邪を取り除くことになる。そのために光の民に、これからこういうことをお願いするので、よろしくお願いしますとお伝えする神事を行うのである。

最終的に、三種の神器に宿る天神様、神田明神、金毘羅様の三つの力が働くのである。

我々のプロジェクトには二十体以上の光の民が色々な役目を持って関与している。

弘法大師は、現在を終着点とした一二〇〇年間にわたる壮大な光の民の計画の秘密を守りながら着々と準備を行ってきた。

弘法大師は、今まで、馬鹿羅《ばから》やフェイクなどで暗号を隠し、秘密を守り続けてきたが、昨年ぐらいから具体的なメッセージをいただくようになった。我々の現地調査と馬鹿羅《ばから》で、その謎と暗号を解き明かした結果、今、現実の成果として開花してきている。

六つの呪いの謎を解く

我々には、六つの呪いを解き明かす必要がある。

この六つのうちの三つが、菅原道真公、平将門公、崇徳天皇の三人の怨霊である。近いうちに残りの三つの呪いを、明らかにしなければならない。

残りの三つのうちの一つが、今も出て来ている淡路島の早良親王《さわらしんのう》である。残り二つの呪いは、六は鬼の力を意味することから、皐姫《さつきひめ》と羅刹女《らせつめ》かもしれない。

これは今後検討を要する。

明王が自分の肉体を使って三次元を創造した

光の民が三次元の世界を創造した時、明王が自分の肉体を使って我々の三次元世界を創造した。いわば、この世の中のすべての者は、鬼や神といわれる光の民の身体によって形成されている。

それによって鬼は身体を持たず、光の民と共に創造の一二〇〇年の旅に出た。

そのため鬼は邪の脅威から、人々を守ることができた。鬼は肉体がない存在である。

二十一．光の民と敵である三次元の宇宙人

多数の無音のブラックヘリの正体

光明が車で札幌に向かう時、大橋を渡りきった辺りから、黒い飛行物体が上空に見えたので、それを奥さんと見ていた。空に黒いヘリコプターが一〇〇機ぐらい飛んでいた。何事かと思って見ていたら、三機の自衛隊の戦闘機がスクランブルをかけていた。

奥さんが「合同訓練じゃないの」と言うが、ヘリコプターは一機だけでも結構うるさいはずである。あれだけ多くのヘリコプターが飛んでいるのに音がしなかったのである。

橋を渡った当別の方の空には黒い雲が異常に低い位置にあった。あの雲の中に光の民の母船が隠れていて、それを察知したリトルグレイが動いて、そのリトルグレイのUFOが黒いヘリコプターに擬態していたのだ。これらをレーダーで捉えた自衛隊が戦闘機でスクランブルをかけたと思われる。

光の民の母船とリトルグレイのUFOでは、テクノロジーのレベルが違いすぎるため、リトルグレイのUFOは、光の民の母船に近づき過ぎると、撃墜されるので接近することができない。そのため、結界の外にいて中には入れなかったのである。

光の民の協力を受けて、我々は次元上昇の準備に入っている。それを察知した敵側が調査をしに来たと思われる。

光の民の子種を人質にとって交渉する邪なる宇宙人

光の民は「『邪なる者が王を人質にした』という意味には、多くの意味が重なっている」と言う。その一つが次のような意味である。

邪なる宇宙人の身体は退化して滅びの道を歩んでいる。そのため、人間を支配し利用している邪なる宇宙人は、光の民が創造した新しい芽である人間を人質にとり、「人間を破滅させたくなければ、我々の身体を治せ、上の次元に上げろ」と光の民に交渉を迫っている。

邪なる宇宙人たちは米国政府に、「人を誘拐して解剖や遺伝子操作の研究をする。その見返りにテクノロジーをお前の国に提供する」と密約して年間何万人も誘拐して人体実験を行ってきた。

彼らは、人間の遺伝子を操作して、邪なる宇宙人と融合したハイブリッドを作り出して未来に生き残ることを企んでいる。

邪なる宇宙人は自分たちの身体が退化して滅んでいくことが分かっているため、人間を利用しているだけである。

米国政府はその事実を知り、五年前頃から賛成派と反対派に分かれている。

もし、光明が五年より前に目覚めていたら、あっという間に命を狙われていたはずである。今、光明が生きていられるのは、邪なる宇宙人に協力している人間の勢力が急激に弱まっているからである。

不完全な進化を遂げた宇宙人は遺伝子操作で人間に入り込む

さまざまな宇宙人が人間に遺伝子操作をしているという。

光の民は「不完全な進化を遂げている宇宙人は、みんな光の民や人間の敵に回っている。だからその敵の数は多い。彼らは、将来、この三次元世界が次元上昇することを知っているので、人類と融合して自分たちも上の次元に上げてもらおうと画策している。しかし、それは所詮無理である」と言う。

誤った方向にすでに進化してしまった宇宙人が、たとえ人間の遺伝子を使って人間と融合して五次元の扉を通ろうとしても、門の鏡の前に立った瞬間に篩《ふるい》にかけられてしまうからである。

たとえ三次元の悪しき宇宙人に遺伝子操作をされて、人の子宮から人として生まれてきたとしても、そのような人の魂は不完全であり、凶暴であるという。

最近、生まれてから途中で変に狂う人が多くいる。それらの人々の多くは三次元の悪しき宇宙人の遺伝子を持っているという。

光の民は、「凶暴になり変に狂う人は、同じ人間に見えるが、実はもう人間ではない」と言う。なぜなら、そのような人間は、三次元の悪しき宇宙人のコンピュータに操作されてしまっているので、自分の意思というものがないからである。そのうち無理がかかって気が狂って人を刺すなどの凶悪な犯罪に走るのである。

三次元の悪しき宇宙人の遺伝子を注入された人は、思いやりに欠け、自己中心的に物事を考える。

そして都合の悪いことを言われると、すぐに忘れてしまう。怒られると、頭が痛いとかお腹が痛いと言うが、それはほんとに痛くなるという。

そのような人間は、リトルグレイというよりトカゲ人間の遺伝子が組み込まれているという。トカゲ人間は人間を食うし非常に凶暴である。

一方、光の民の意思で生まれた光の民の遺伝子を持った人間は、事を起こす前に冷静に物事を考えるという。

光の民は自然な状態で正しい進化をするように能力を伸ばす

光の民、創造主が自分の側に受け入れる時は、自然な状態で進化した人類しか受け入れないので遺伝子操作は行わない。

遺伝子操作は進化の妨げになるので行わず、その人の個性や才能を伸ばすようなものを注入する。あくまでも人類が持っている遺伝子の能力を伸ばすことをする。

光の民が、我々に分かりにくいメッセージを送ってくる理由は、自分で深く考え抜く能力を伸ばすためである。したがって、見えないものを見えるように努力することが次のステップにつながるという。

光の民が文明を作る時、人類にある程度の自由度を持たせて作る

光の民が文明を作る時には、人類にある程度の自由度を持たせて作る。

もし、ある文明が光の民の意に反し、存続の価値がないと判断される時のために、事前に、その文明を滅ぼす方法も考えて準備しているという。

その仕掛けは、すでに人間の遺伝子の中に組み込んでいるという。

人類には選択の自由があるが、正しい進化の道を選ぶのも、誤った進化の方向へ進み滅びの道を選ぶのも人類の自由意志によるという。

五次元の光の民「ニール」

光明がホテルの部屋にいる時、次元転移ベルト（アロンの杖）が腰に巻きつき、その瞬間、時空の裂け目にぴょんと入り込んで、光の民であるニールの飛行船内に移動していた。

光明は、その船内で、我々がニールと呼ぶ五次元の光の民と会ってテレパシーで交信した。

ニールの顔は、頬骨が少し出ている東洋系の顔であったが、目はややつり上がったアーモンド形でかなり大きくすべて黒目である。身長は一五〇センチぐらいであった。

普段は、頭に頭巾のようなものをかぶっているが、その頭巾を取ると、次元を超えることができるという。頭には、直径五ミリ程の光ファイバーのような触覚が上に向かって密集し、光が上に向かっ

て出ていて、頭の上が炎のように光っていた。

口に黒いマスクをしていたのでよく分からなかったが、下に垂れた長い大きな鼻の部分はやや膨らんでいた。鼻は長く口の辺りまであると思われた

光明が母船で、ニールと会ったときの服装は、身体にフィットした黒い制服を着ていた。

普段は頭巾をかぶって、人間に似せた顔をしている。表情がない人形みたいな顔で、リトルグレイを少し人間風にして頭巾をかぶっている姿と考えると分かりやすい。

ニールは五次元の存在であり、自分の姿を自由自在に変えることができるため、人間に化けることもできるし、虫にもなれる。これは龍の力の持ち主であることを示す。

光の民「アルザルの民」

北の聖地で、UFOが現れて光明の車の近くに着陸したことがある。

その時、光明と先輩の二人は車を止めて車の中にいた。

着陸したUFOを見ていると、その中から、エナメルの光沢がある身体にフィットした派手な色の制服を着て頭巾を被った光の民が降りてきた。そして光明の車に歩いて近づいてきた。

顔は日本人そのもので、ミスターチルドレンのボーカルと瓜二つであった。進化すると顔の表情がなくなるのかどうかは分からないが、顔の表情はなかった。

アルザルの民は、遥か昔に地底の亜空間に移り住んだ日本人であり、そこで正しい進化を遂げて、

今、光の民の一員となって、日本の重要な聖地を管理している。

光明らが、車のミラーで彼を見ていると、そのうち上から光が降りてきてUFOも一緒に消えた。

コンタクトする光の民のイメージ

今まで、光明には、その都度、コンタクトする光の民のイメージが流し込まれてきた。

例えば子供の頃に身体の胸からお腹にかけて大きな北斗七星の形に七つの黒子《ほくろ》があったが、成長するにつれてそれが消えて、次に右腕の上腕部の裏辺りに昴《すばる》の形の黒子が出てきた。昴は、プレアデス星団のことであり、プレアデスの光の民は、二〇二〇年の夏頃から頻回に現れて、具体的なメッセージを送ってくる。

光明と白虎は北の聖地で夜間に麦畑を観察していた。天気が晴れであるのに、麦畑の向こう側の山の上空に雷の光が横にピカッと走った。そして数分おきに何度か繰り返された。その映像は動画で捉えることができた。

菅原道真公の式神である鍾馗《しょうき》様がメッセージを頻回に送ってくれ始めた時期であり、この空中に放電された雷は、雷神の力を使う鍾馗《しょうき》様が「きちんと其方たちを見ているぞ」と、自分の存在をアピールしたものだと考えている。

光明は、以前、次のような体験をした。光明は、北の聖なるダムに行き、そのダムを観察していた。晴れた夜のことであった。北の聖なるダムの上空にある黒く厚い雲から光が湖面に向かって降りてきた。何の光かなと思って見ていると、湖面に降りてきた光が大きくふわーっと膨らんだのである。あの現象は何であったかは今も分からない。

プレアデスの光の民

光明は、プレアデスの光の民の具体的なイメージを何度も見ている。

身長は一三〇センチ位で二足歩行、頭が長く髪の毛がないイルカ顔の光の民である。いつも三体ぐらいで現れる。顔の色を説明すると、少し青くて少し黒っぽいような感じだが少し透けていて、その中に何か紫や金色などのいろいろな色の光の粒が見える。よく見ると顔の表情も違っているが、髪の毛がなく、額の模様はそれぞれの個体で異なっており、それでお互いを見分けるようである。

興奮あるいは怒りの感情を示す時には、頭の上に一本の角が出てくる。

目は普通の大きさで、イルカみたいに黒目が多い。

光明によると、実は弘法大師の顔が、プレアデスの光の民の顔の特徴と似ているという。弘法大師も、普段はシールドを張って、笠をかぶって普通の人に見せていたらしい。

能力の高い人が弘法大師を見ると頭頂部が出っ張って見えるという。

光の民のさまざまな宇宙船

黒い宇宙船に乗っている光の民は、みんな鎧あるいは戦闘服のようなスーツを着ている。

白い宇宙船は、中に入ると家のような構造になっている。二階建てとか三階建ての長屋のような家がある。

黒と白ではプラズマの色が違っているようだ。黒いプラズマの宇宙船が黒いおたまじゃくし形をしていて写真にもよく撮れている。ニールの宇宙船は黒く、初心者が練習するような小型の宇宙船である。黒いおたまじゃくし形の宇宙船は大型で多くの光の民が乗っているという。

宇宙船の形はさまざまであり、偵察部隊、情報収集部隊、攻撃爆撃部隊、有害な紫外線を緩和するため太陽の周りに水を撒く部隊など、いろいろな役目に分かれているという。

黒い宇宙船は戦うための船だという。

青龍の部隊：黒いおたまじゃくし形の宇宙船は青龍の部隊、人と接触し交流する役割を持つ。プレアデスの光の民の戦艦は青龍の部隊である。ニールの宇宙船も青龍の部隊である。

朱雀の部隊：羽がある龍が朱雀で、この形の宇宙船は朱雀の部隊であり、鳥に近い顔をしている。朱雀の部隊は高速で飛んで敵を引きつける、敵の写真を撮るなどの情報収集を引き受けていて、一番速く飛べる。撮影していて超高速で飛んでいるのは朱雀の部隊の宇宙船である。

玄武の部隊：この宇宙船は聖なるダムから聖水を汲み上げて、太陽の周りに撒いて膜を張って、太陽から放射される有害な放射線を緩和している。その形が丸いタンクみたいで、顔が二つあり羽が生えてしっぽがある龍の形をしている。水を汲む口と吐き出す口の二つがある。

玄武の部隊の宇宙船を見ると、亀の身体から二つの龍の顔が出ている姿が写って見える。

白虎の部隊：一番怖いのが白虎の部隊で、それは不動明王の部隊でもある。その部隊は文明、惑星、星など、いろいろなものを破壊する装置を使う。その部隊は、星や惑星を破壊し消滅させる。自分たちの役目が文明、惑星、星を終わらせる役目であるから、白虎の部隊の光の民はみんな悲しい目をしている。

プレアデスの光の民は、体を大きくも小さくもできるから、玄武の宇宙船の上に乗って移動することもある。よく仏が玄武の背中に乗って移動するといわれるが、それを意味するらしい。

複数の部隊の宇宙船があって、それぞれ形が違う理由は、それぞれの種族が別々に進化して、太古の昔に争いがあり、最初から仲間ではなかったからだという。各宇宙船にはそれぞれ別の種族の光の民が乗っているが、今は、連合を組んでいて、それぞれの部隊が役割を担って協力して活動している。人にメッセージを送れるのは、その部隊の光の民の遺伝子を持つ人だけであり、能力に長けていて目覚めた人たちを選んで接触してくる。

光の民の部隊は複数あるが、いずれもプレアデスの光の民である。しかし、同じプレアデスの光の民でもさまざまな種族がいるという。それらの異なる光の民の姿は異なっていて、龍に見えたり、鬼に見えたり、天狗に見えたりする。それら異なる光の民が集まって連合を形成している。

それらの存在は、我々には神仏といわれて伝わっているのである。

これらの部隊の光の民は、次元を自由に行き来できる五次元の存在である。

一番の頂点に位置する光の民は宇宙の最高意思であり、七次元のエネルギー体である。

宇宙のマザーコンピュータとの通信

光明は「自分は宇宙の巨大なマザーコンピュータとつながって通信しているのかもしれない」と言う。

光明が考える宇宙のマザーコンピュータとは、遥か太古に存在する高度な宇宙文明の巨大なコンピュータである。また、一番の頂点に位置する光の民は、七次元のエネルギー体であるが、宇宙の巨大なマザーコンピュータそのものではないかと考えている。

アブは光の民の使者

光明は、今、聖なるダムで卵とお酒をお供えした。

聖なるダムの駐車場に車を止めて撮影していると、またたくさんのアブの洗礼を受けた。しかし、空に龍の雲が現れると、途端にアブがいっせいにいなくなった。撮影の最中、目の前に真っ白なアブがいたので撮影した。その真っ白なアブの画像が白虎に送られてきた。

後日、光明は少し勘違いしていたことに気づいた。

「アブ」を馬鹿羅《ばから》で解くと、「虻」という漢字の左が虫、右が亡くすと書く。つまり、「虻」は悪い虫を消すという意味である。

アブたちが証《あかし》を与えて人々が目覚めるようにするために、光の民が大量のメカ・アブを送り込んだのだ。光明が撮影したアブたちは、ニールの飛行船の形で飛んでくるのでおかしいと思っていた。

誤解してはいけない事は、アブは味方であるが、スズメバチは我々の敵である。

白虎が蔵王寺で刺されたのもアブであった。痛くないはずである。それは、アブは刺したのではなく、尻から透明な液体をかけるだけだからである。それを、白いアブが車の窓ガラスに実践して見せてくれた。この様子も撮影している。

今後、聖なるダムに行き、アブに白い液体をかけられた人は、上の次元に行くことができるという意味だと思われる。

その人が、上の世界に行くか下の世界に行くかについて、アブは証《あかし》をつける。

この光の民の飛行船が擬態したメカアブに関しては、我々はまだ完全に解明できていないが、それぞれの目的に応じて何種類か用意されているようである。

先日、光明と白虎がプレアデスの光の民から、調査に行くように言われた蛇田《あぶた》神社は蛇龍を祀る神社であり、山の頂上に龍の卵という丸い石が祀られている。この蛇田《あぶた》神社に「虻」の字が入っている。

後日、プレアデスの光の民が、蛇田《あぶた》神社に再び行って、勾玉の代わりになる二つ石をいただいてくるように我々に指示した。

その二つ石を次の神事に使いなさいと言う。

セキレイが敵のメカバチをバラバラに破壊した

敵である三次元の悪しき宇宙人は、スズメバチ形のメカ・ドローンを操作しているという。光の民から、「よく近くに来て、ウロウロしているのは、こちらの様子をうかがっているからなので気を付けなさい」と言われている。スズメバチ形のメカ・ドローンは、光の民の戦艦ではなく、我々の敵であり、この宇宙人のドローンには何も乗ってない。三次元の宇宙人は、自分の身体を小さくして中に乗れるだけの技術はまだないという。

摩周湖の展望台で神事を行った時、大きな目をしたメカ・スズメバチが出てきたので写真に捉えた。光の民は、「これは完全に敵である」と言う。これはリトルグレイのドローンであり、何か情報を得ようとして、次の日の札幌の聖なる山までつけてきたと思われる。

光明は、前日からスズメバチみたいな何か変なのがついてきているなと思っていた。

札幌の聖なる山を登る時、麓の駐車場で、光明が車に乗って待機していた。その黒龍号の周りを、セキレイという白と

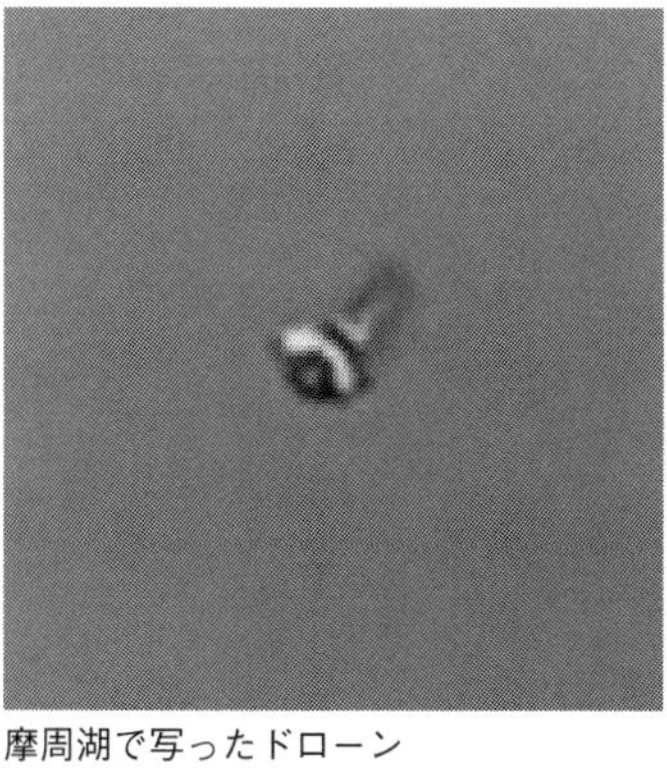

摩周湖で写ったドローン

黒の模様の鳥が飛び回っていた。この鳥は、時折、踊るような仕草をする。

このセキレイという白と黒の模様の鳥は光の民の使いで、我々をつけてきた敵のメカ・スズメバチを捕まえて、黒龍号のボンネットの上で破壊して我々に見せたのである。

おわりに

ドラゴンプロジェクトのコンセプト

我々のコンセプトは、「未来の扉を開けるために必要なのは、他人を思いやる優しさ、そして夢と希望である。新しい一つの未来を照らすことが、先の未来を照らすことにつながる」である。

できるだけ多くの人に、光の民からのメッセージを正しく受け止め、人間本来の優しい心を取り戻していただくことが我々の使命である。

・ドラゴンチャンネル関連URL

ドラゴンチャンネルでは、光明の不可思議な体験と高次元の光の民からのメッセージを皆さんにお伝えする。また、地上波では見ることができない奇跡の動画も紹介する。

・Dragon Channel

https://www.youtube.com/channel/UC-WLHEdLbQs3xRGXH5XqOcg/videos

Dragon Channel の Twitter でも、最新配信とハイライト配信をツイートしている。

https://twitter.com/DragonChannelTW

・聖地・パワースポットツアー

https://www.dragonchannel-hp.com/youtube/%e2%96%a0%e5%8c%97%e3%81%ae%e8%81%96%e5%9c%b0%e3%83%bb%e3%83%91%e3%83%af%e3%83%bc%e3%82%b9%e3%83%9d%e3%83%83%e3%83%88%e3%83%84%e3%82%a2%e3%83%bc

【著者紹介】

白龍虎俊（はくりゅう たけとし）

1957年生まれ。北海道大学卒業後、外資系製薬会社に勤務。

1995年に医薬品広告会社を設立し代表取締役就任。

2006年に医薬品の開発を行う大学発ベンチャー企業を設立し代表取締役就任。

2019年に光の民の1200年間にわたる壮大な計画を実施するための会社を設立し代表取締役就任。

現在、ドラゴンプロジェクトの実施及び全国の聖地の現地調査を実施し、聖地に隠された暗号と高次元宇宙からのメッセージを解き明かしてYouTubeで発信している。また、北の聖地にて、新時代の扉を開くための「導きの書」である玄天《こくてん》経典《きょうてん》や小説の執筆などを行っている。

高次元宇宙《こうじげんうちゅう》からのメッセージ
神言密教書《しんごんみっきょうしょ》 玄天経典《こくてんきょうてん》 第一巻《だいいちのまき》

2021年11月10日　第1刷発行

著　者　　白龍虎俊
発行人　　久保田貴幸

発行元　　株式会社 幻冬舎メディアコンサルティング
〒151-0051　東京都渋谷区千駄ヶ谷4-9-7
電話　03-5411-6440（編集）

発売元　　株式会社 幻冬舎
〒151-0051　東京都渋谷区千駄ヶ谷4-9-7
電話　03-5411-6222（営業）

印刷・製本　中央精版印刷株式会社
装　丁　　弓田和則

検印廃止

Printed in Japan
ISBN 978-4-344-93767-3 C0095
幻冬舎メディアコンサルティングHP
http://www.gentosha-mc.com/